P9-EBZ-579

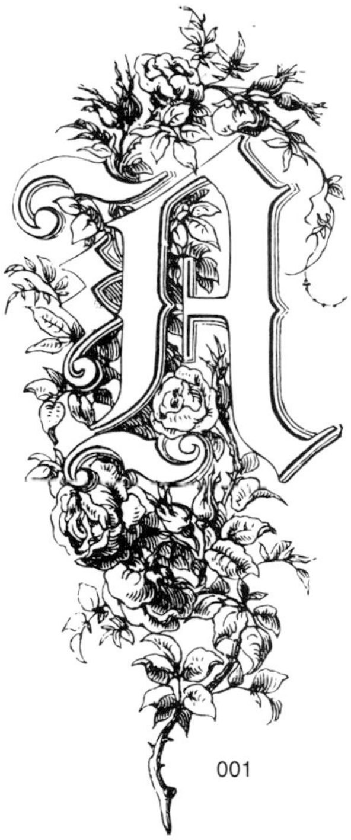

001

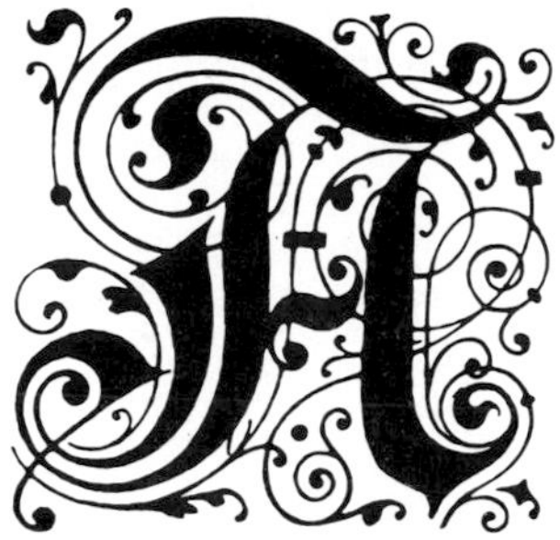

002

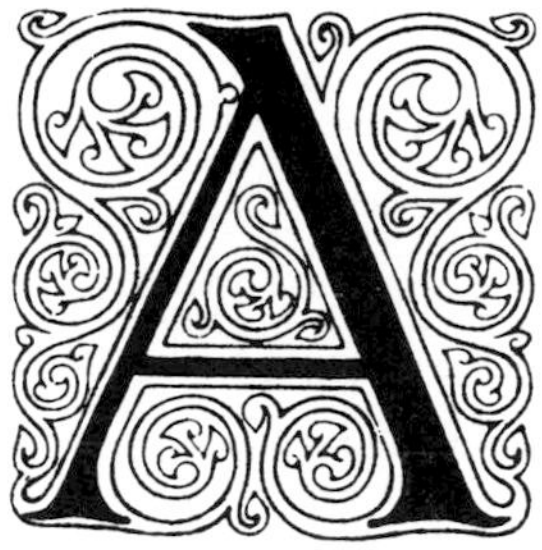

003

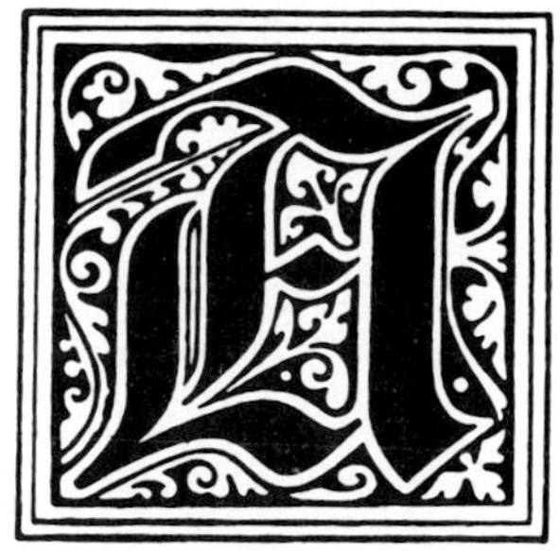

004

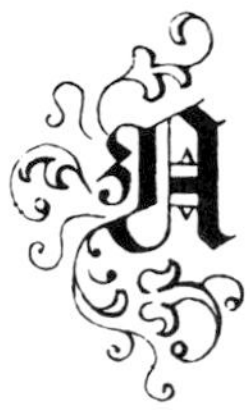

005

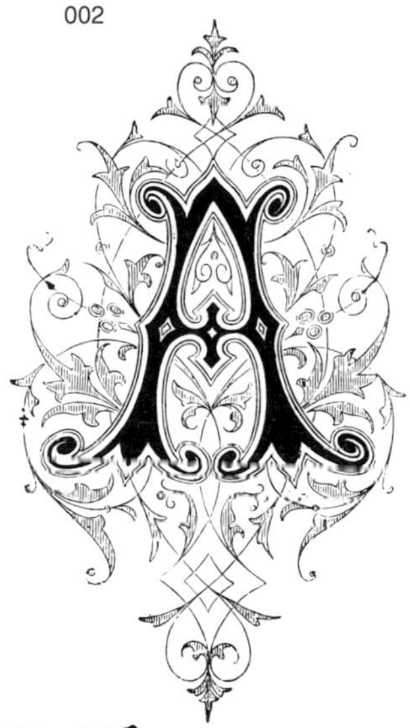

007

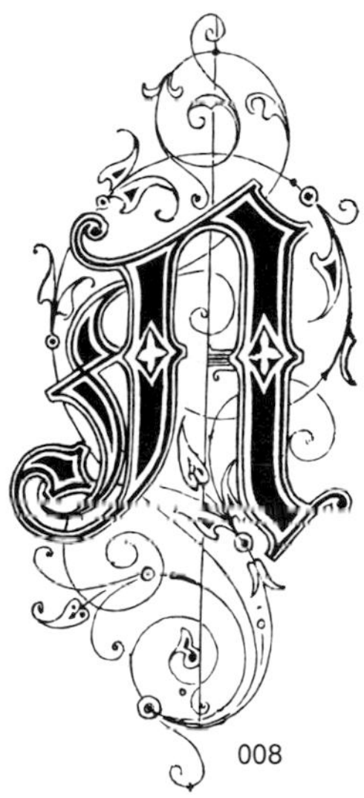

008

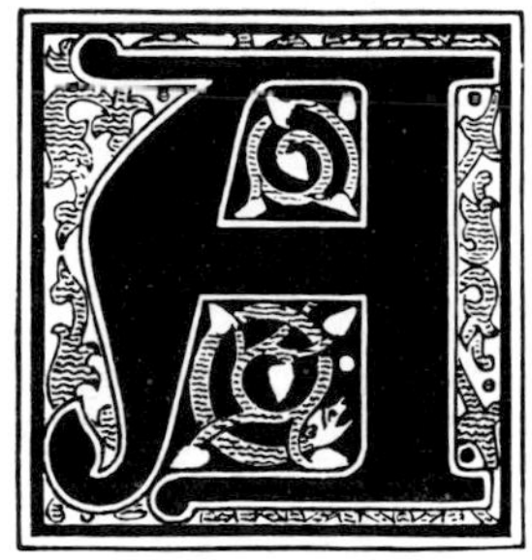

009

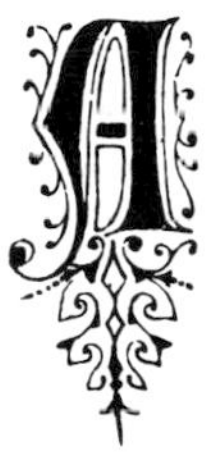

006

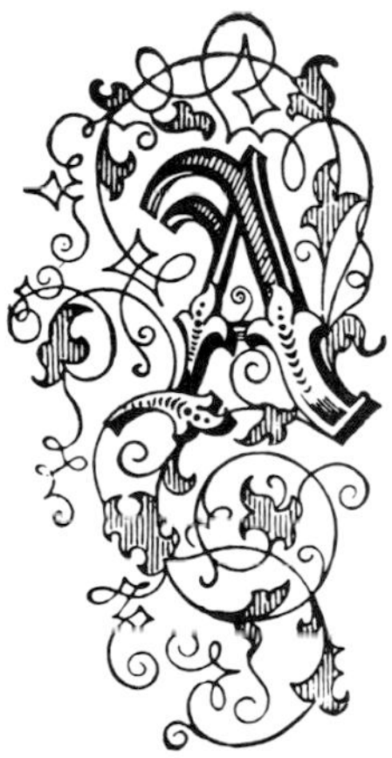

010

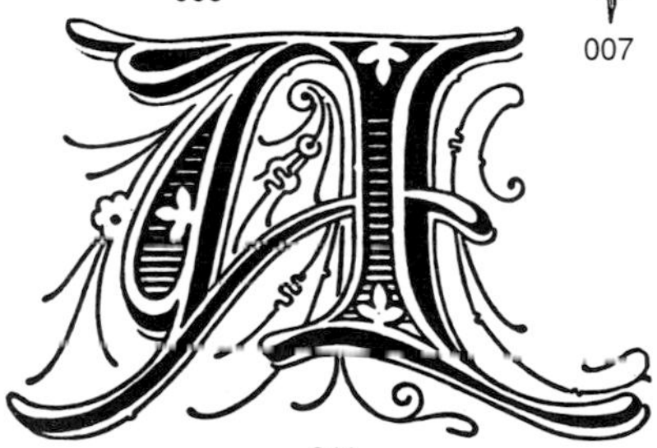

011

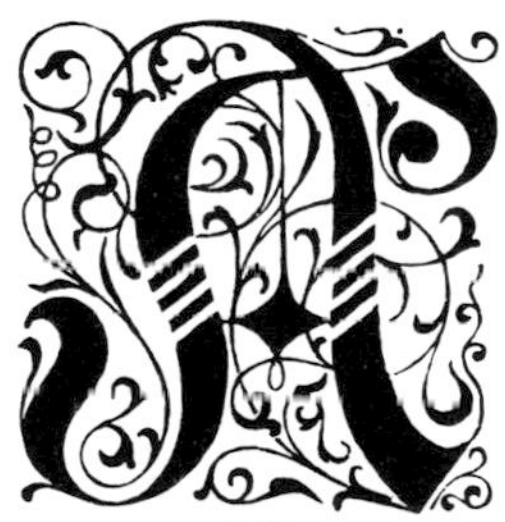

012

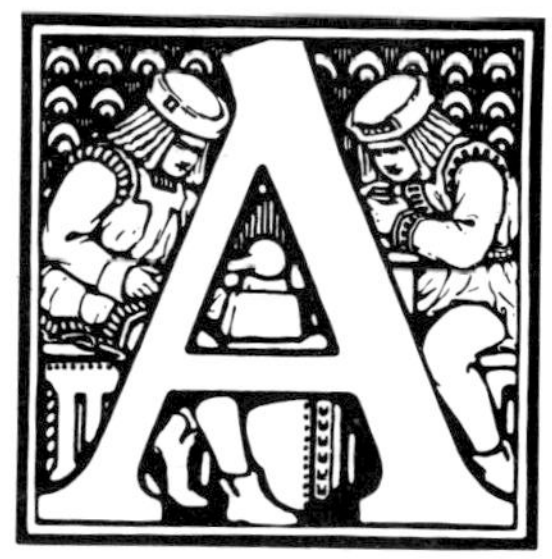

013

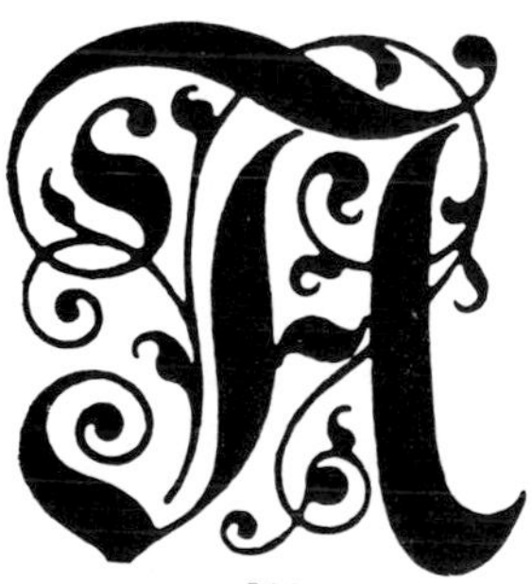

014

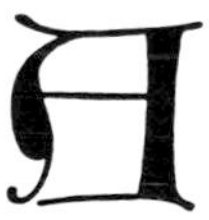

015

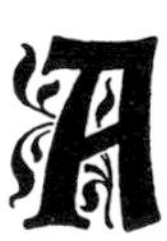

016

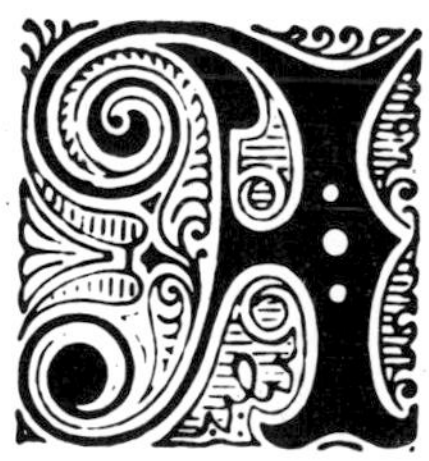

017

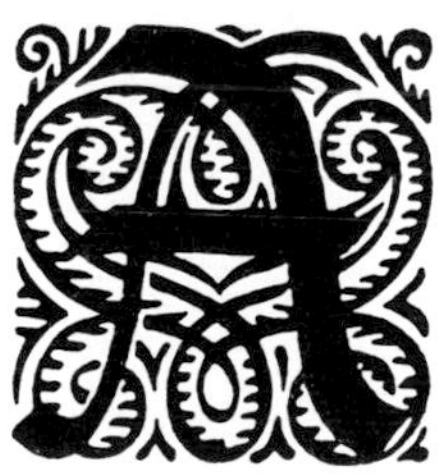

018

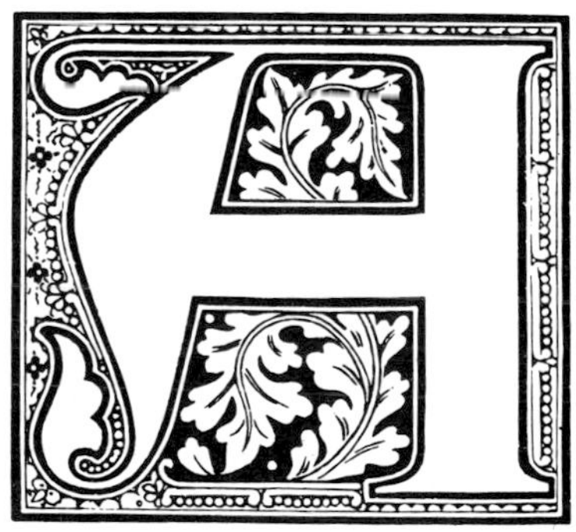

019

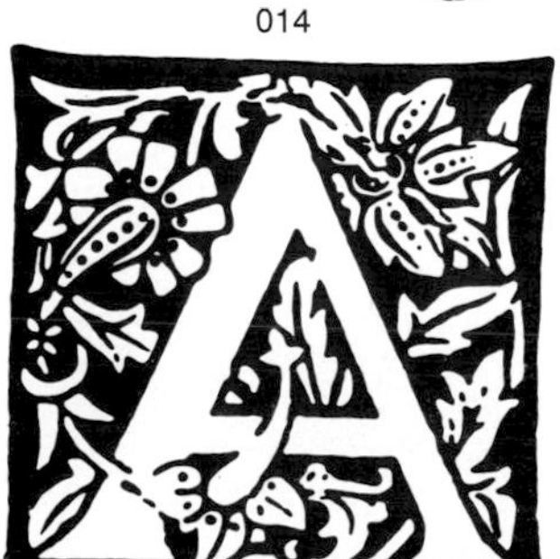

020

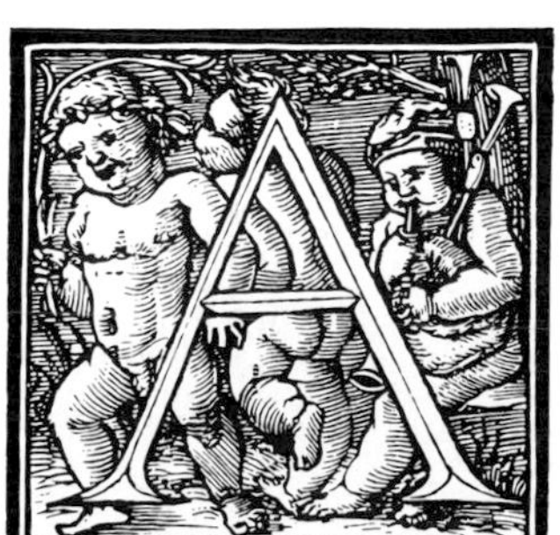

021

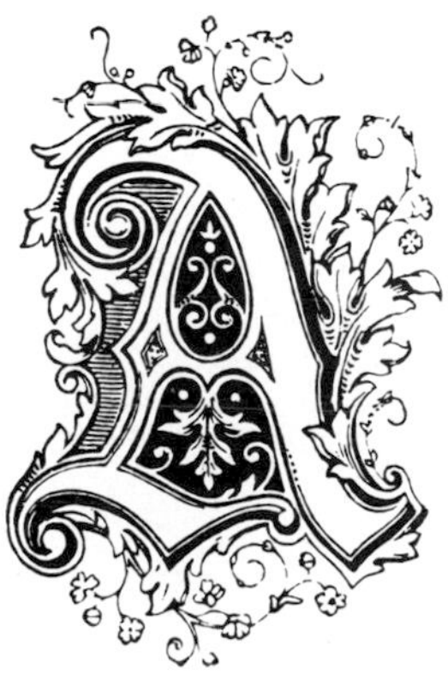

022

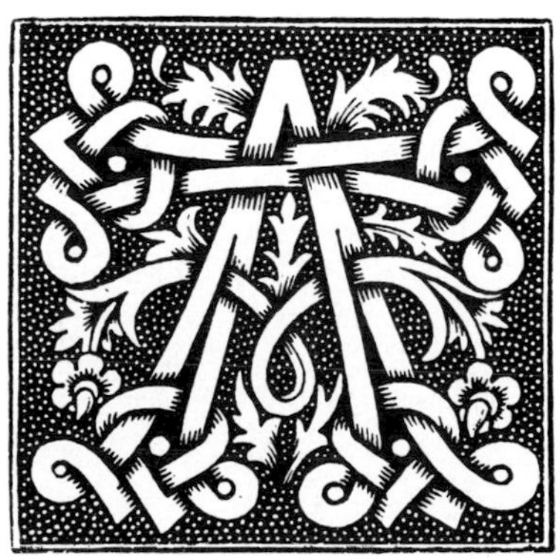

023

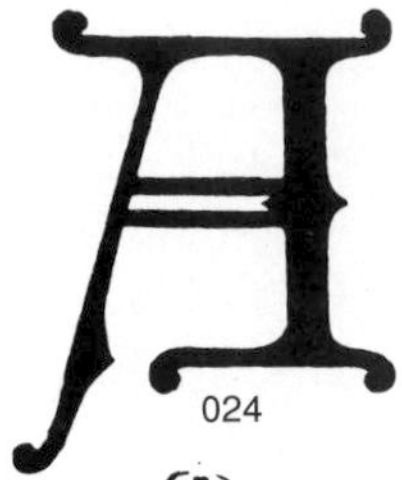
024

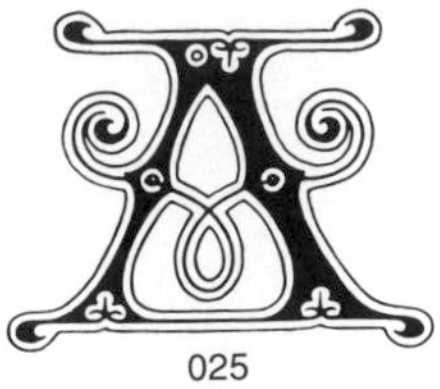
025

026

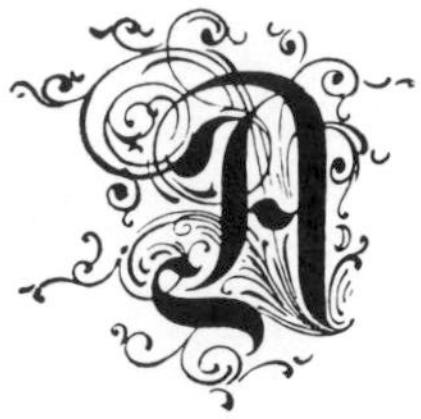
027

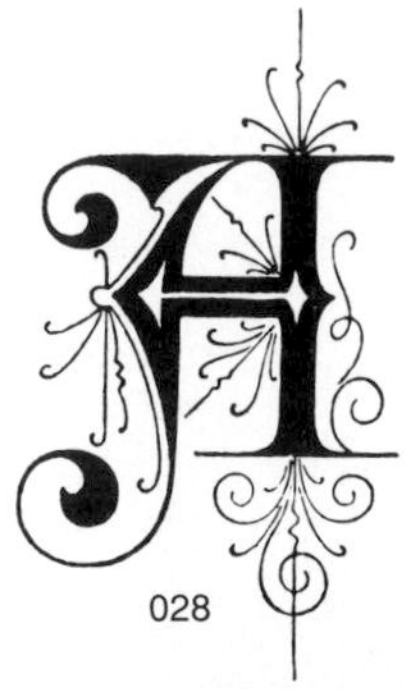
028

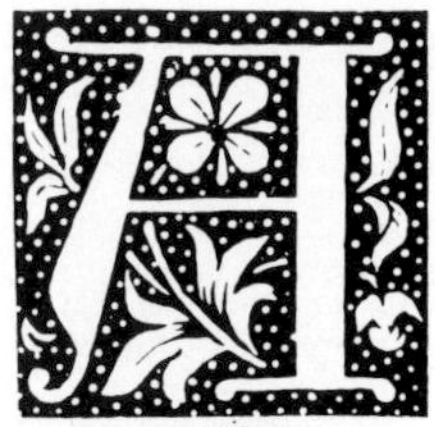
029

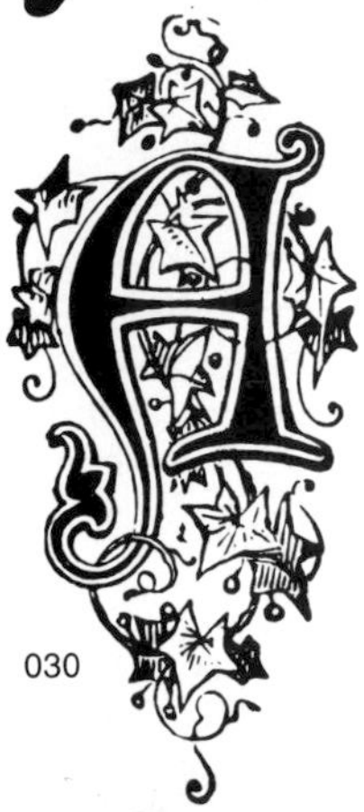
030

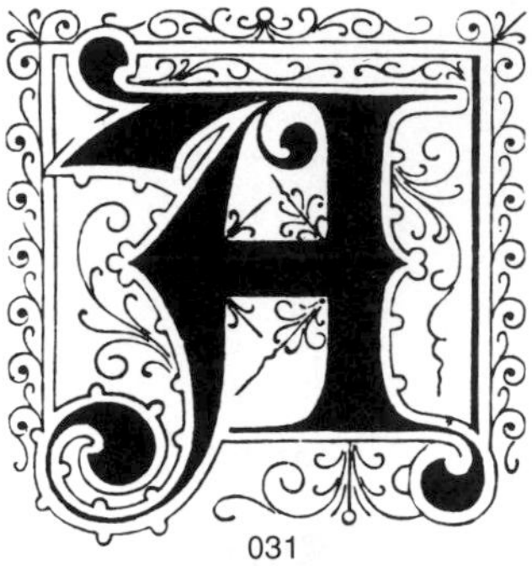
031

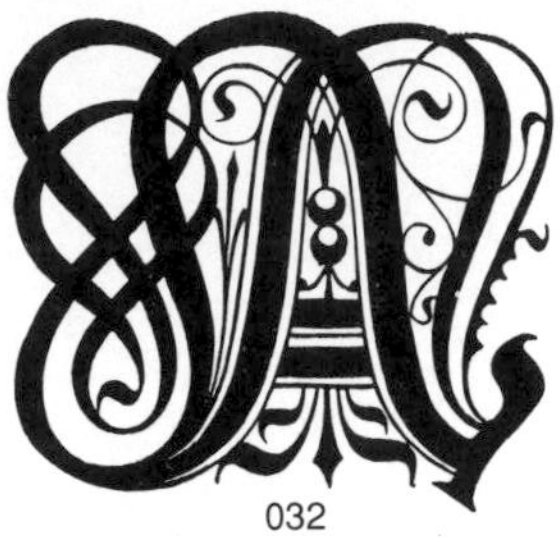
032

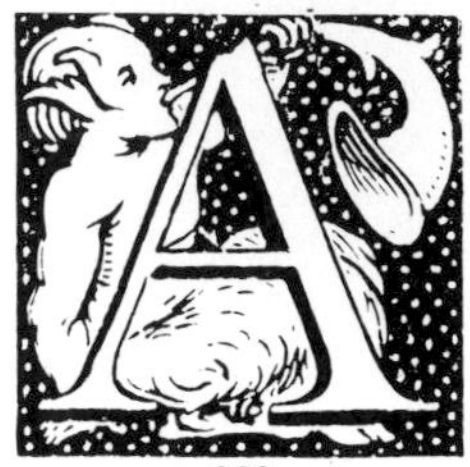
033

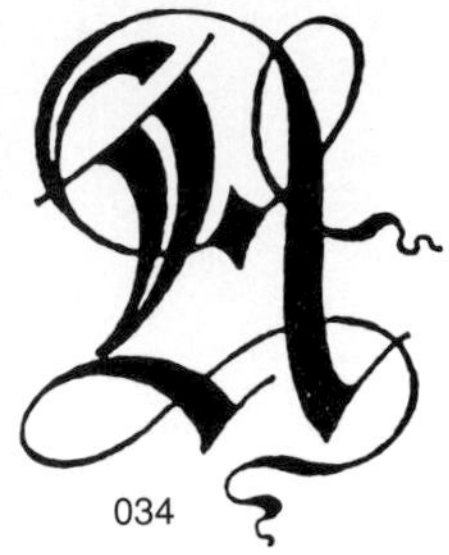
034

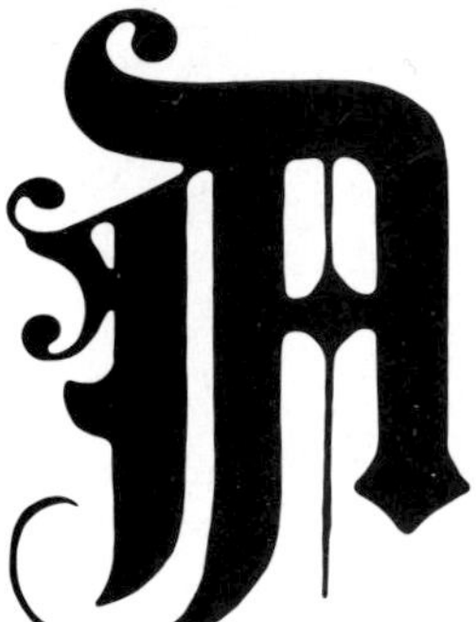
035

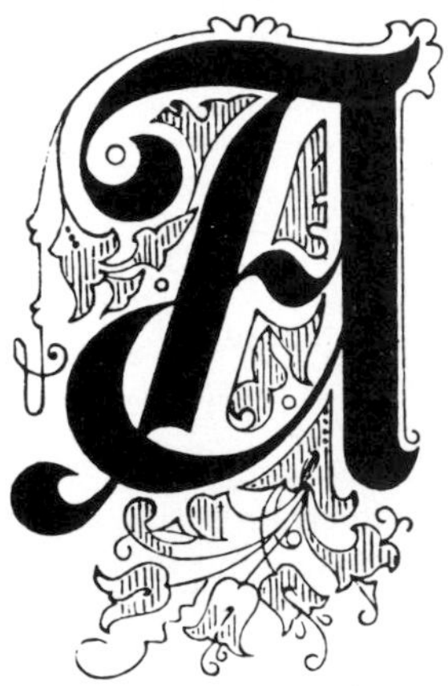
036

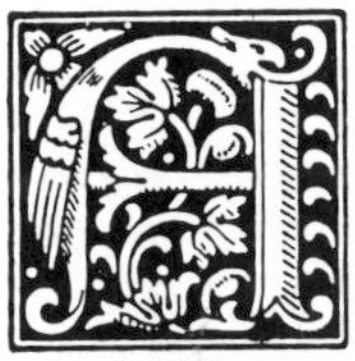
037

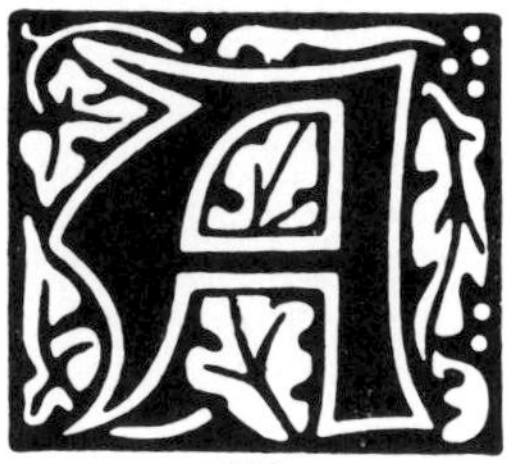
038

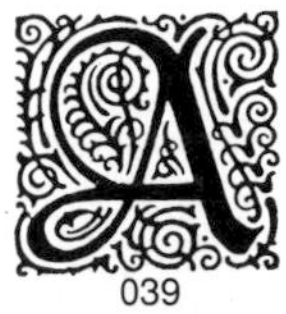
039

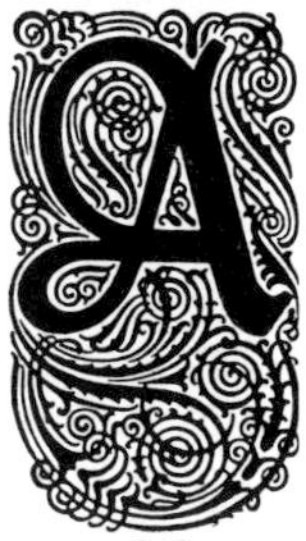
040

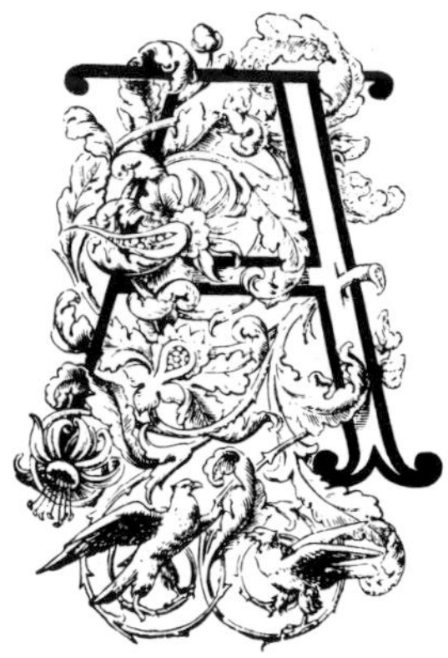
041

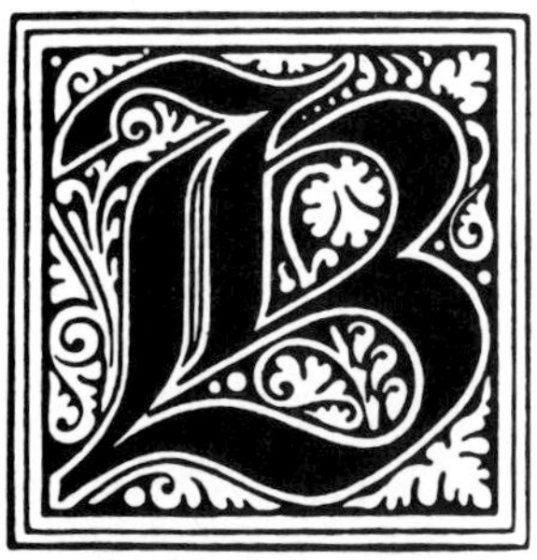
042

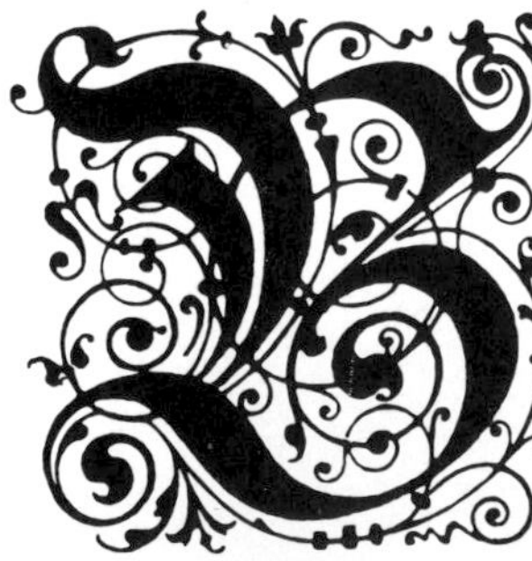
043

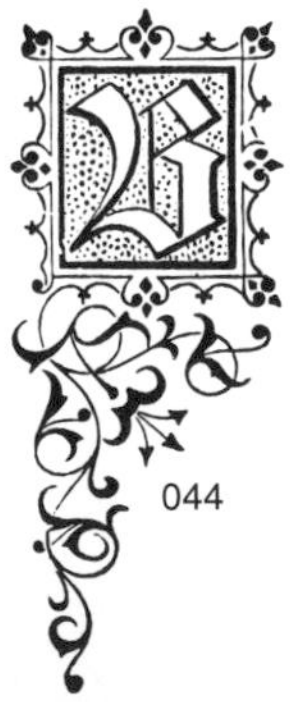
044

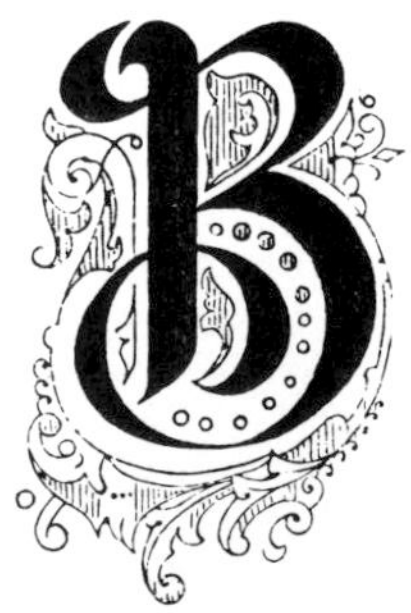
045

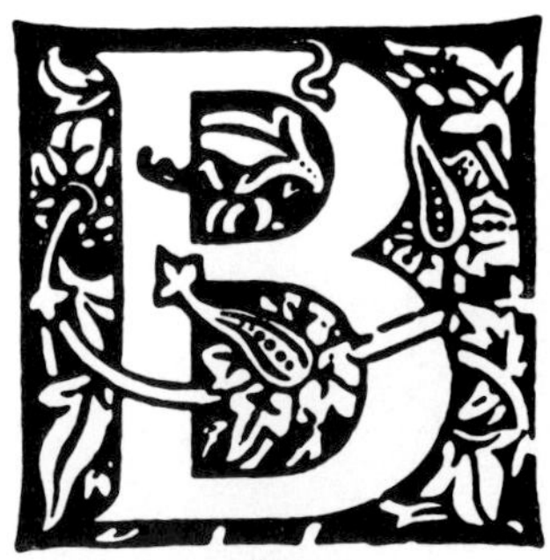
046

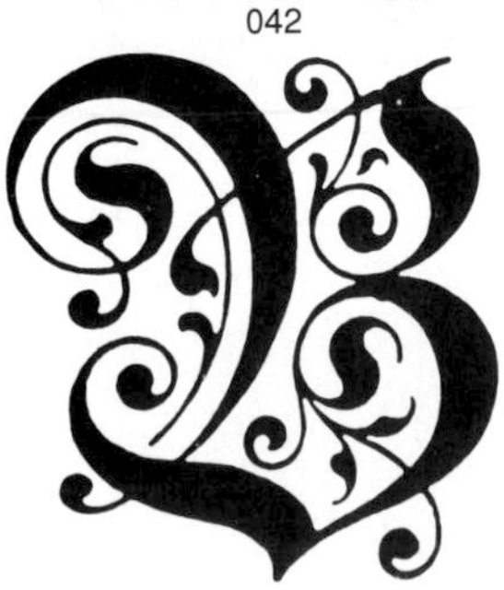
047

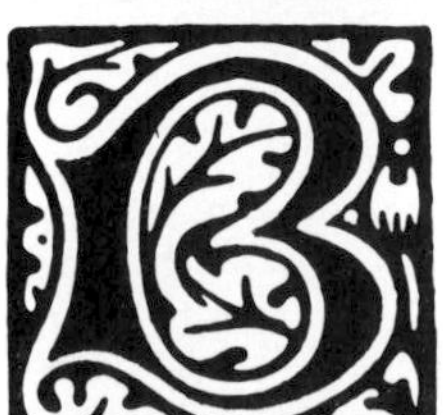
048

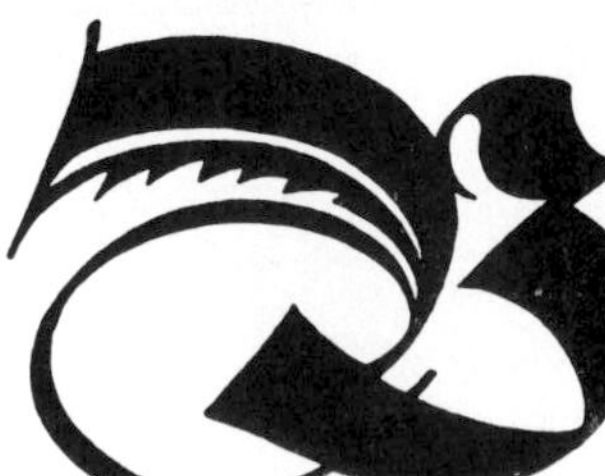
049

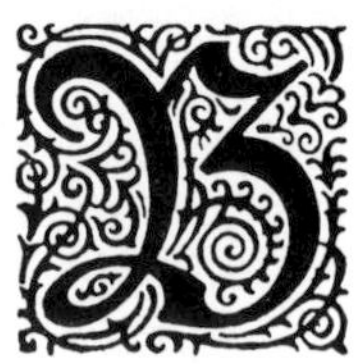
050

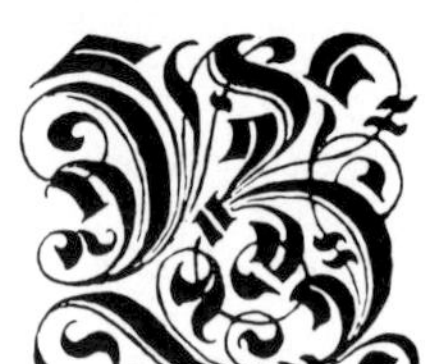
051

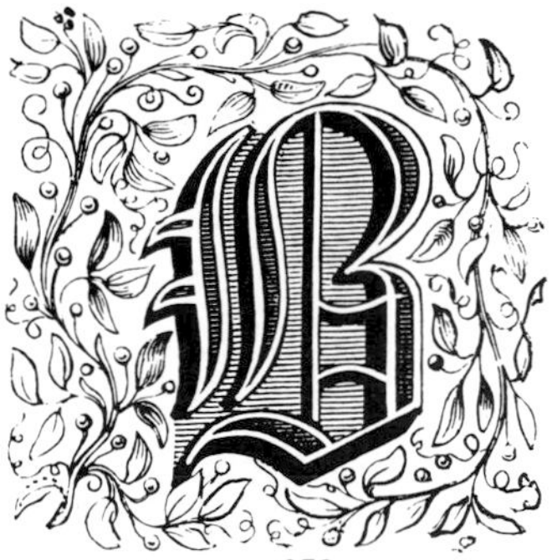

052

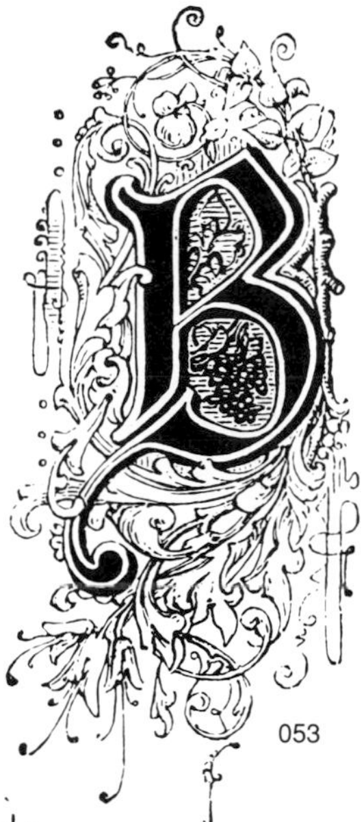

053

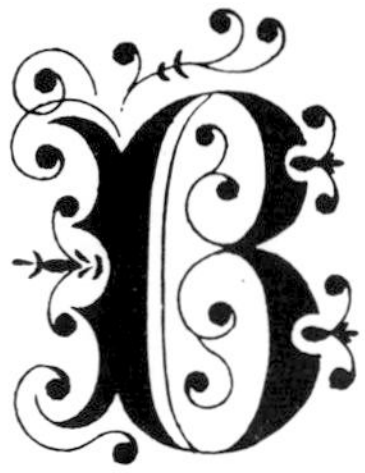

054

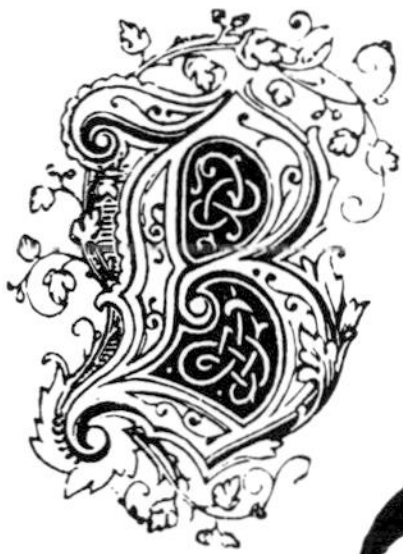

055

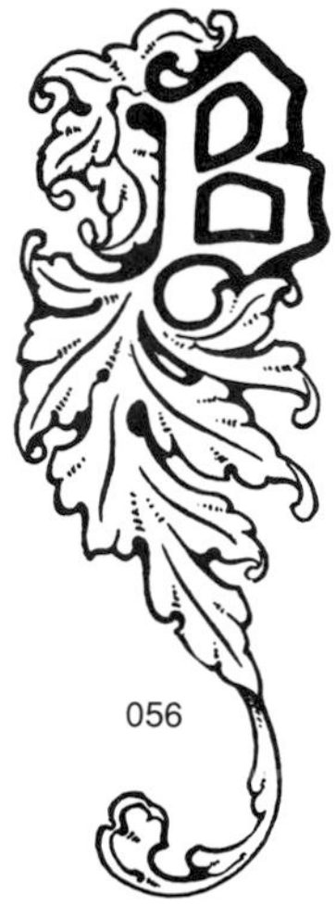

056

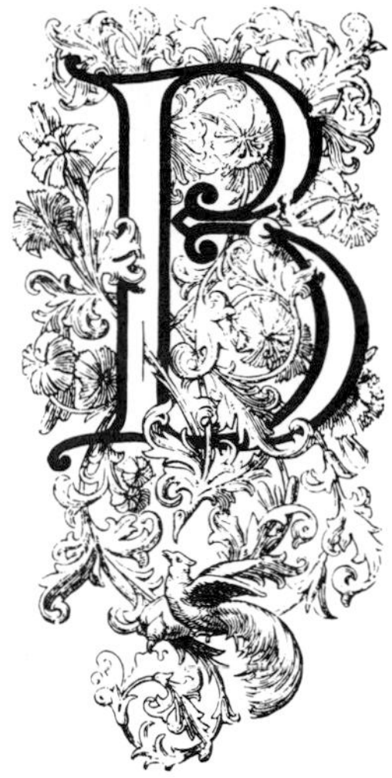

057

058

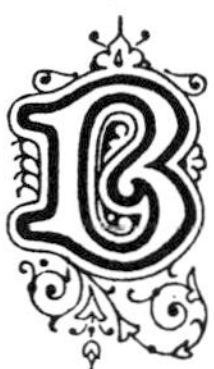

059

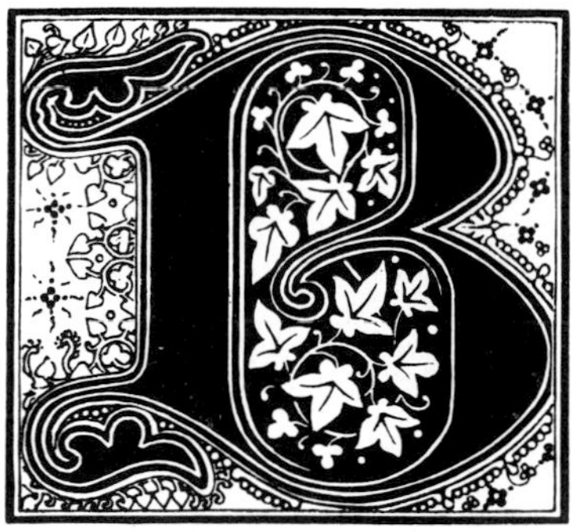

060

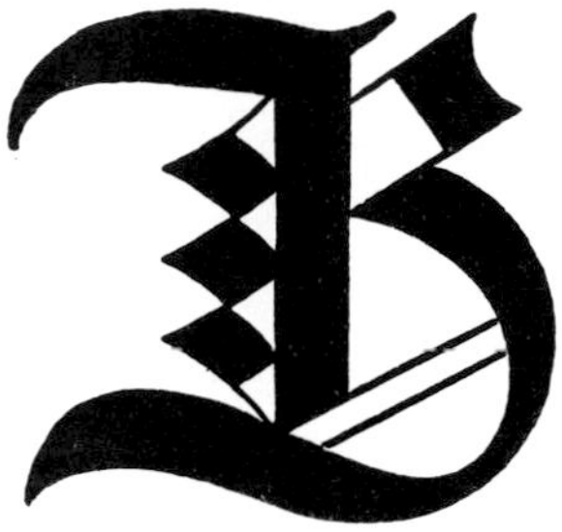

061

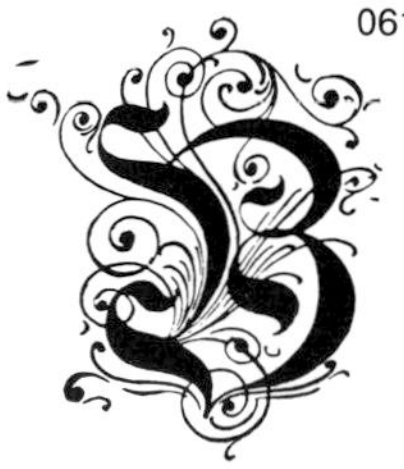

062

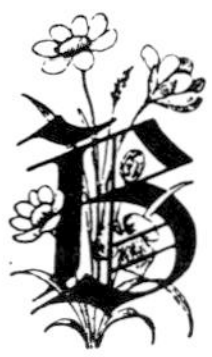

063

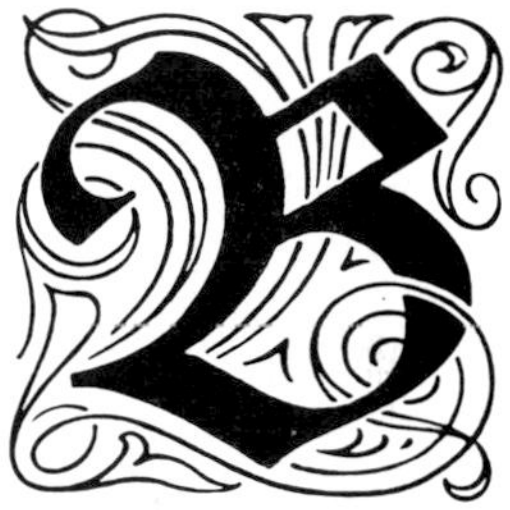

064

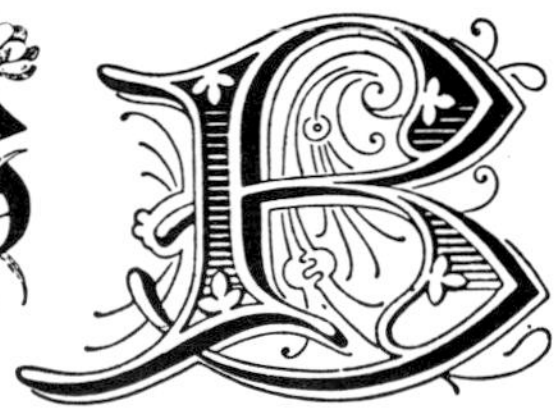

065

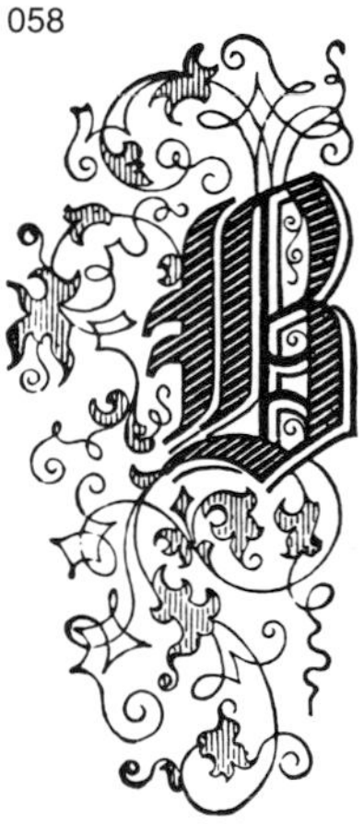

066

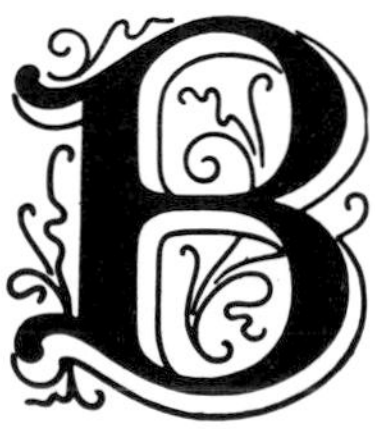

067

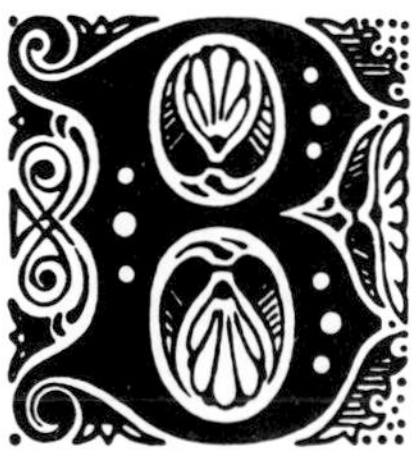

068

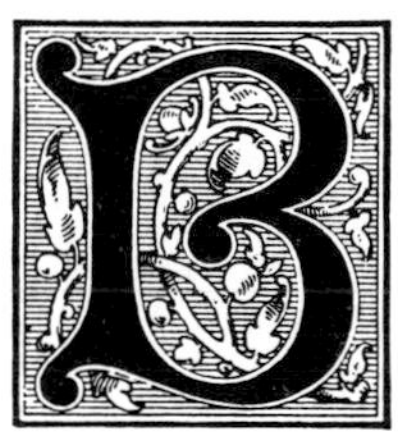

069

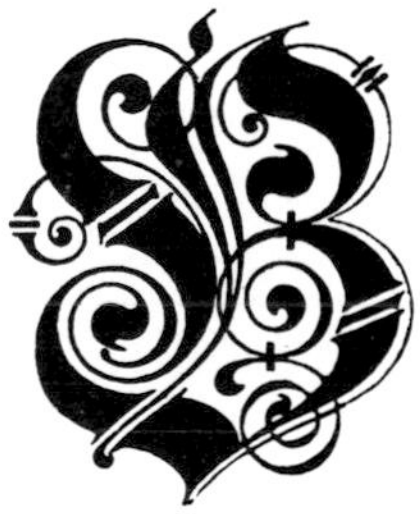

070

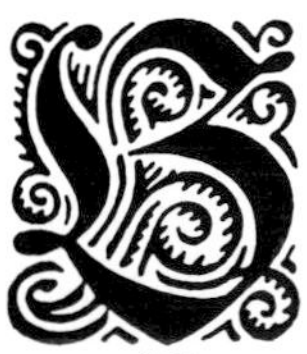

071

072

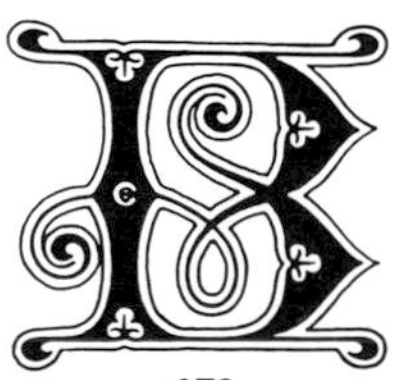

073

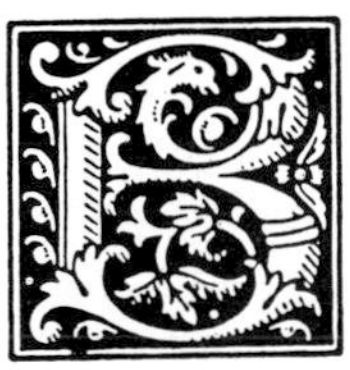

074

075

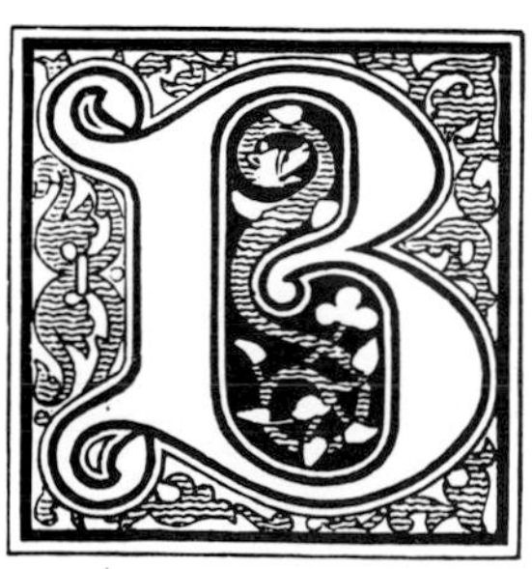

076

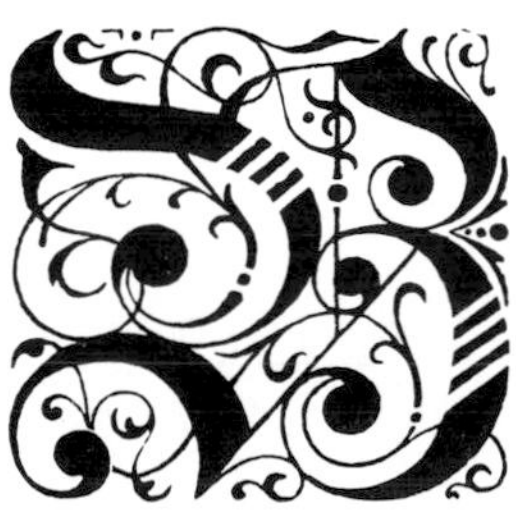

077

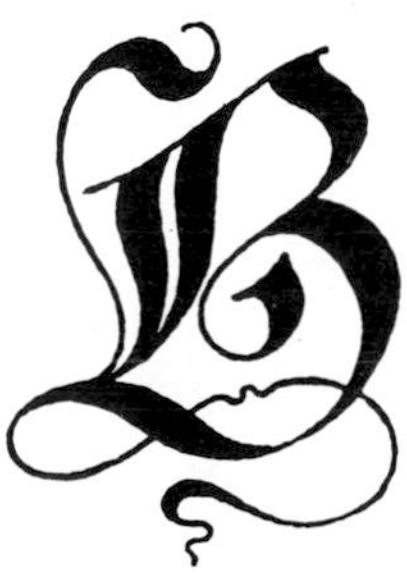

078

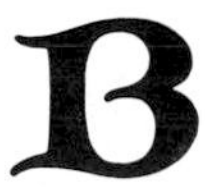

079

080

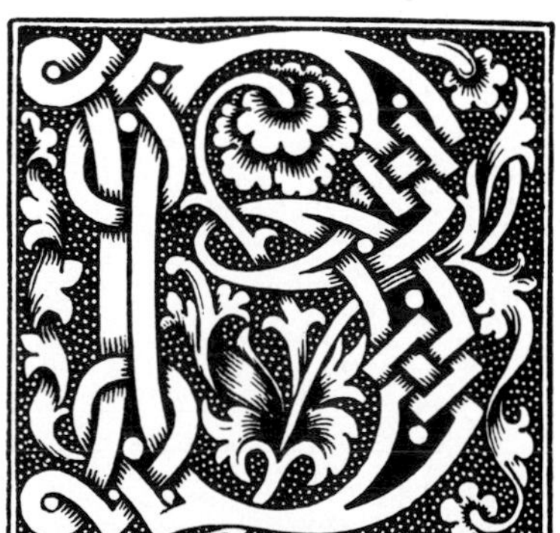

081

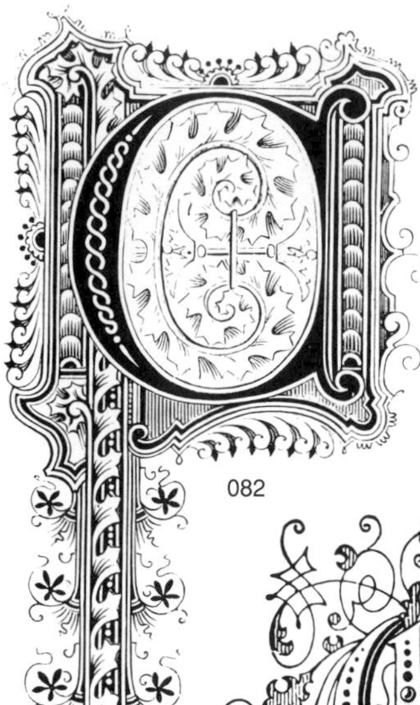
082
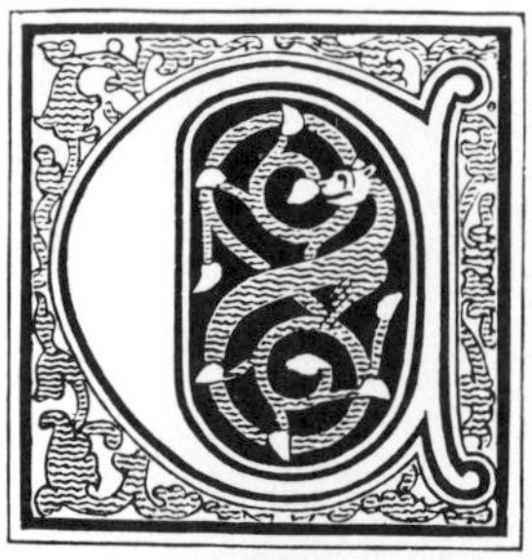
083
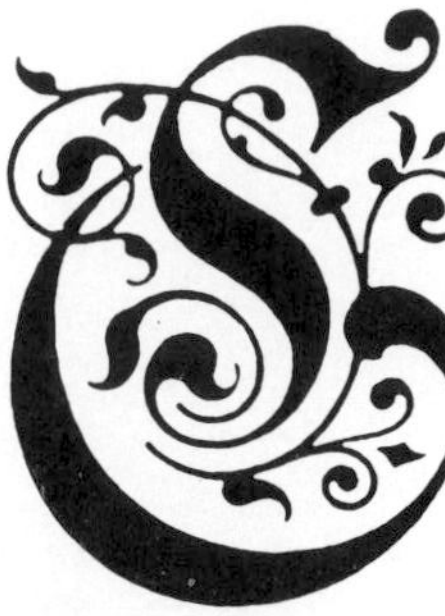
084

085
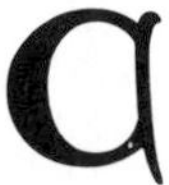
086
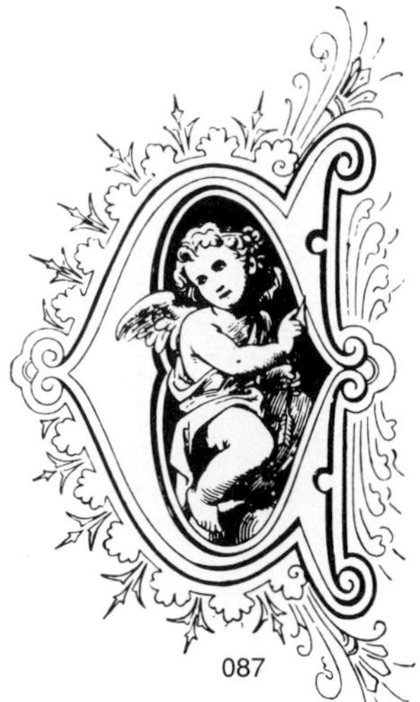
087
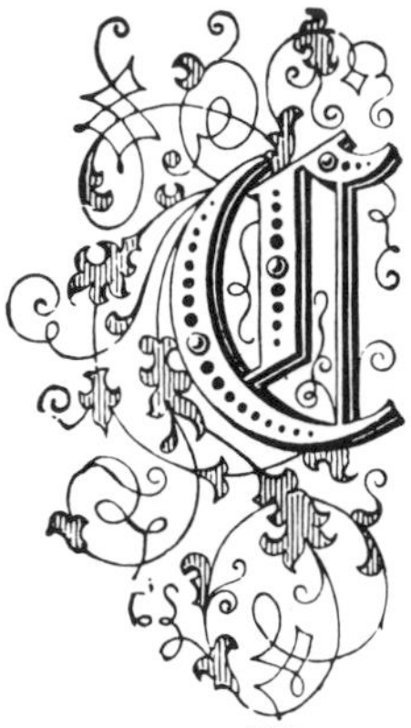
088
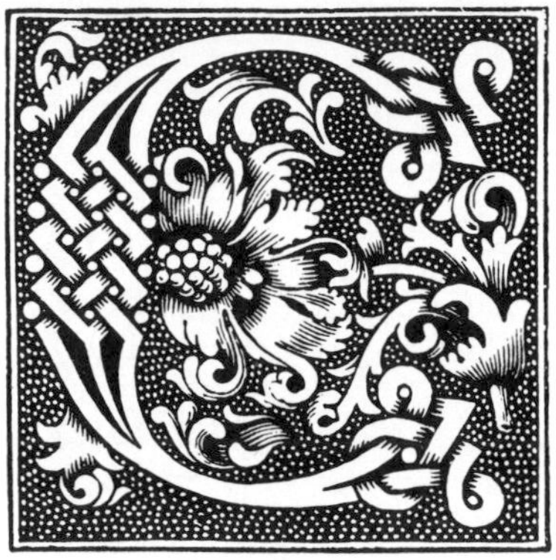
089
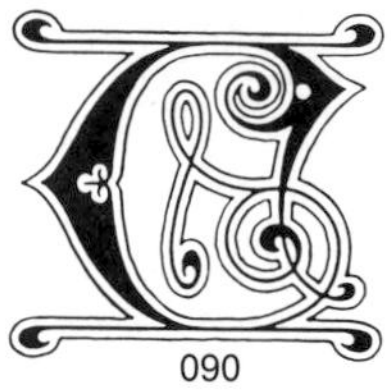
090
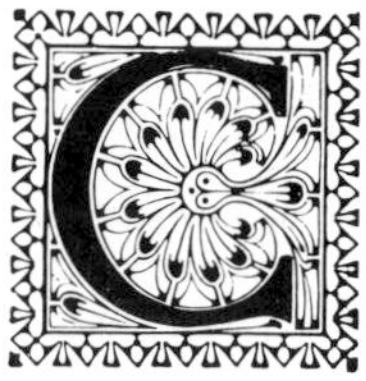
091
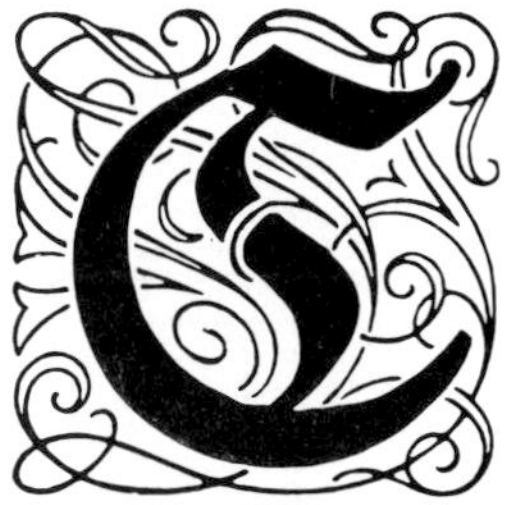
092
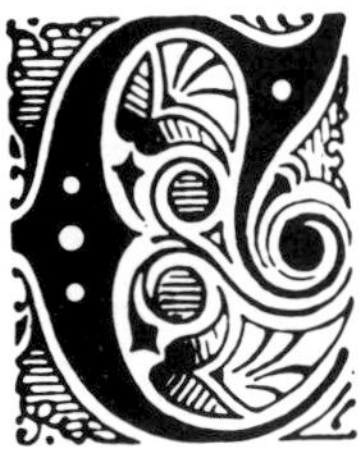
093

094
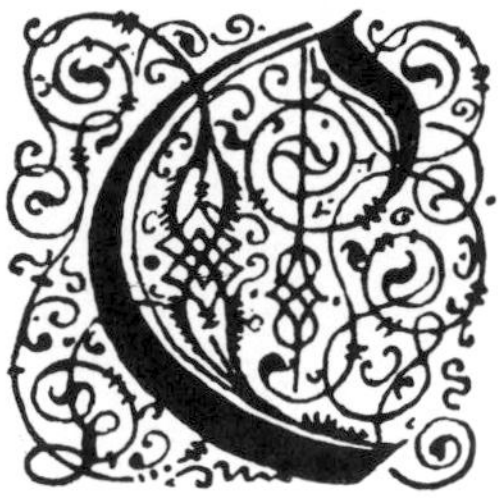
095
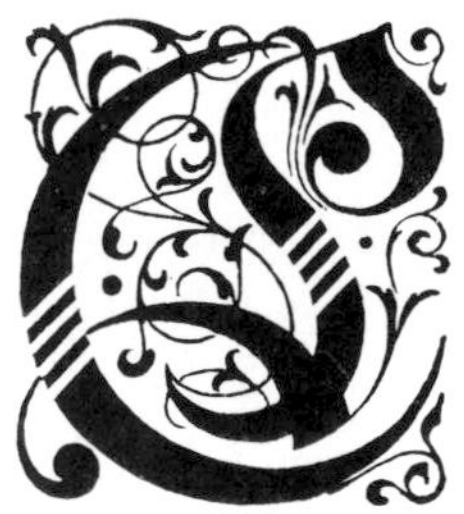
096
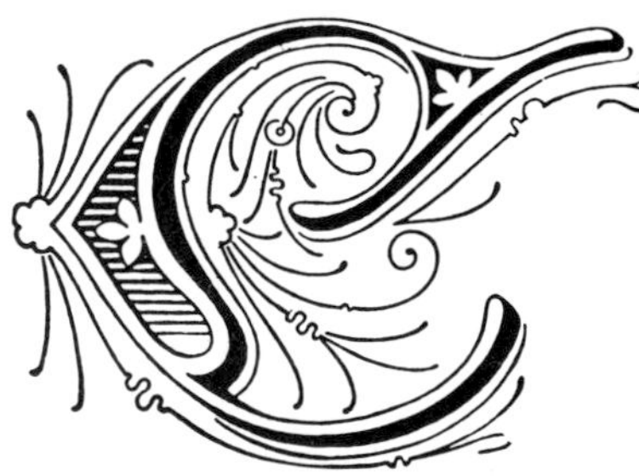
097
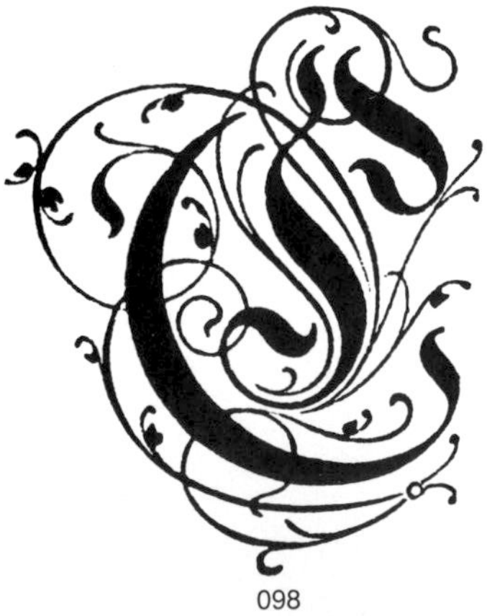
098
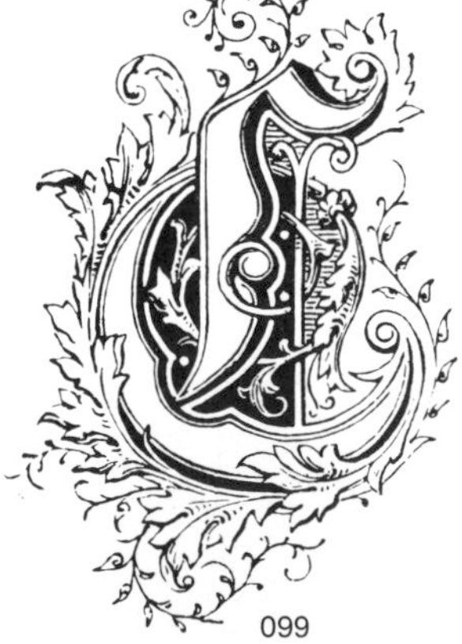
099
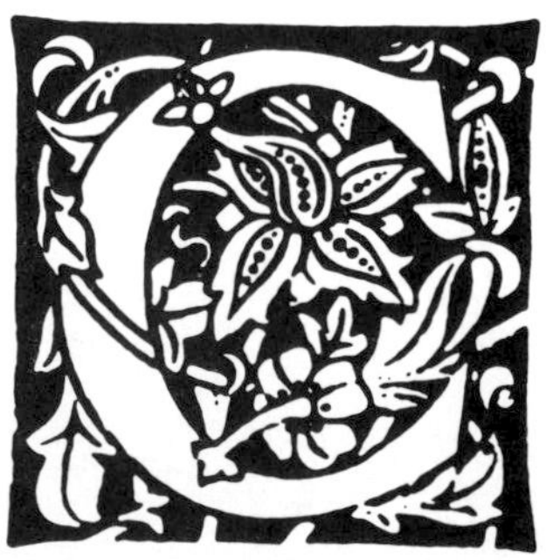
100
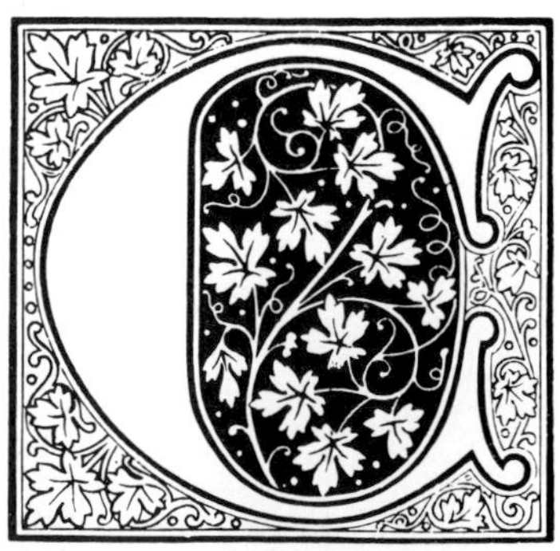
101
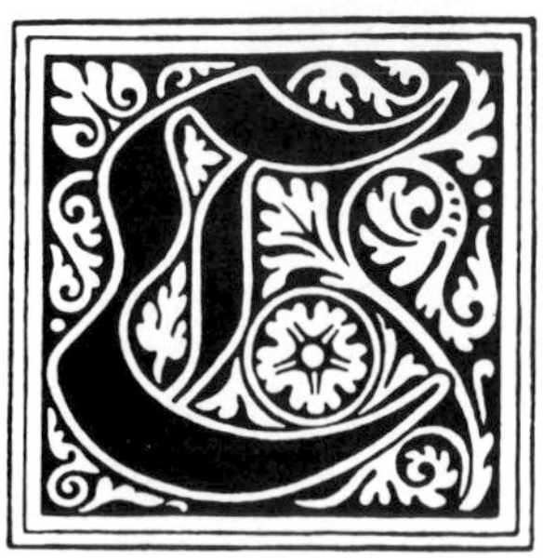
102
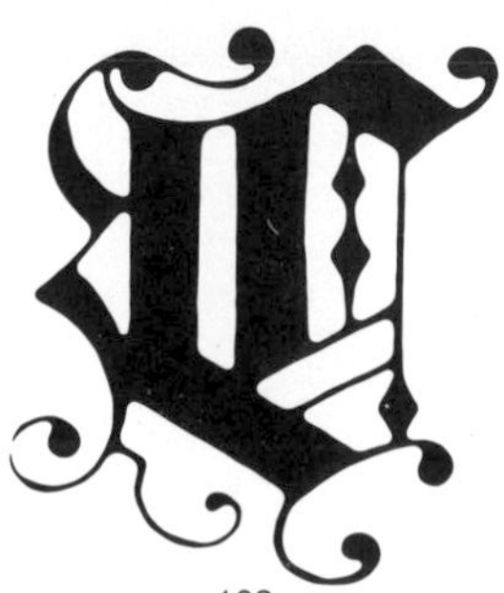
103
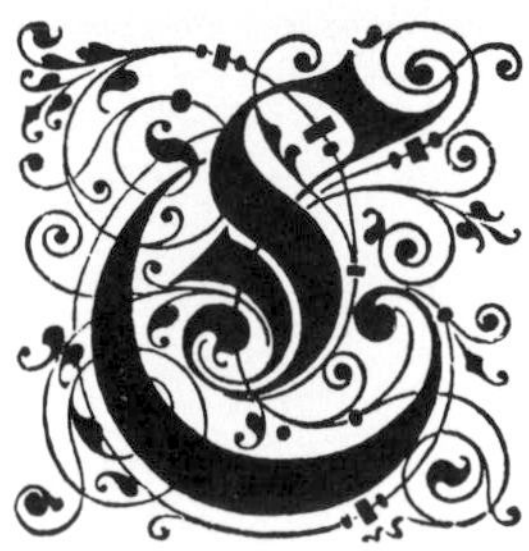
104
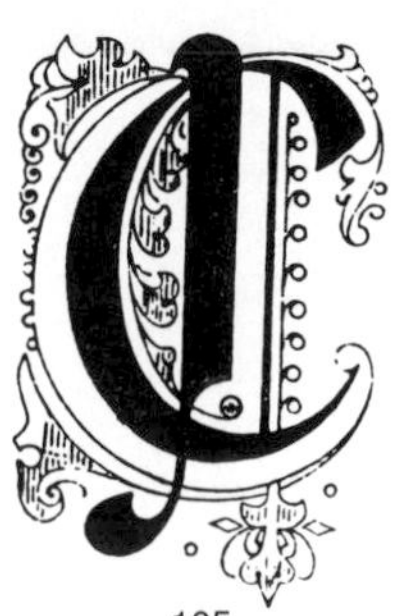
105
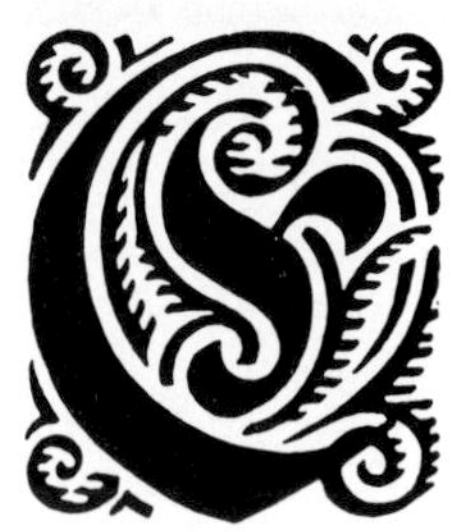
106

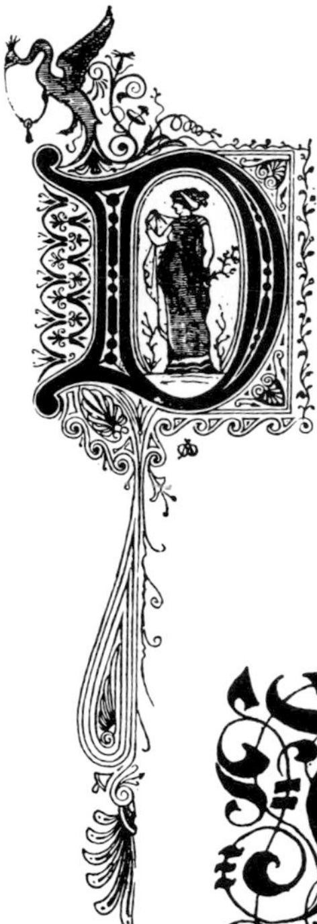
107

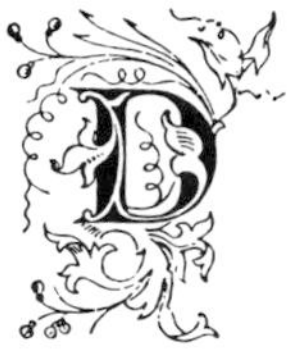
108

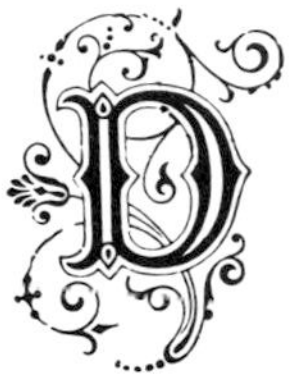
109

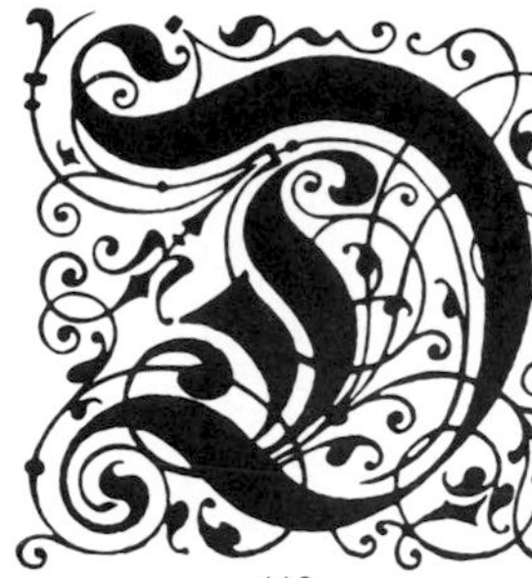
110

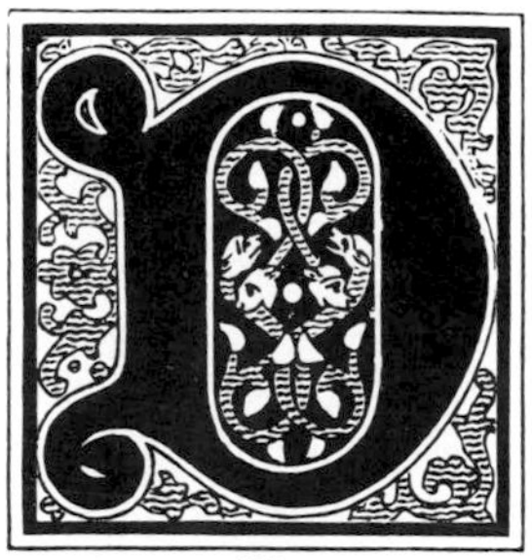
112

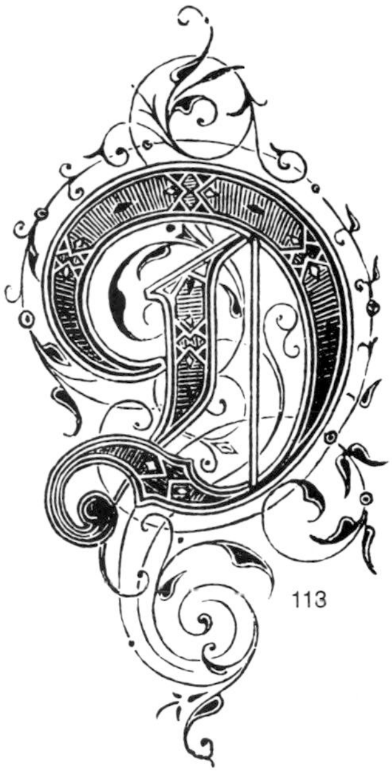
113

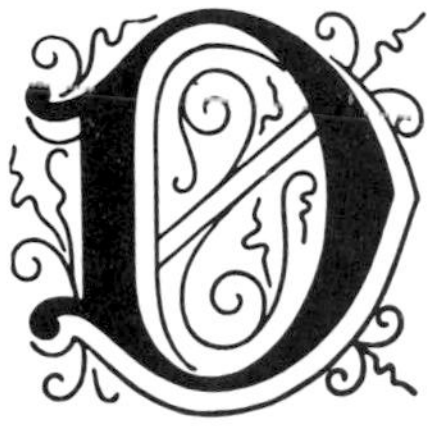
111

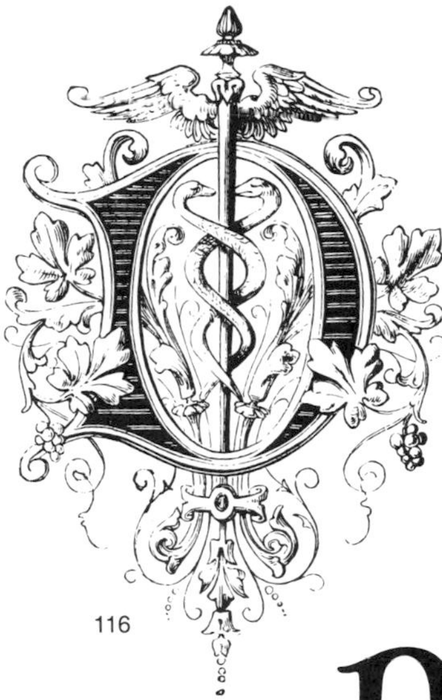
116

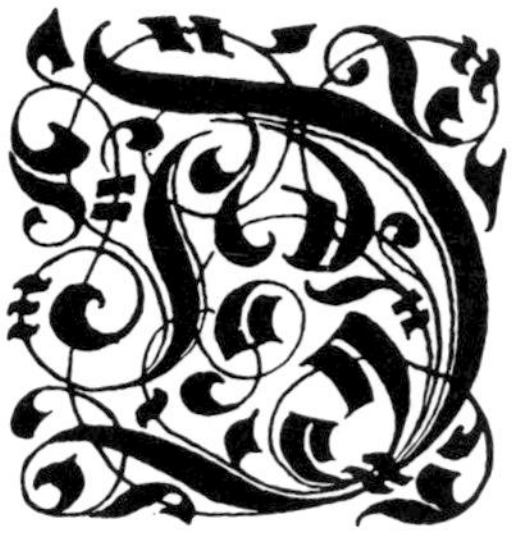
114

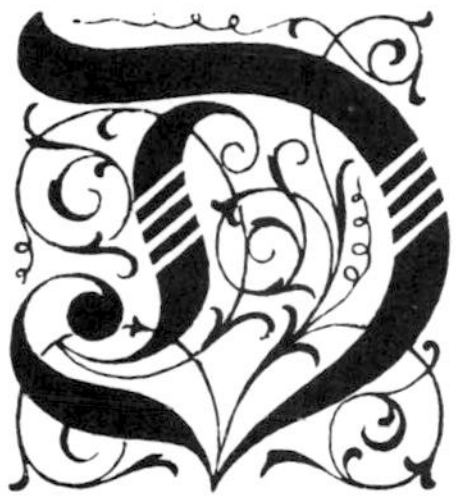
115

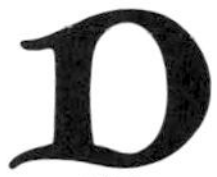
117

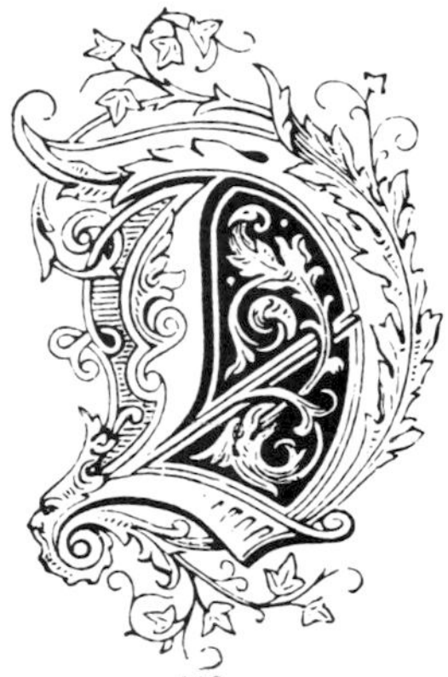
118

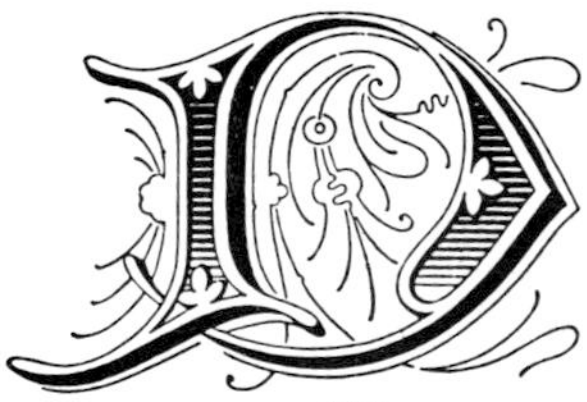
119

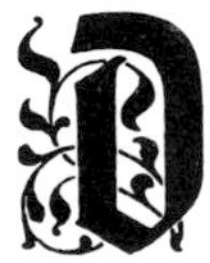
120

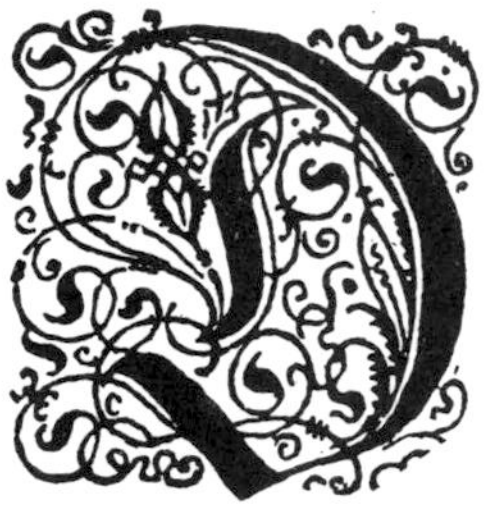
121

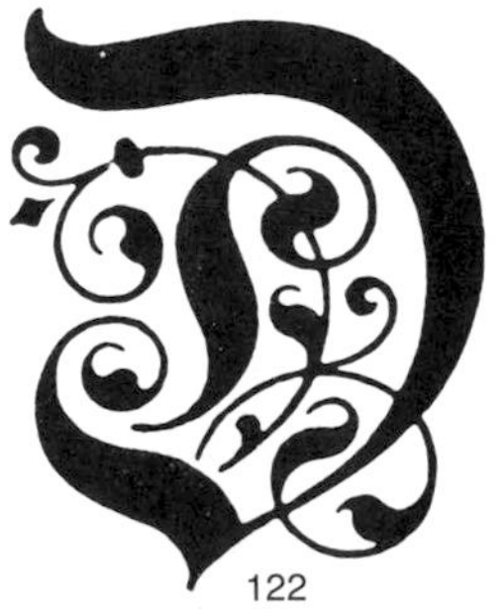
122

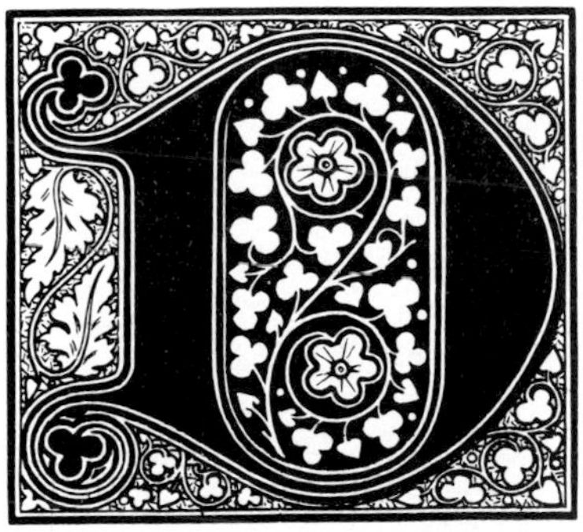
123

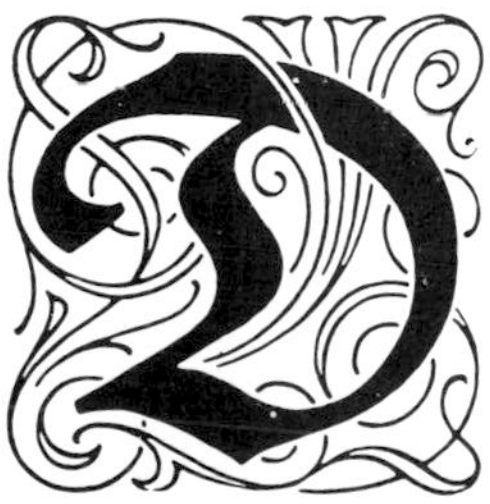
124

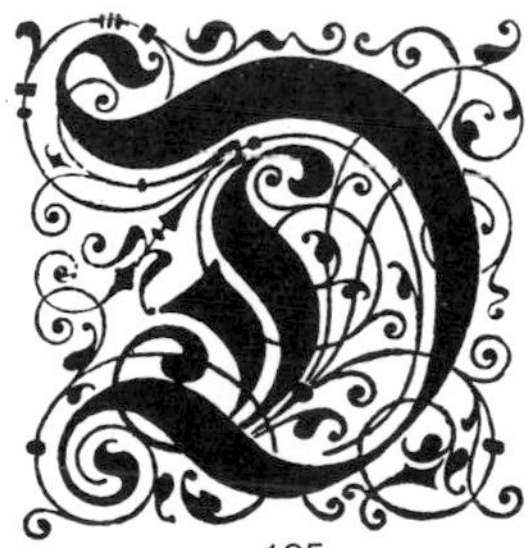
125

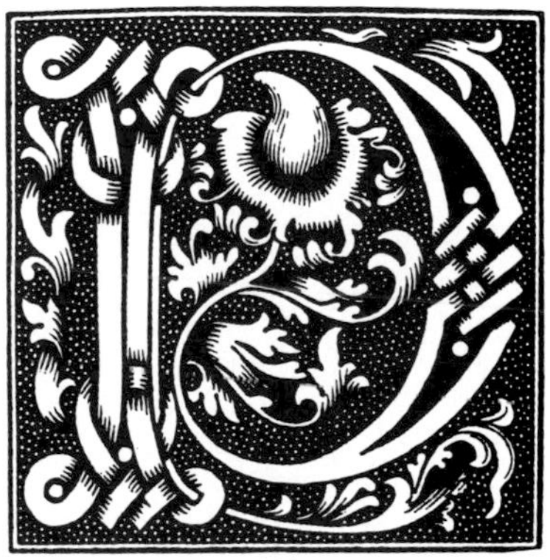
126

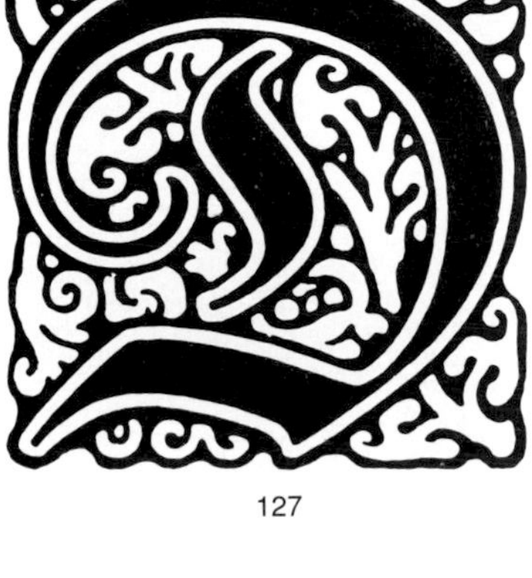
127

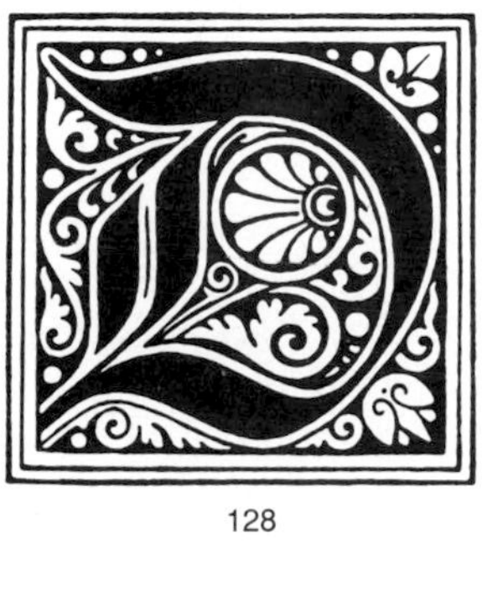
128

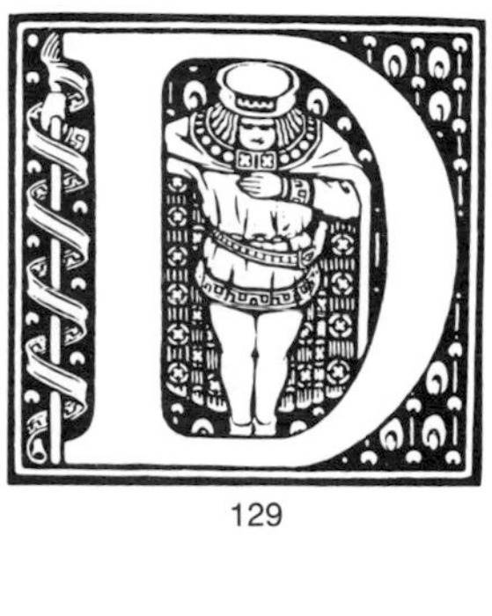
129

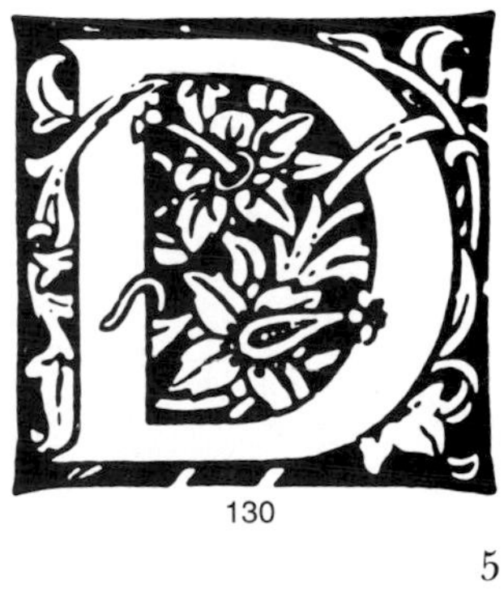
130

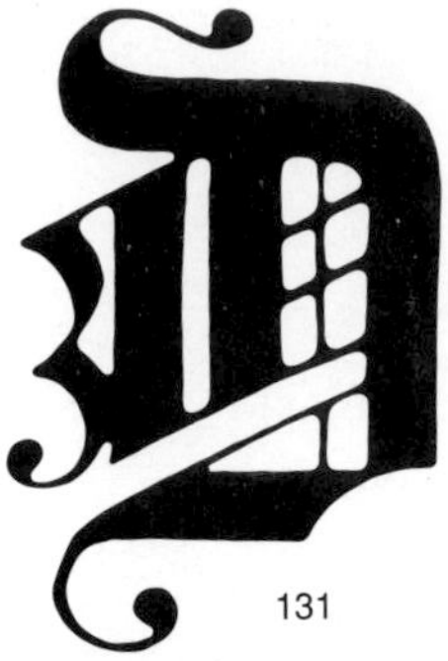

131

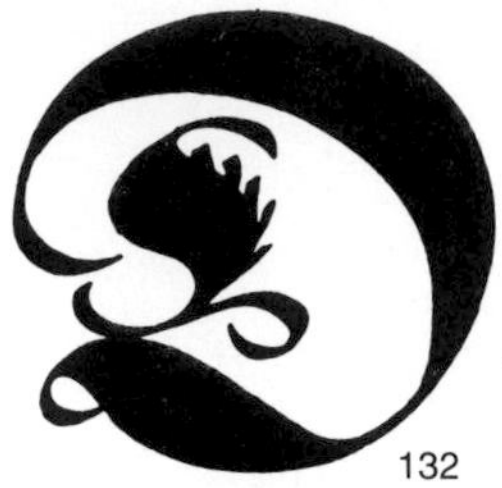

132

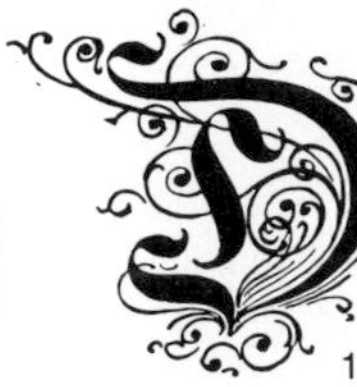

133

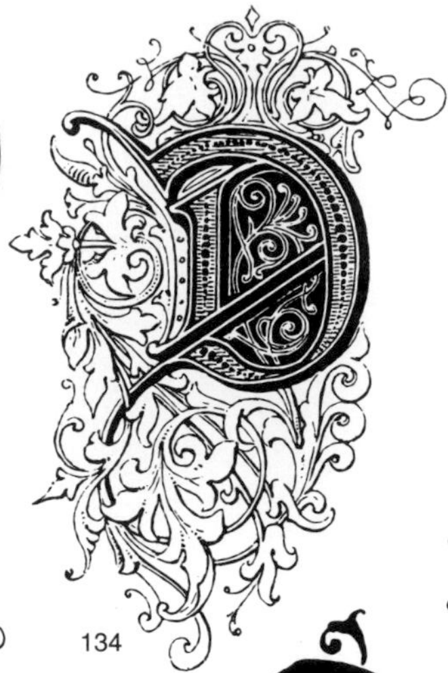

134

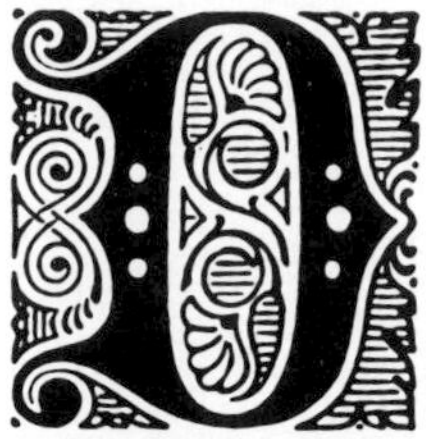

135

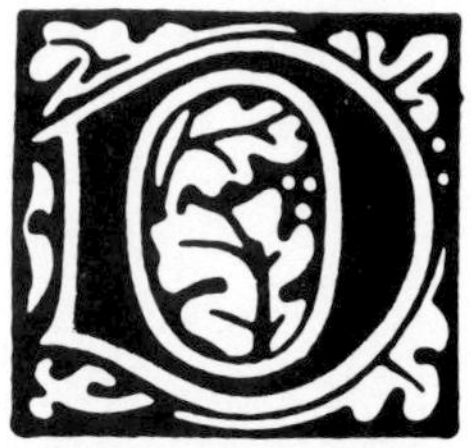

136

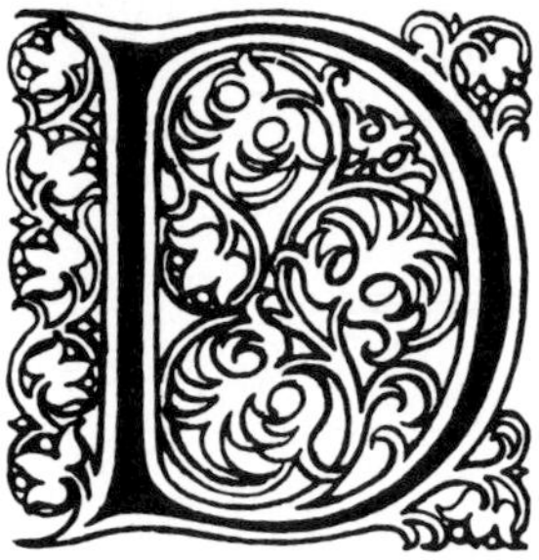

137

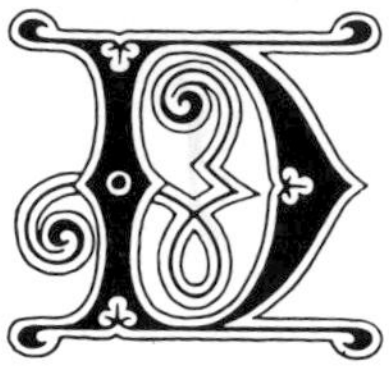

138

139

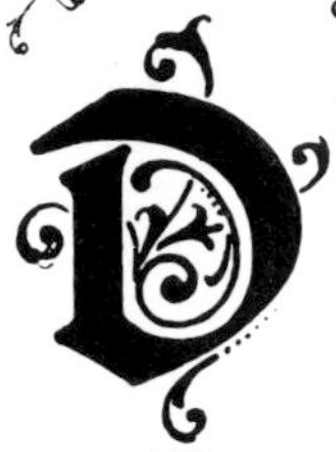

140

141

142

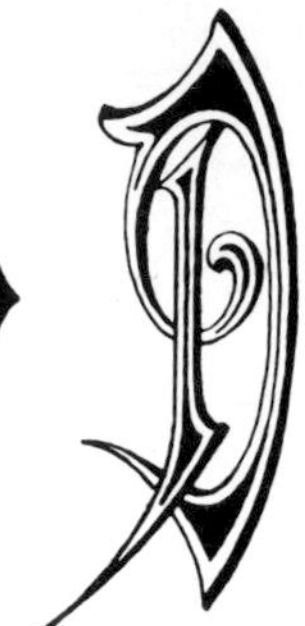

143

144

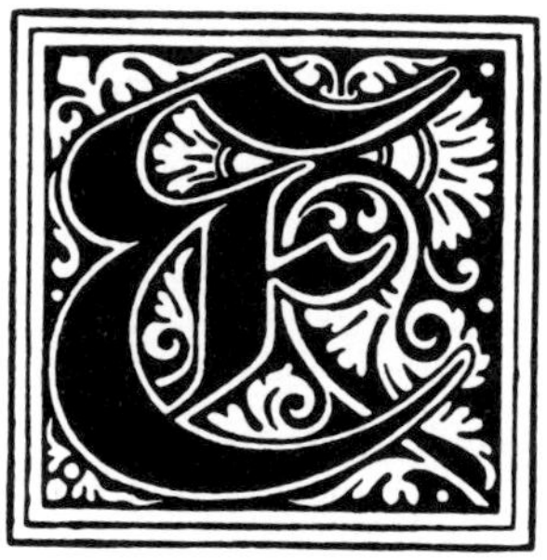

145

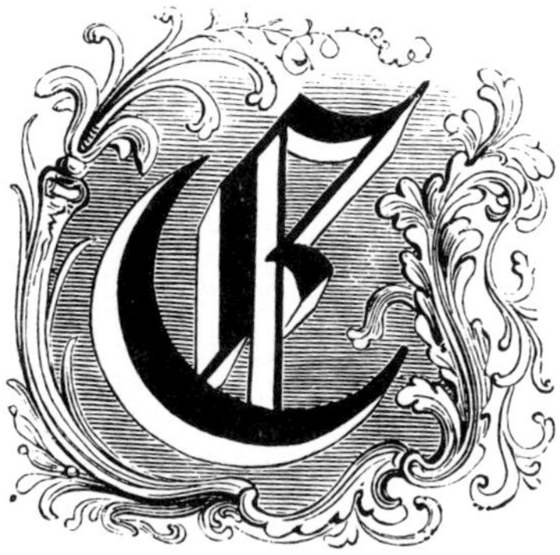

146

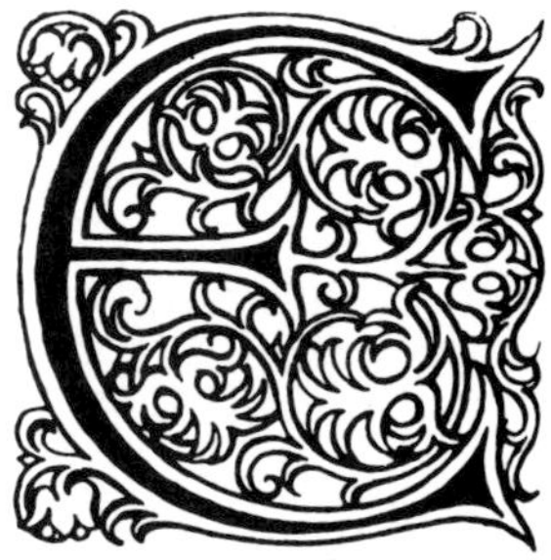

147

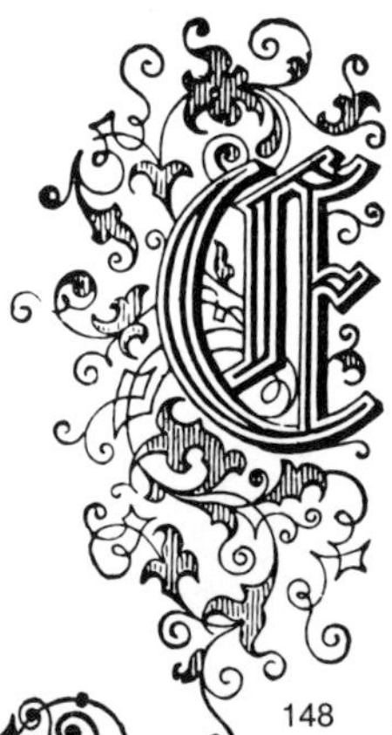

148

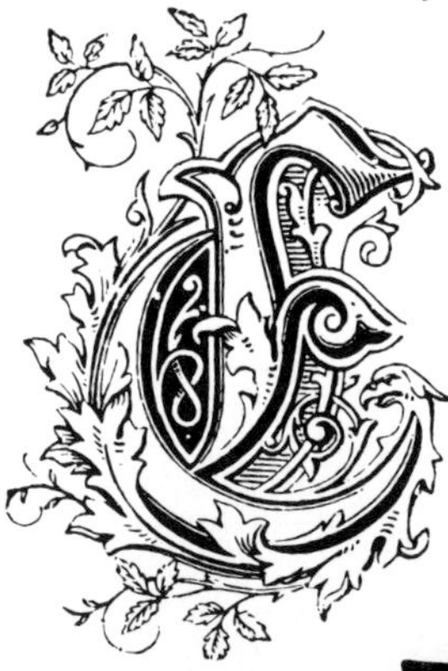

149

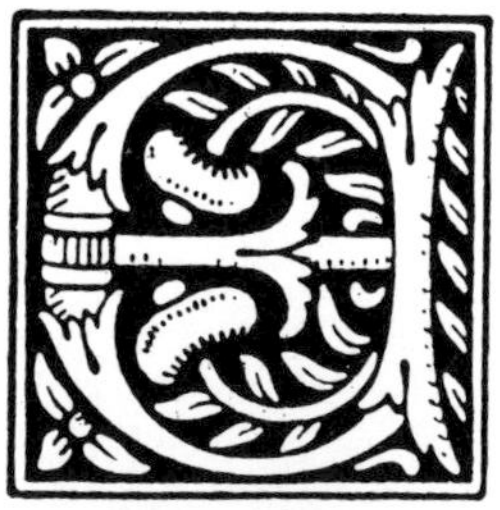

150

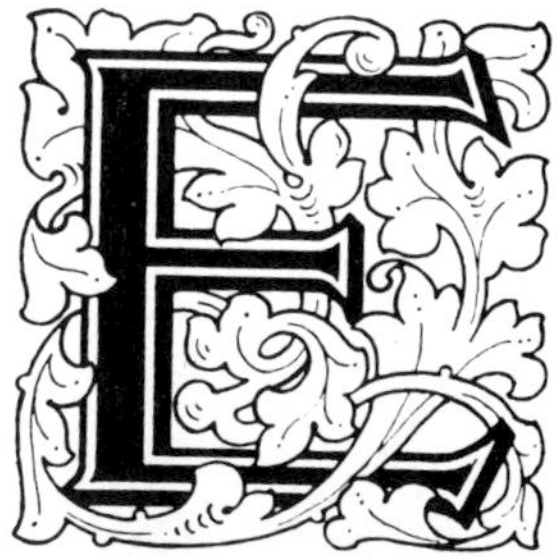

151

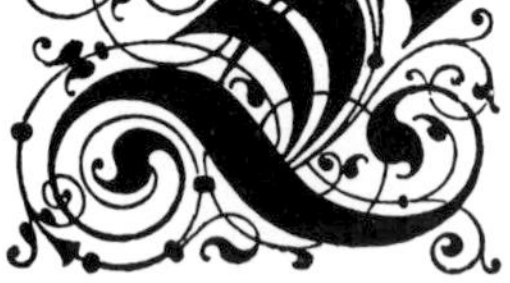

152

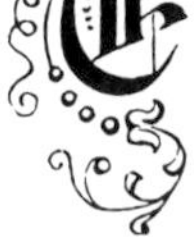

153

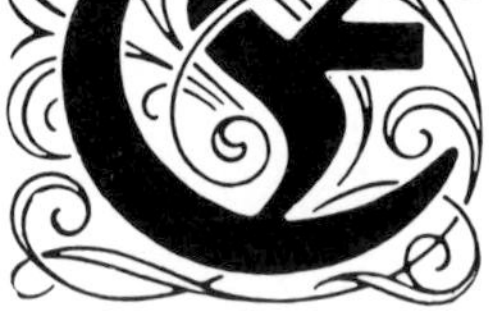

154

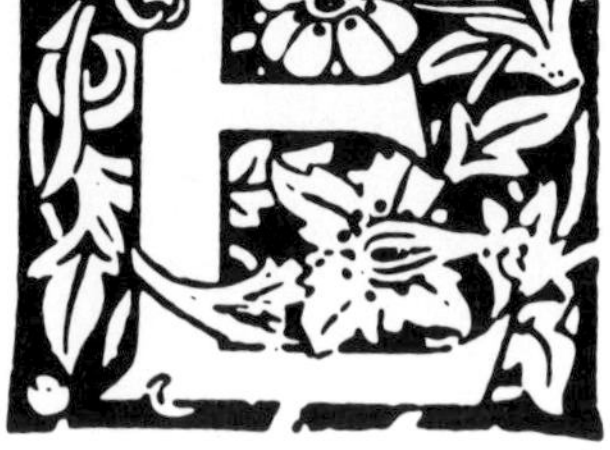

155

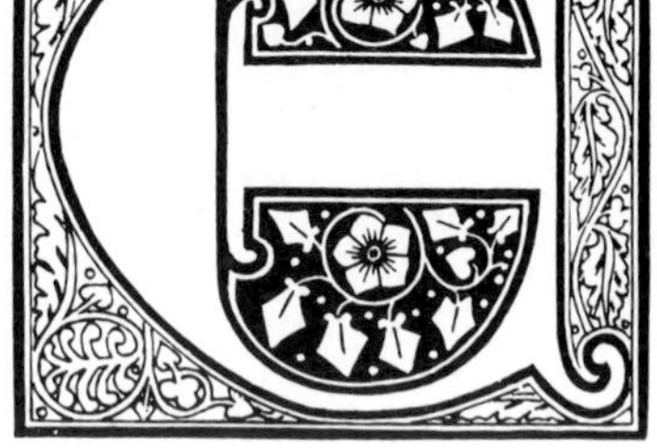

156

157

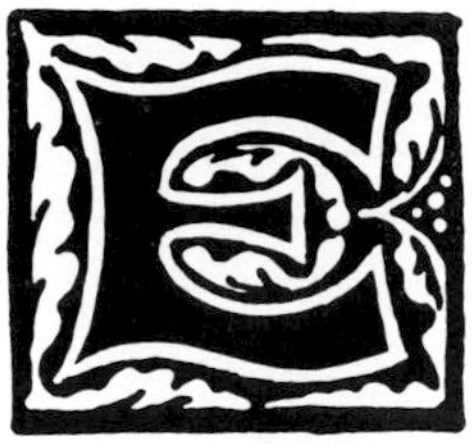
158

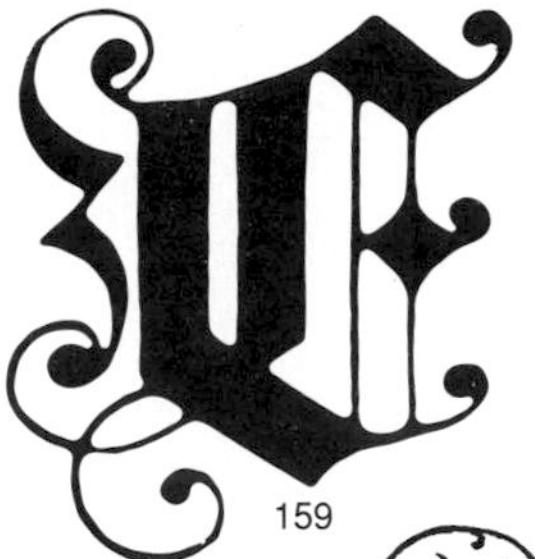
159

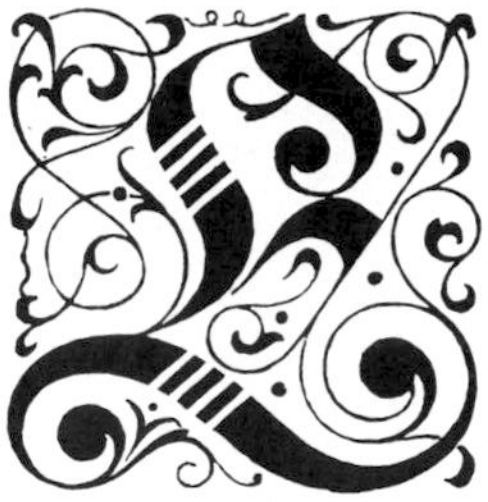
160

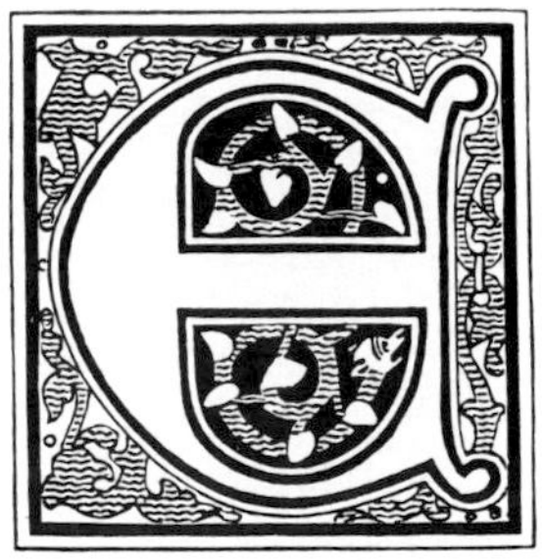
161

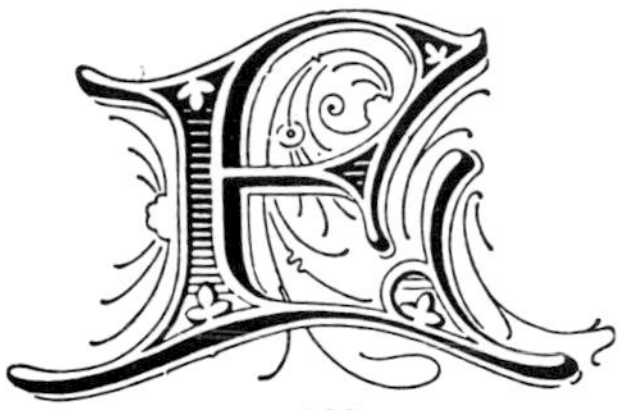
162

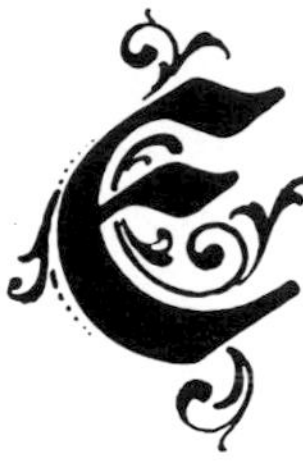
163

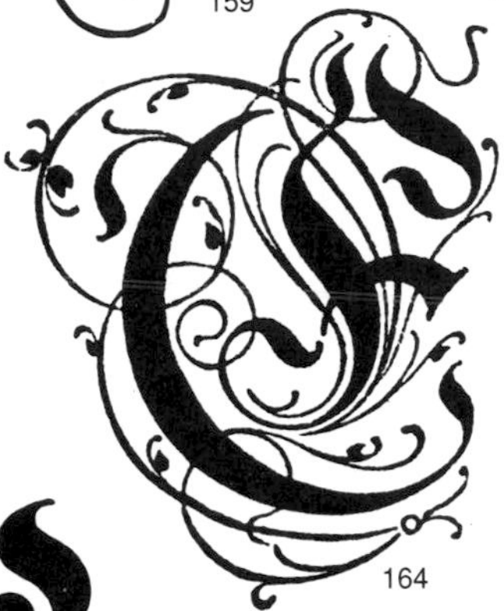
164

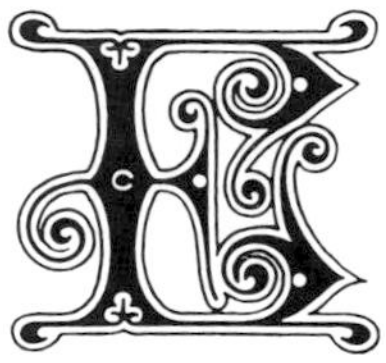
165

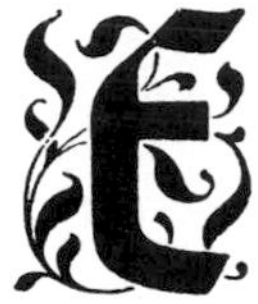
167

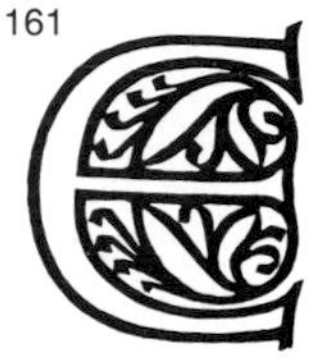
168

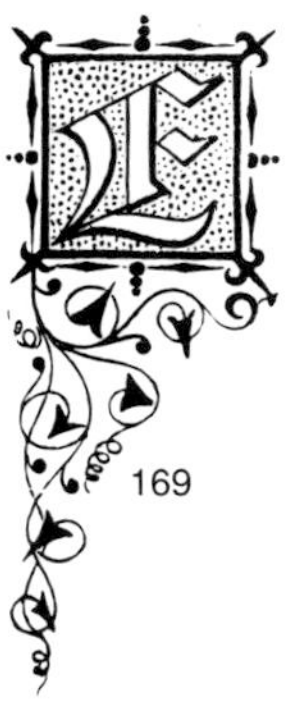
169

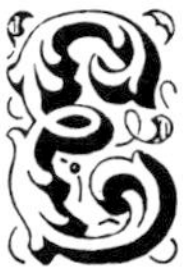
170

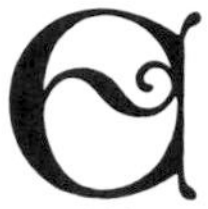
166

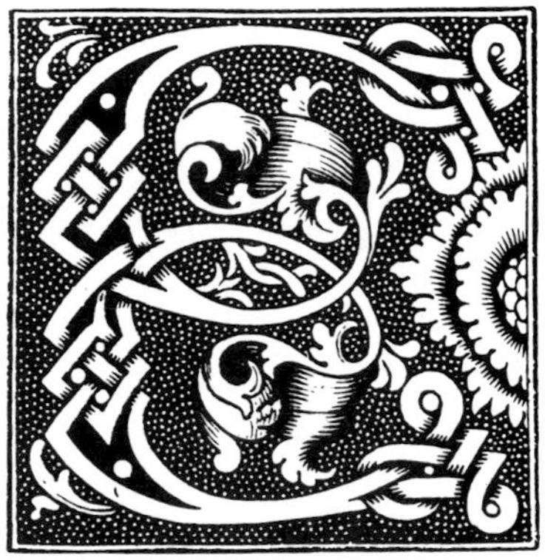
175

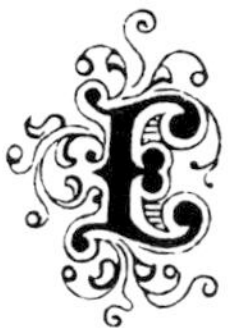
171

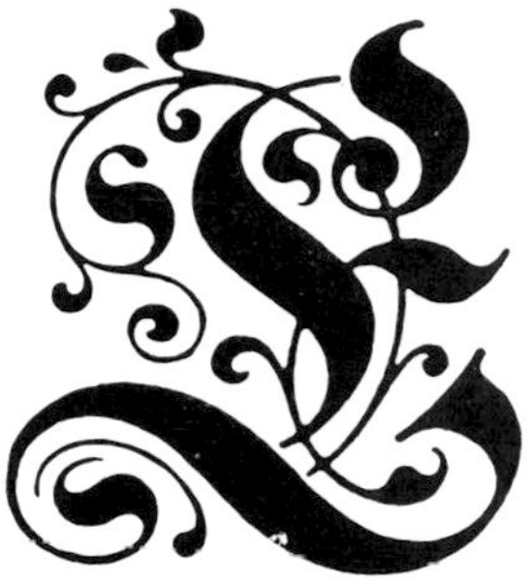
172

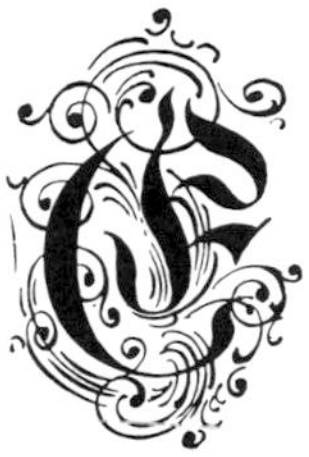
173

174

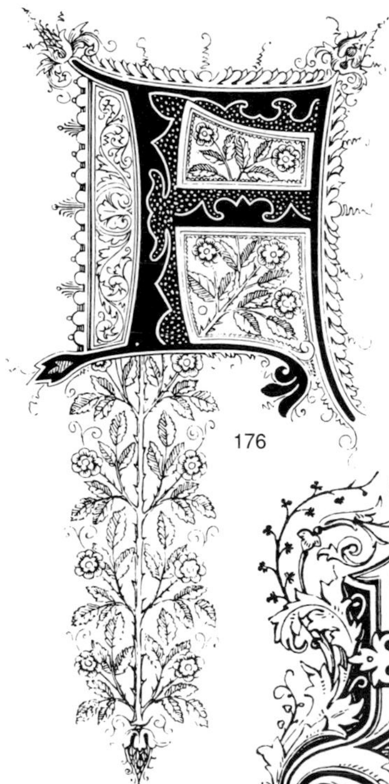
176

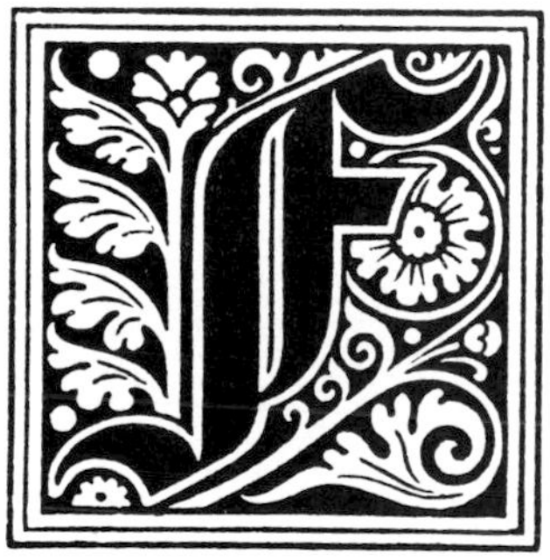
177

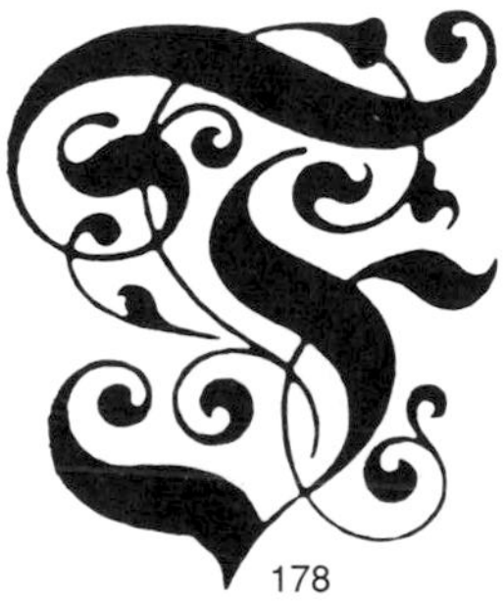
178

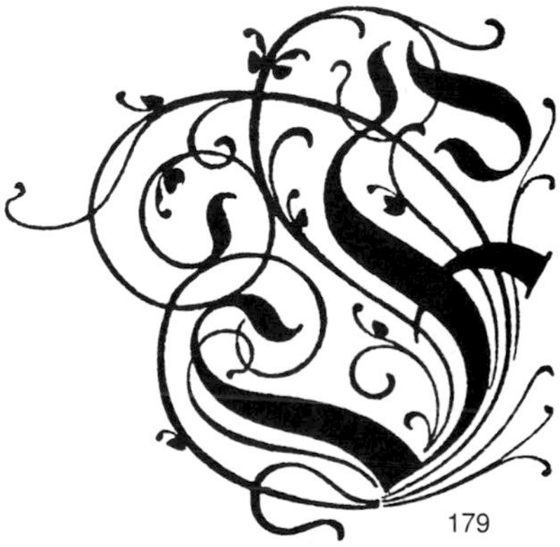
179

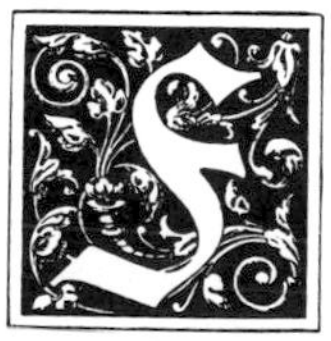
181

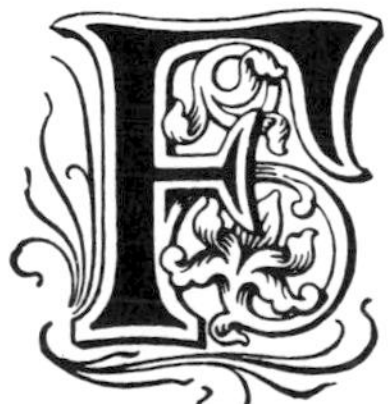
183

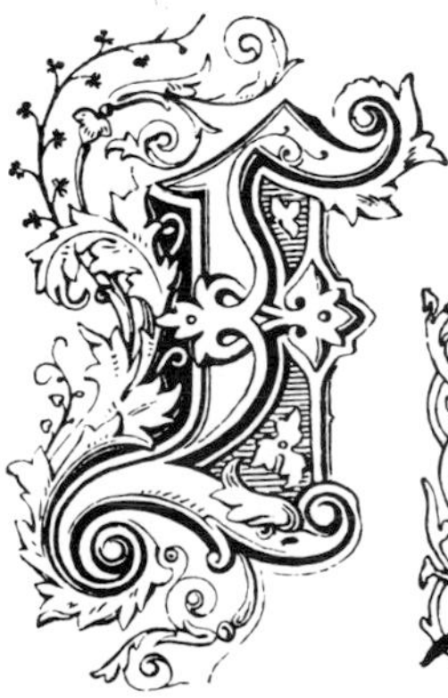
180

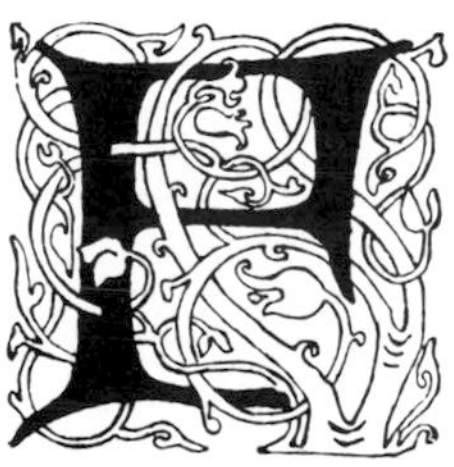
182

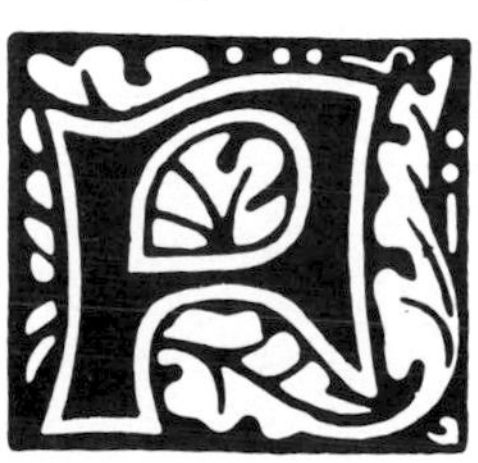
184

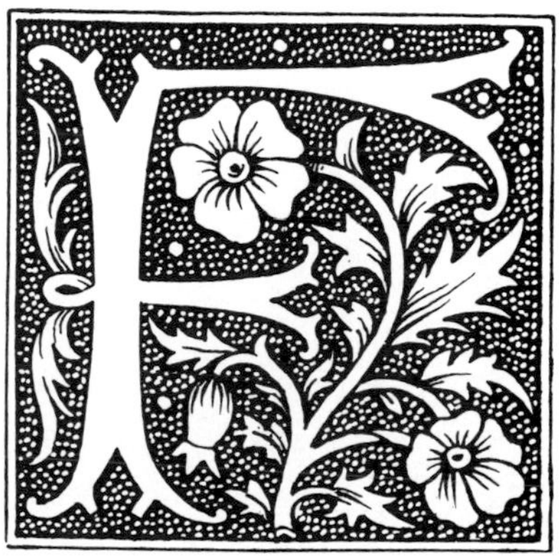
185

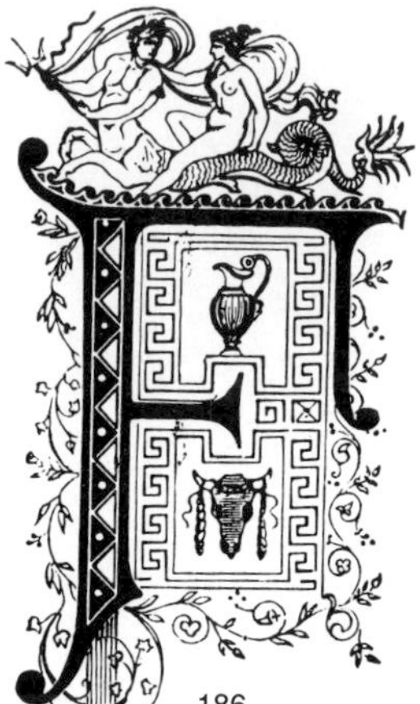

186

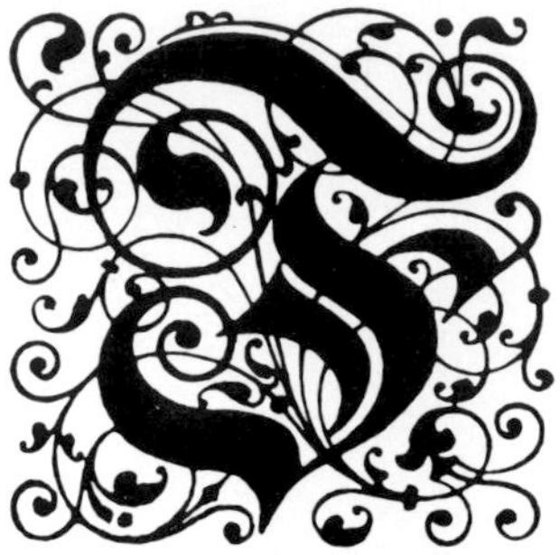

187

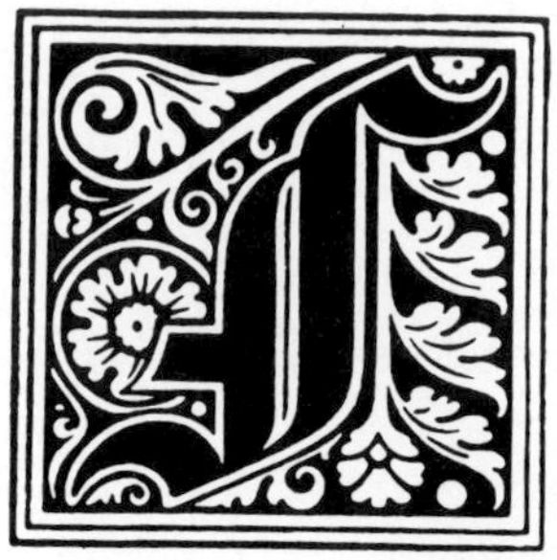

188

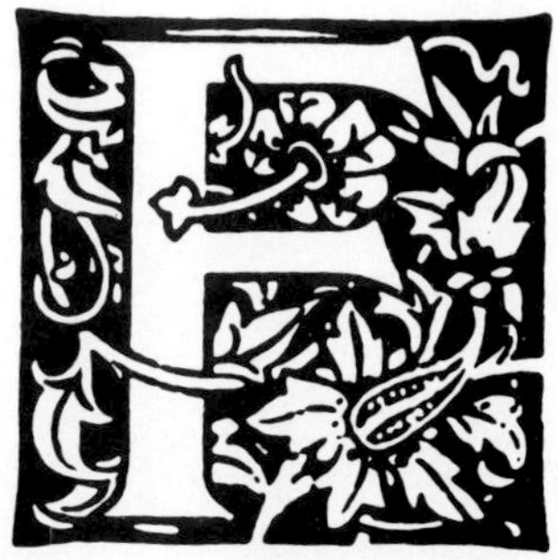

189

190

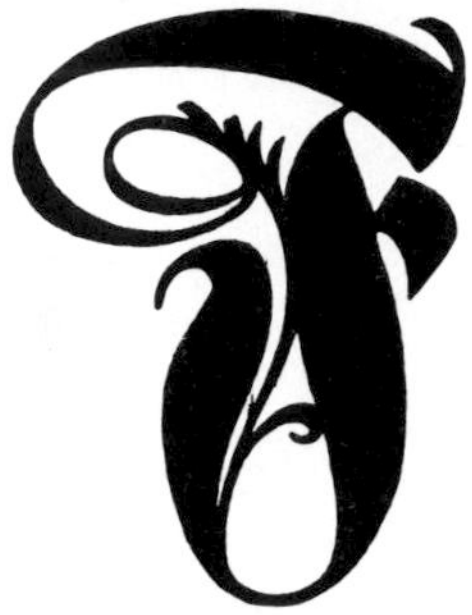

191

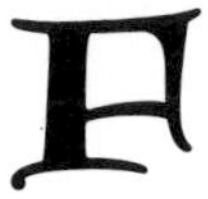

192

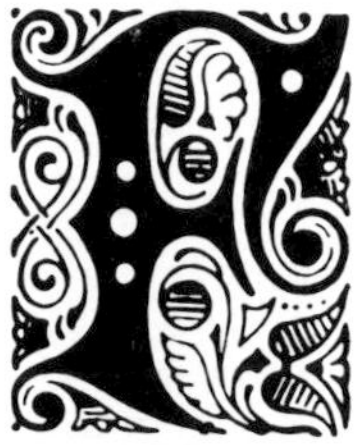

193

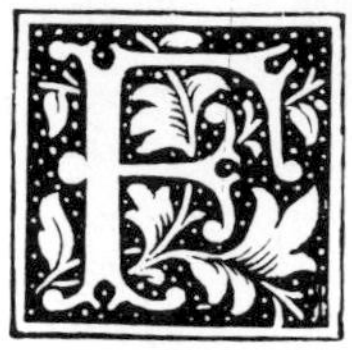

194

195

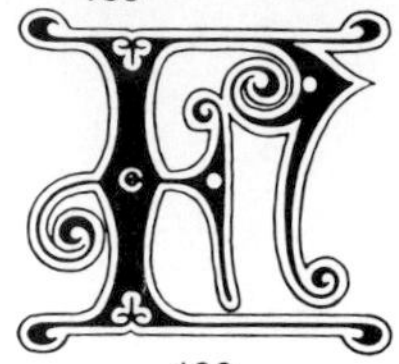

196

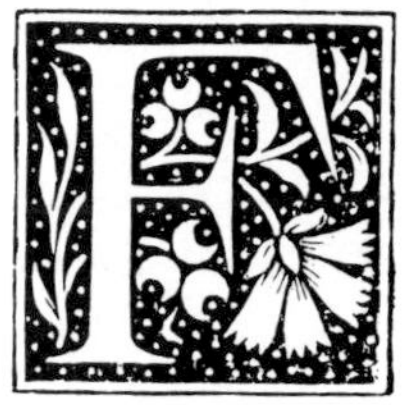

197

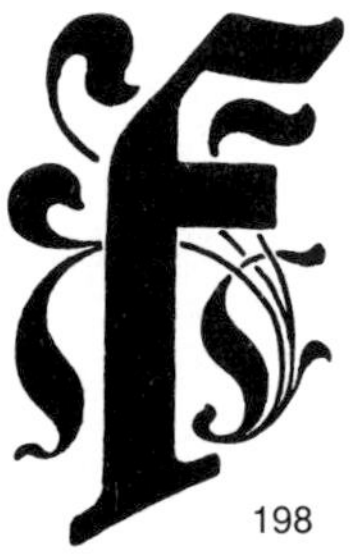

198

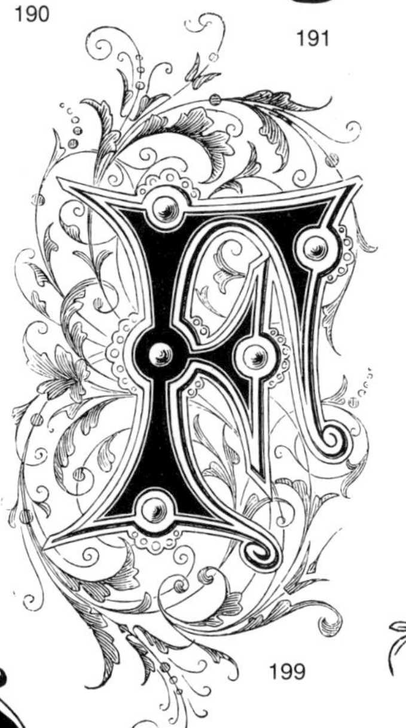

199

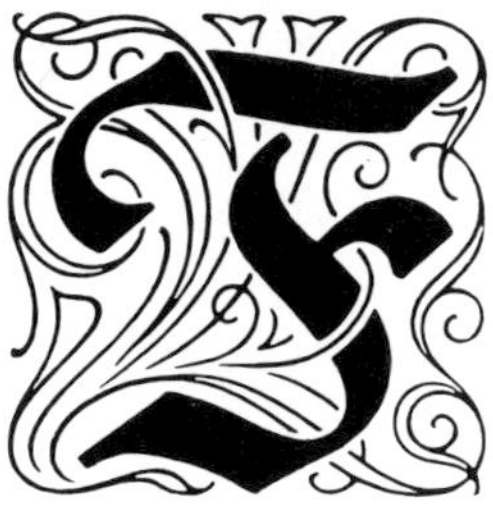

200

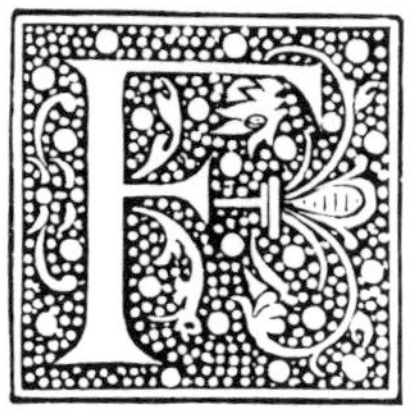

201

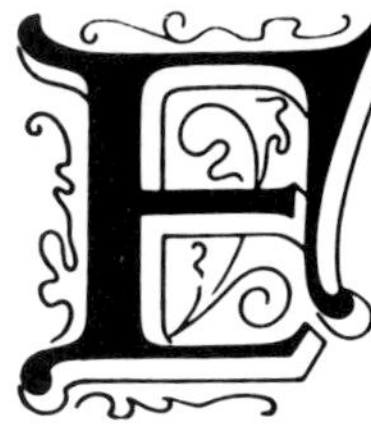

202

203

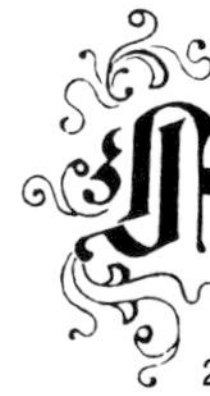

204

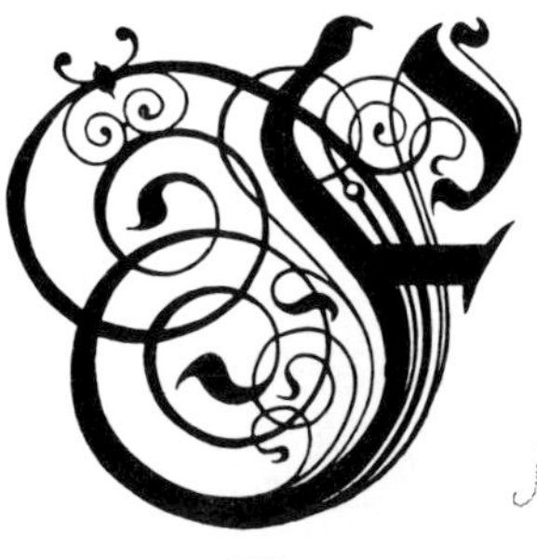

205

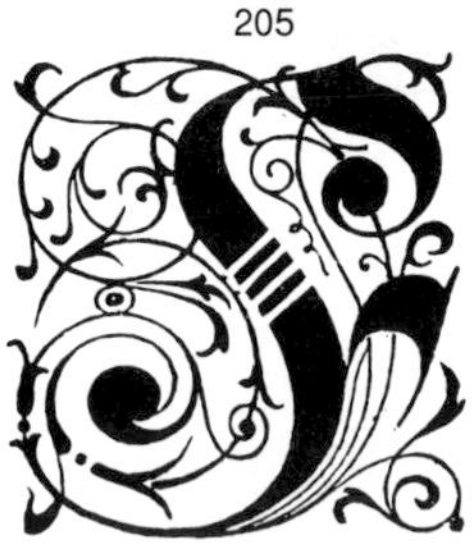

206

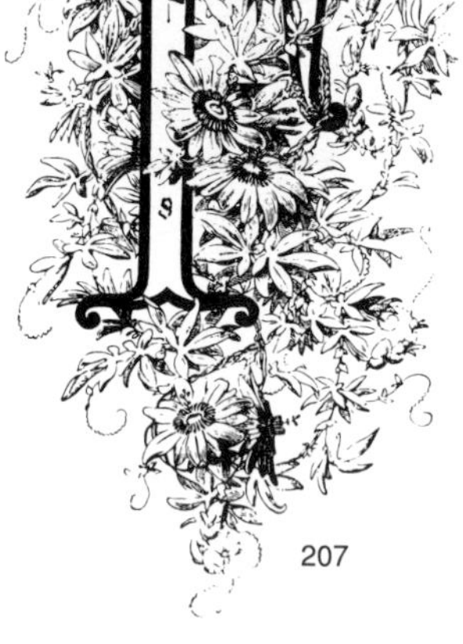

207

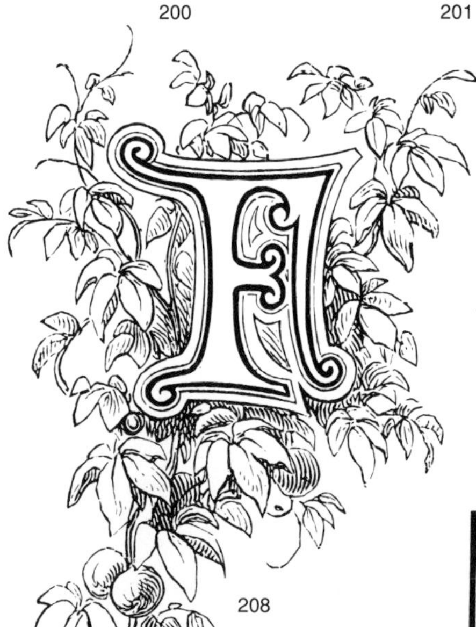

208

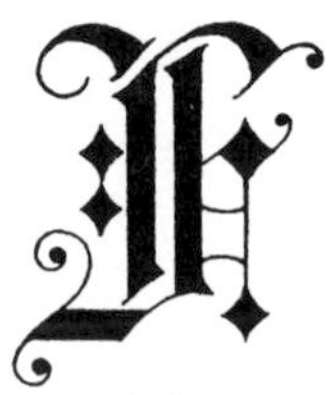

209

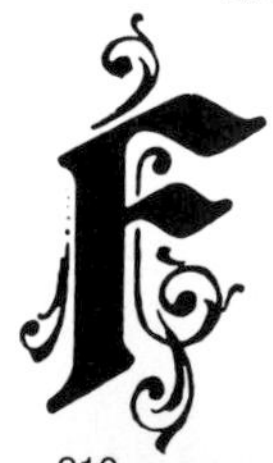

210

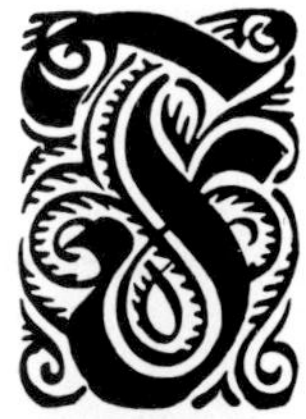

211

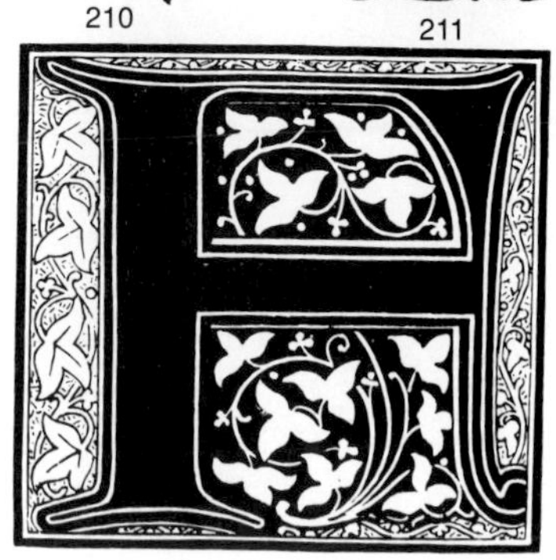

212

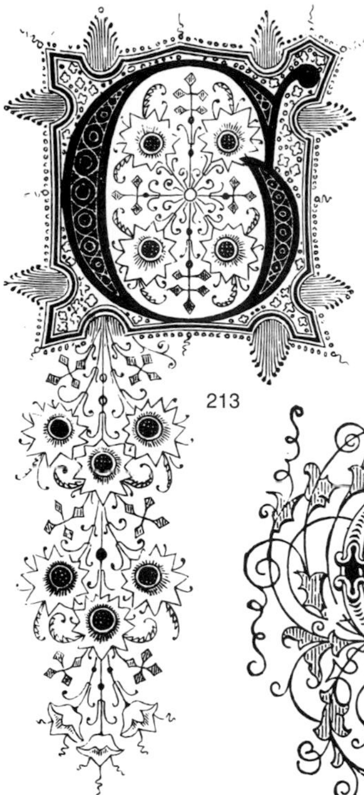
213

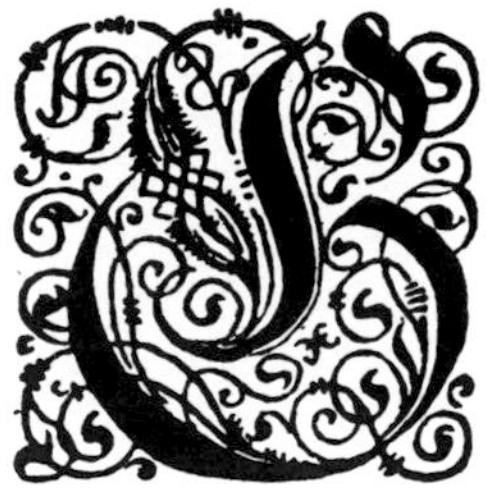
214

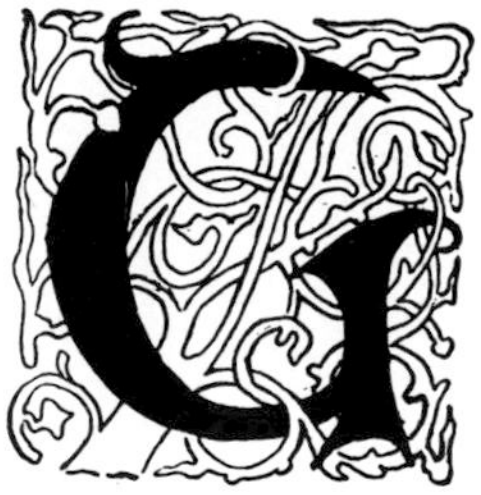
215

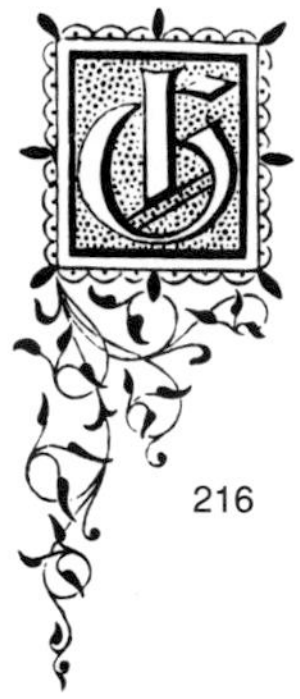
216

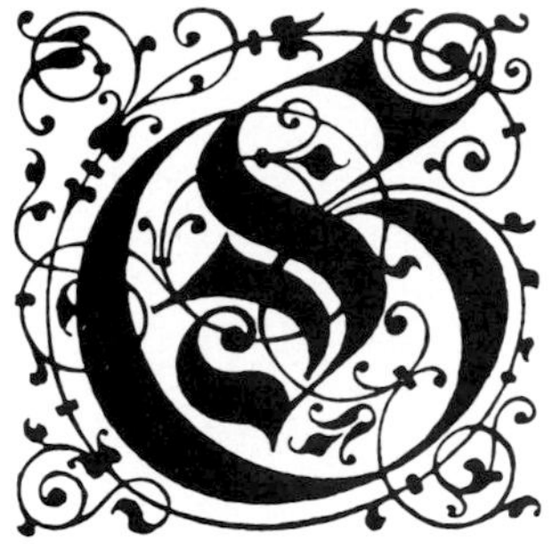
217

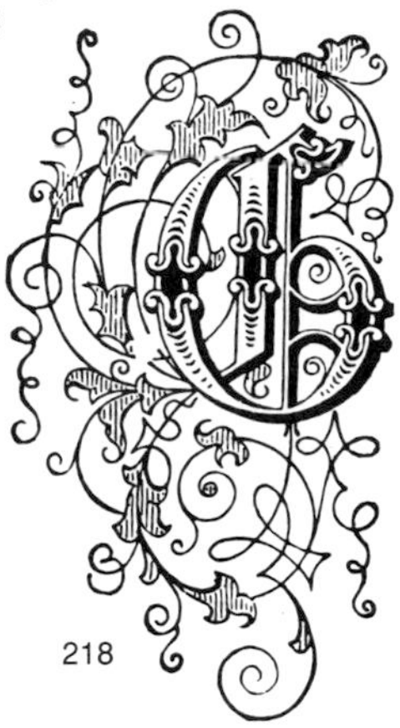
218

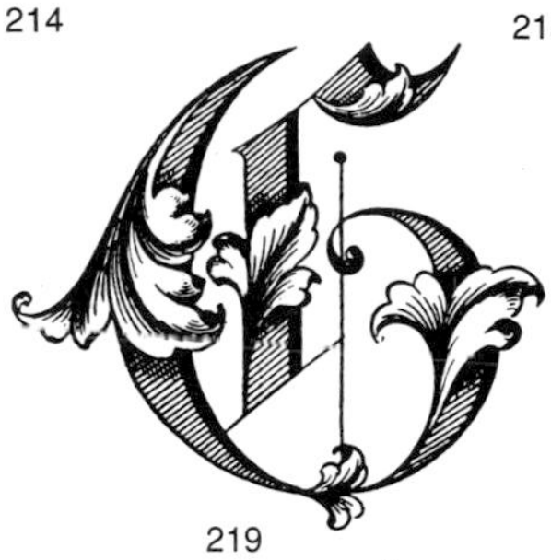
219

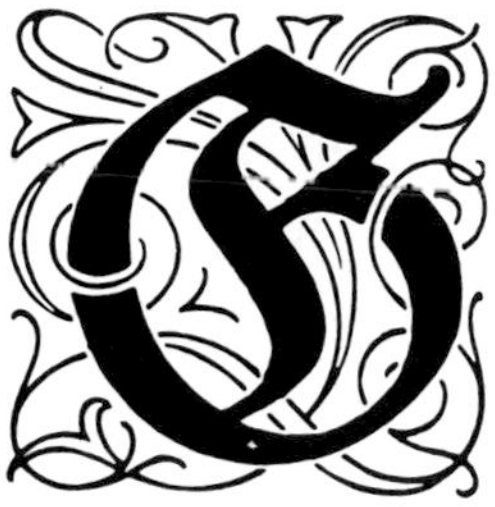
220

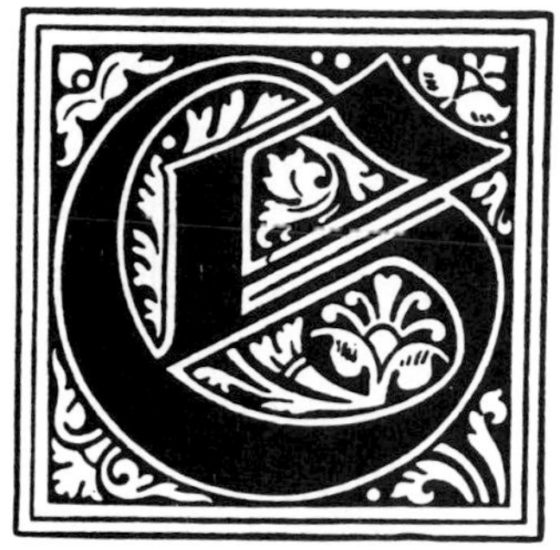
221

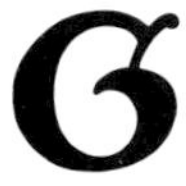
222

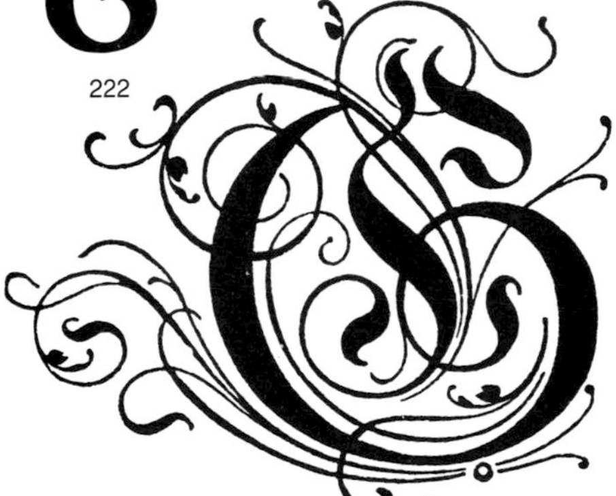
223

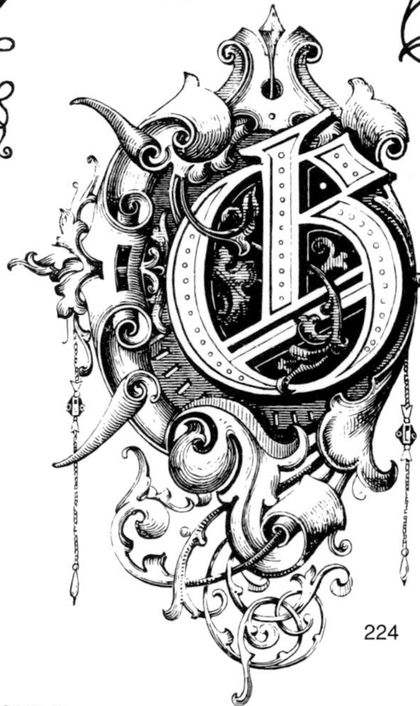
224

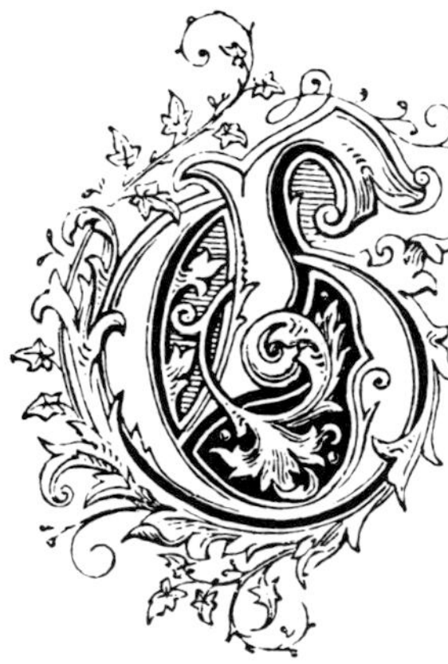
225

226

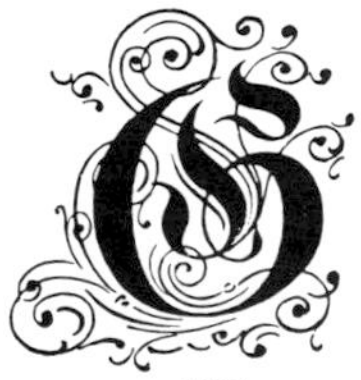
227

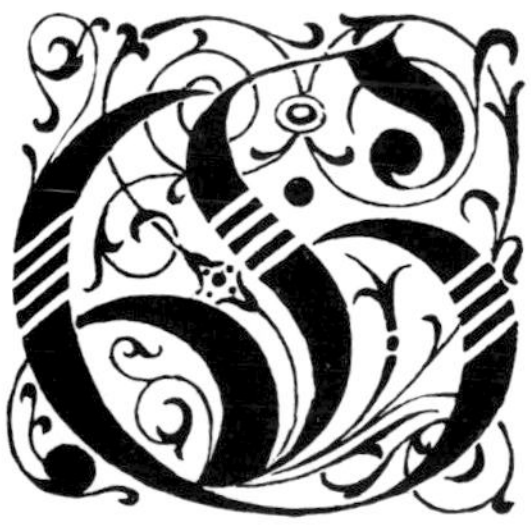
228

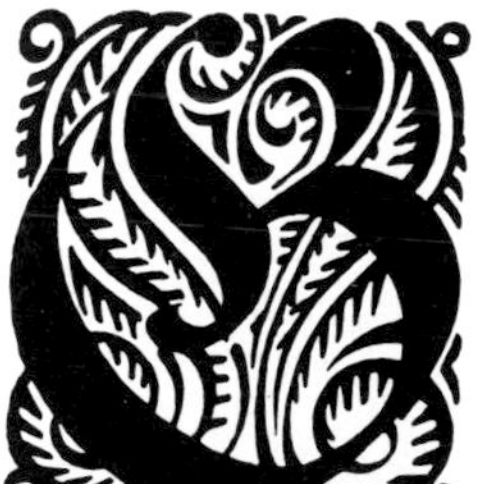
229

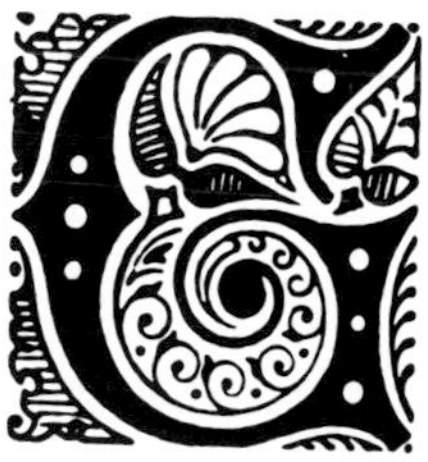
230

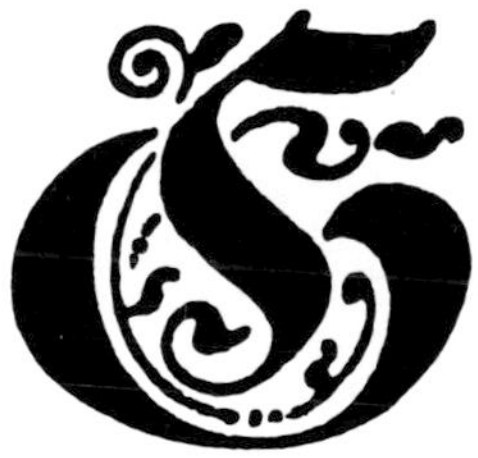
231

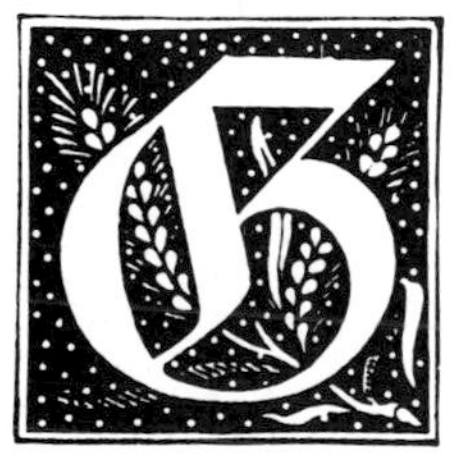
232

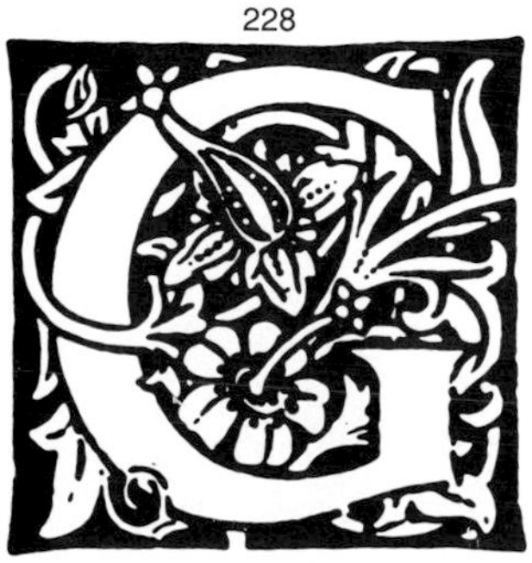
233

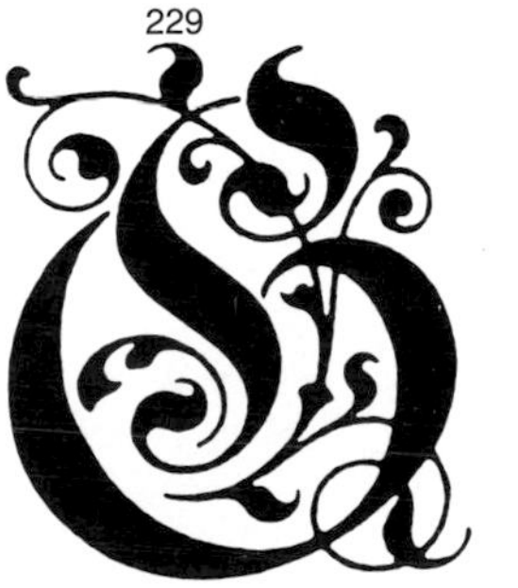
234

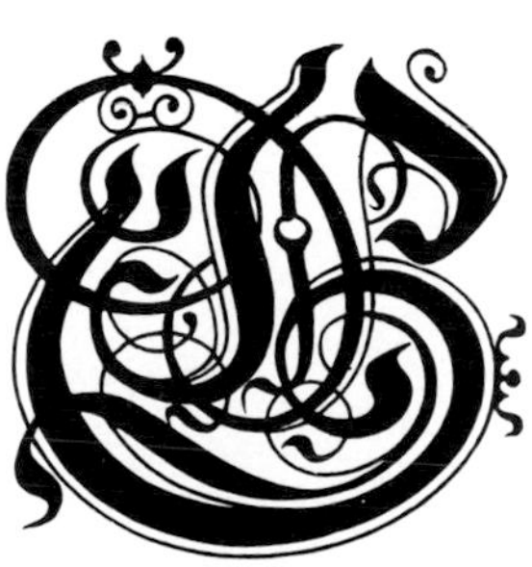
235

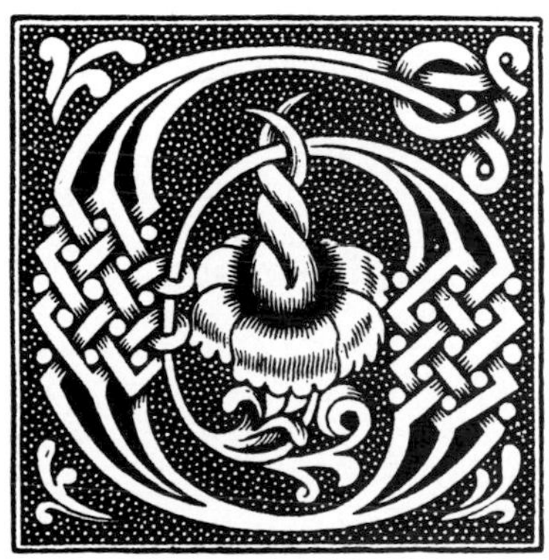
236

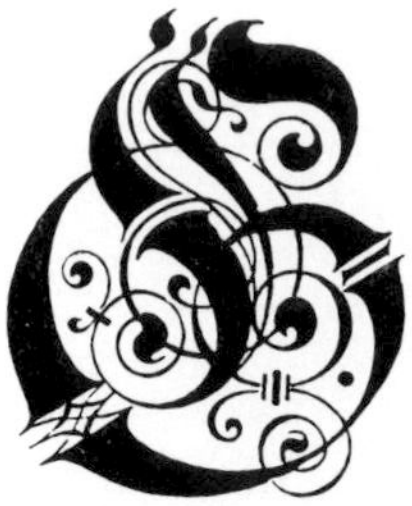
237

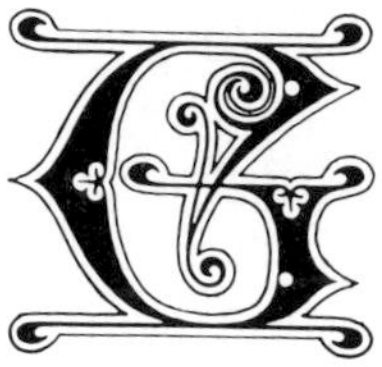
238

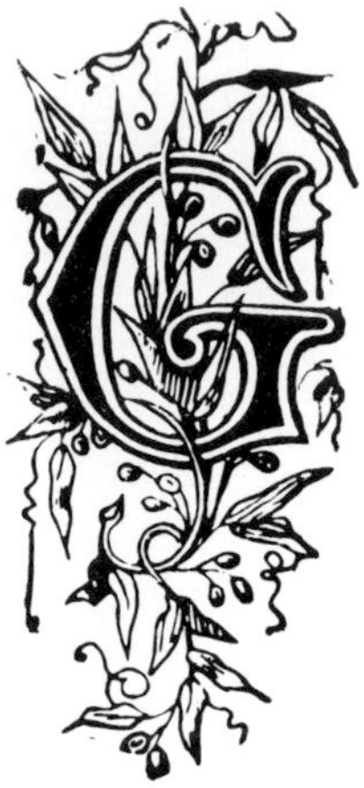
239

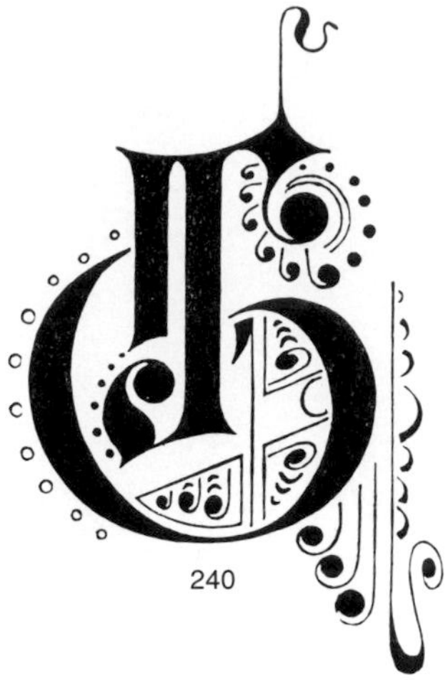
240

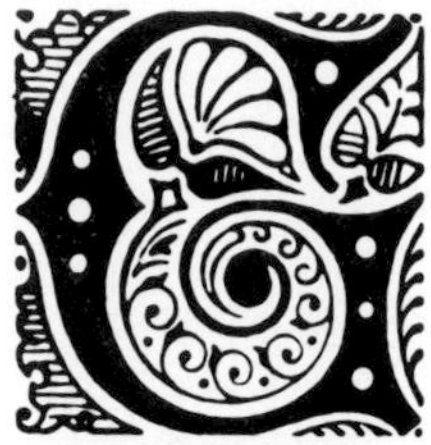
241

242

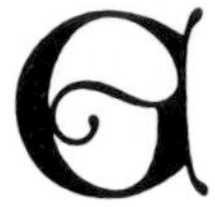
243

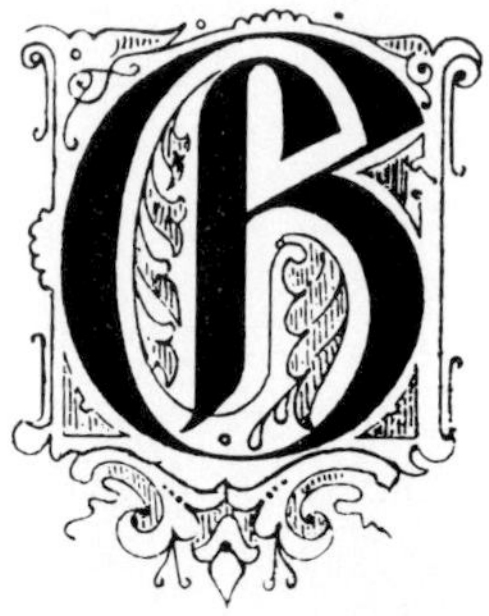
244

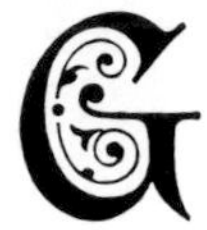
245

246

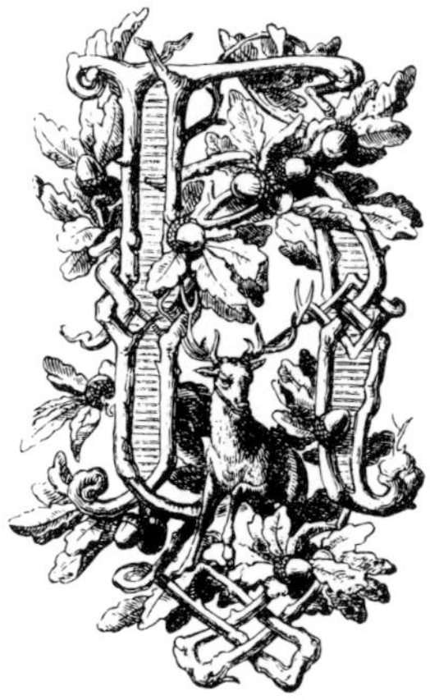
247

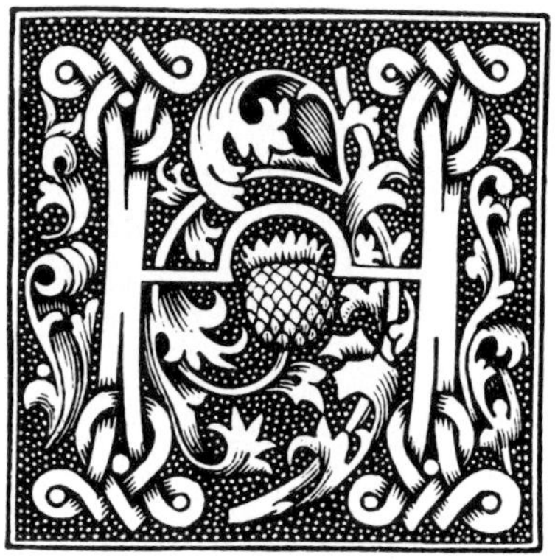
248

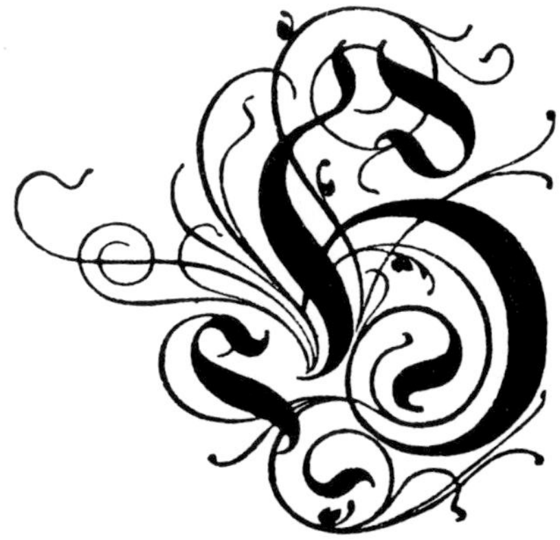
249

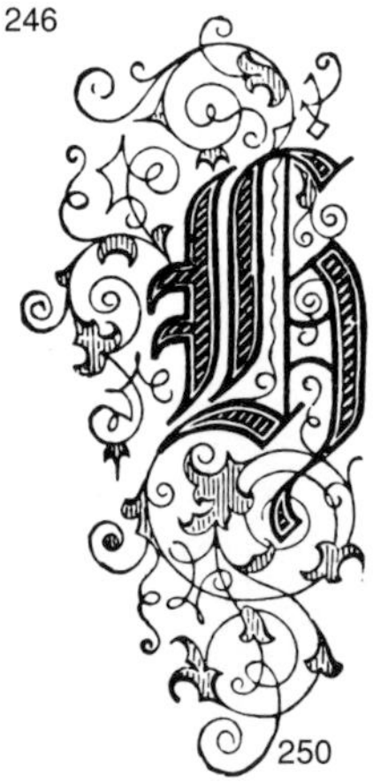
250

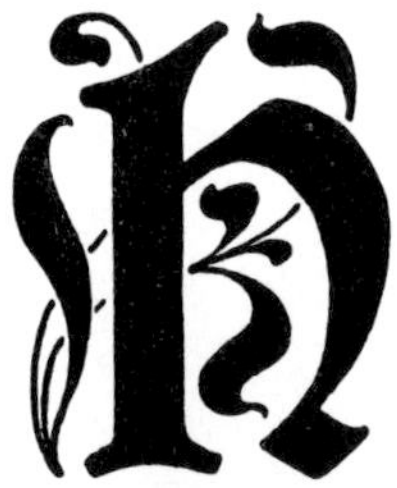
251

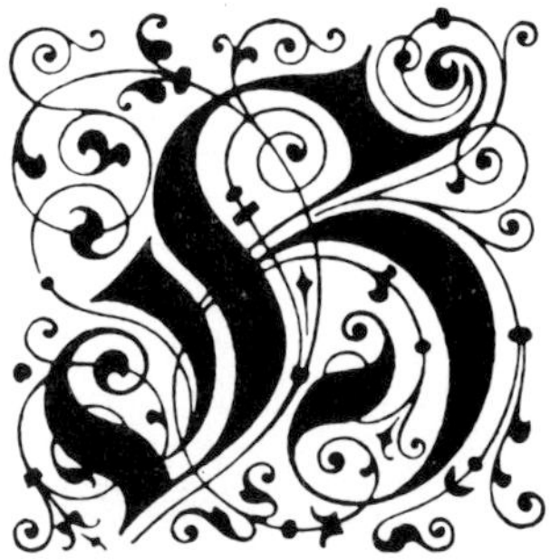
252

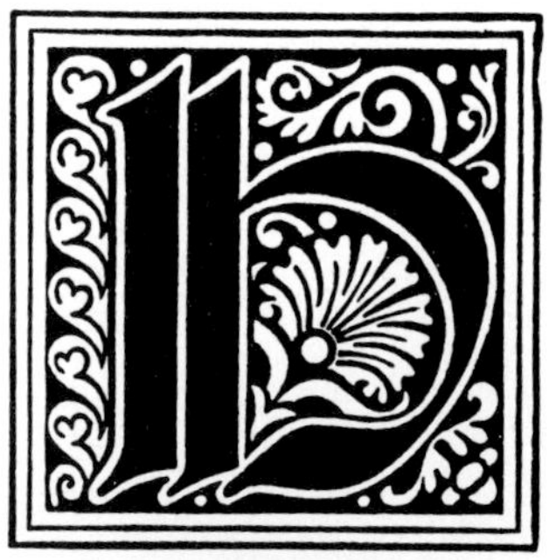
253

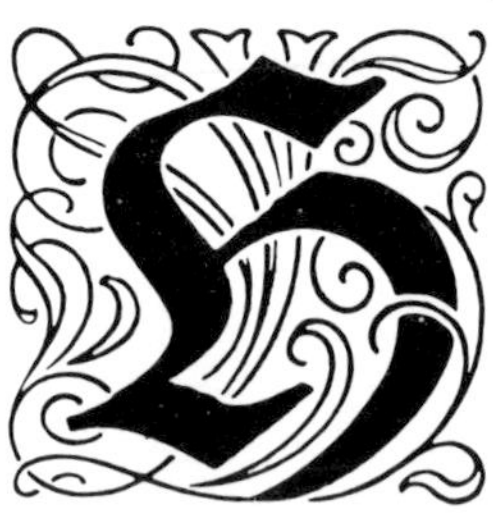
254

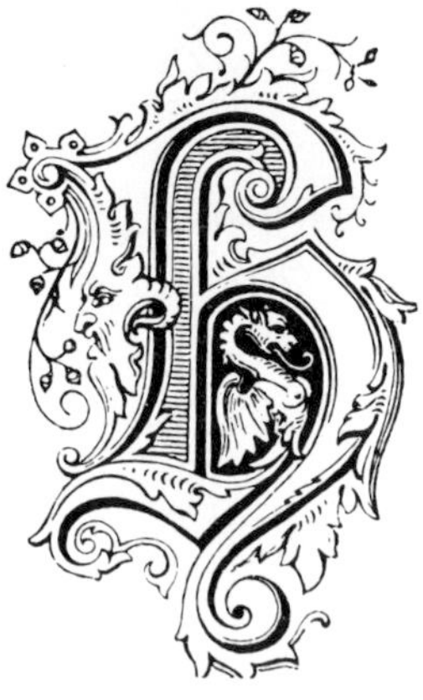
255

256

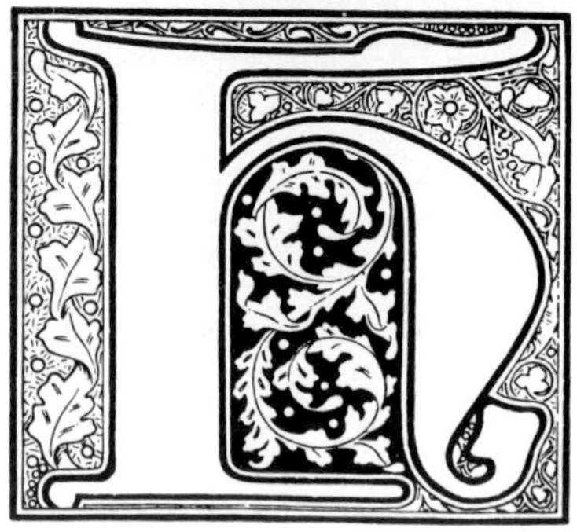
257

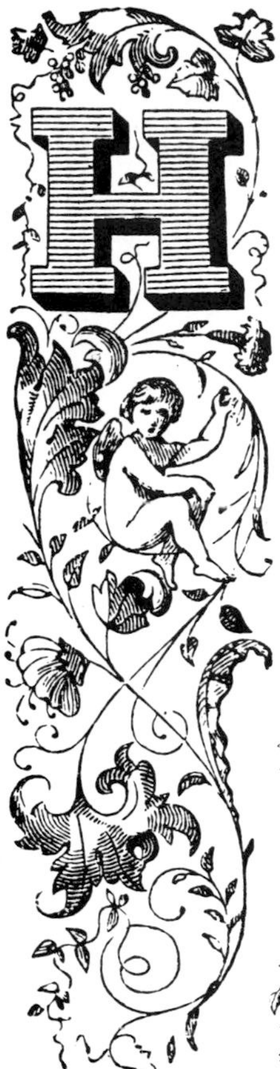
258

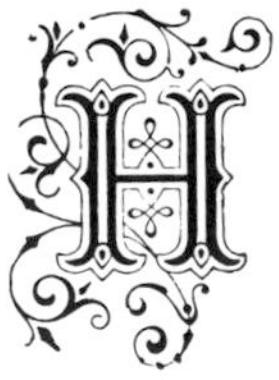
259

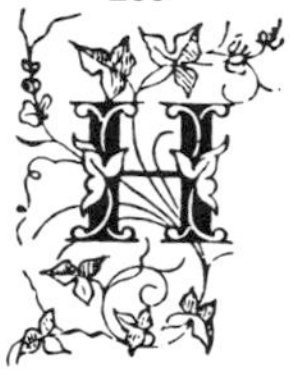
260

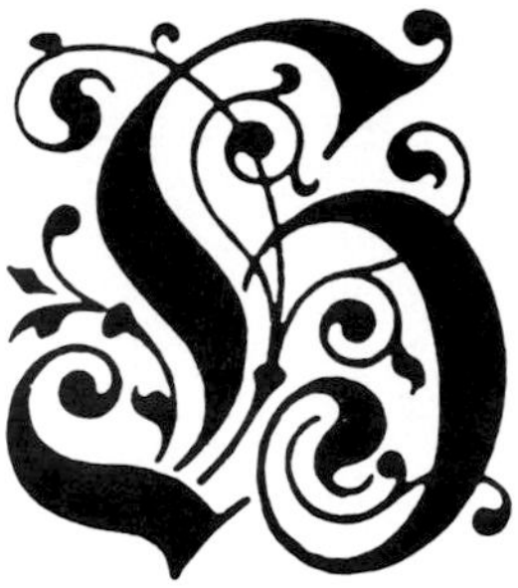
261

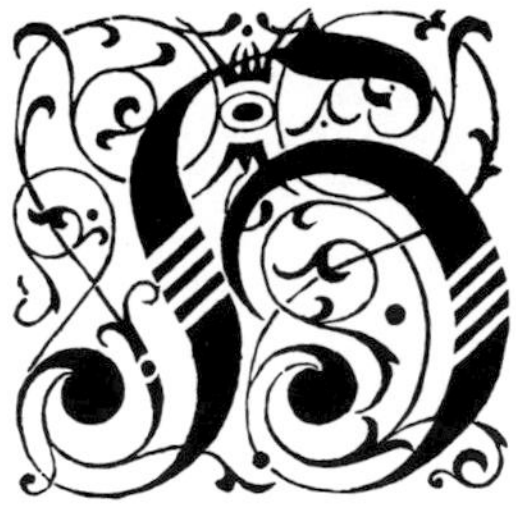
262

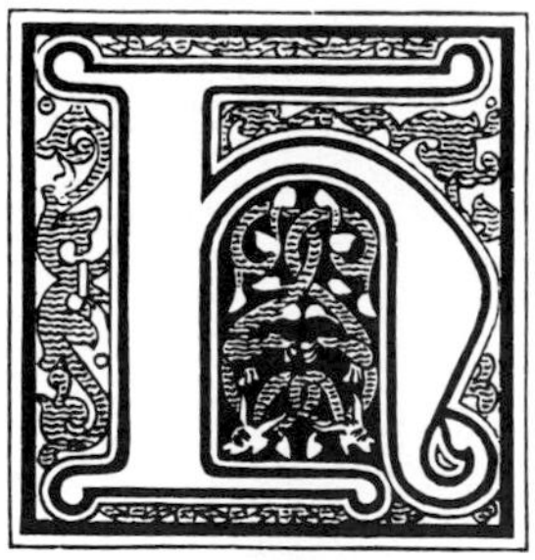
263

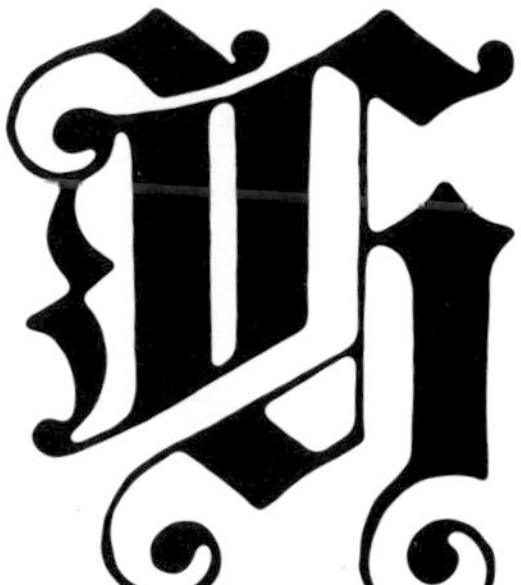
265

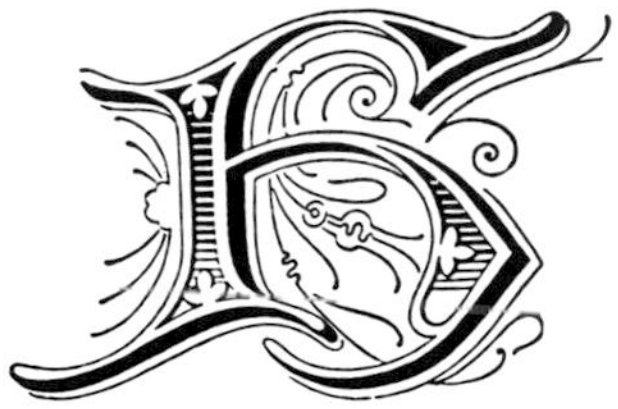
266

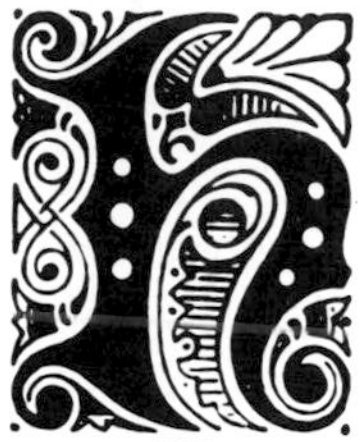
268

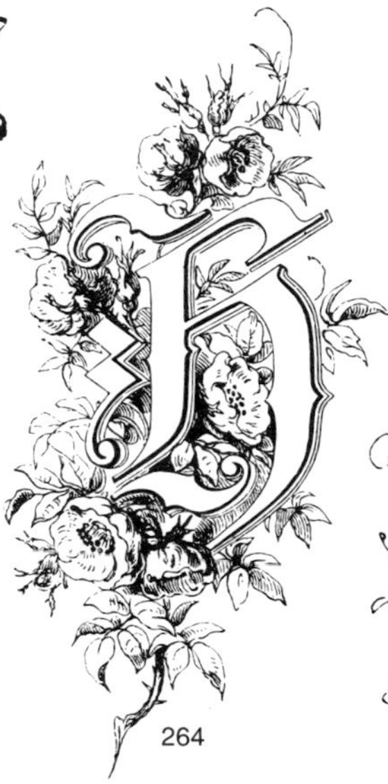
264

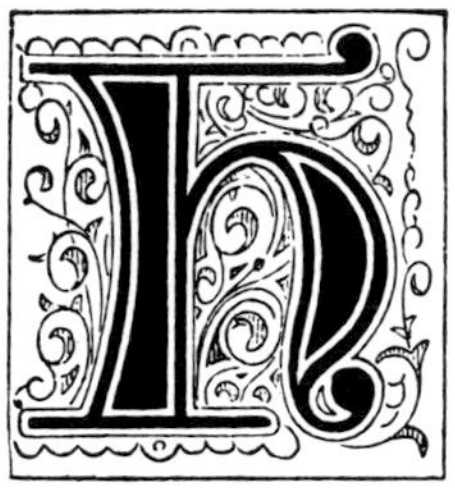
267

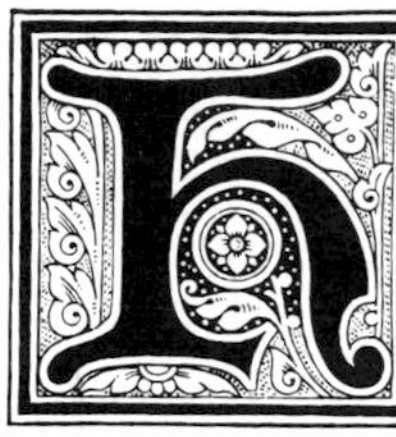
269

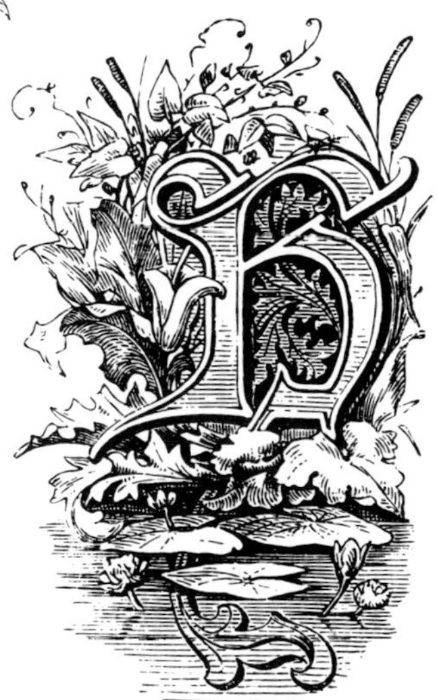
273

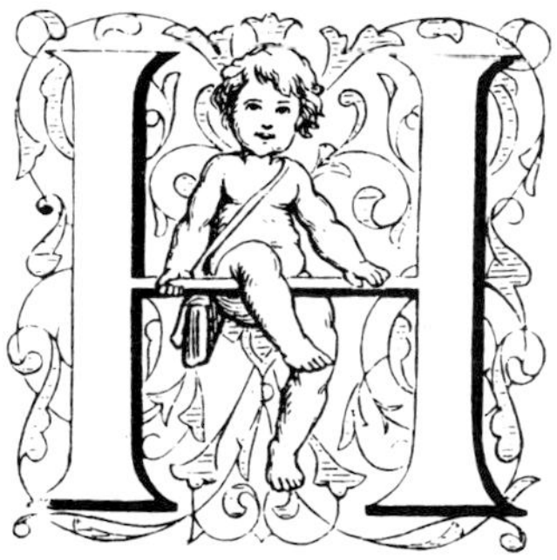
276

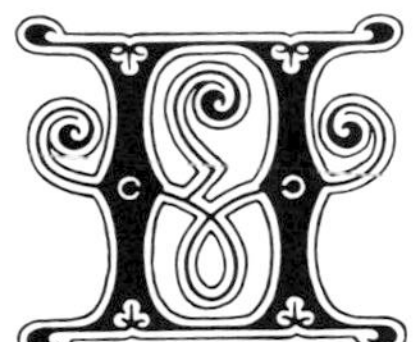
277

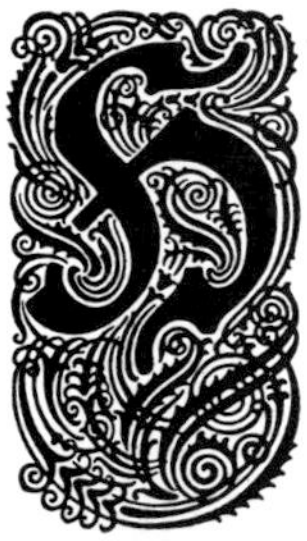
270

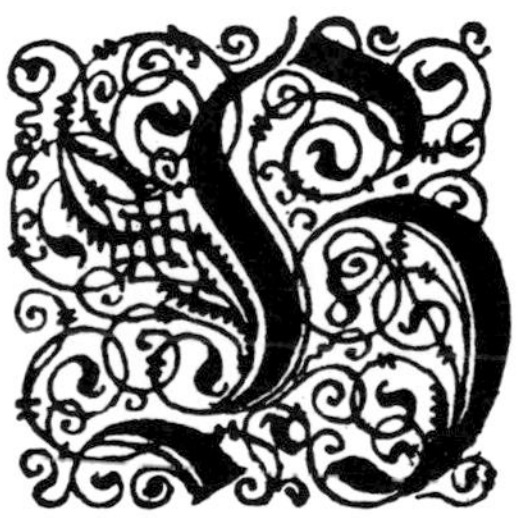
272

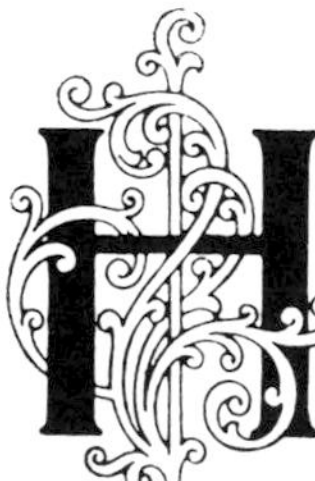
278

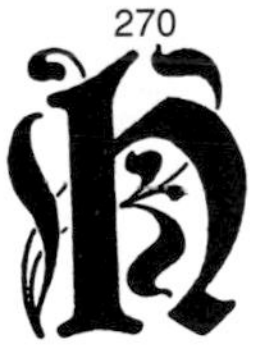
271

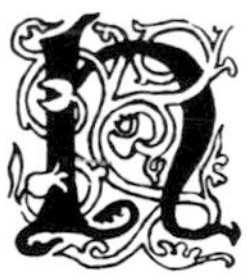
274

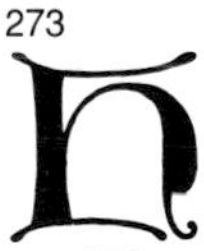
275

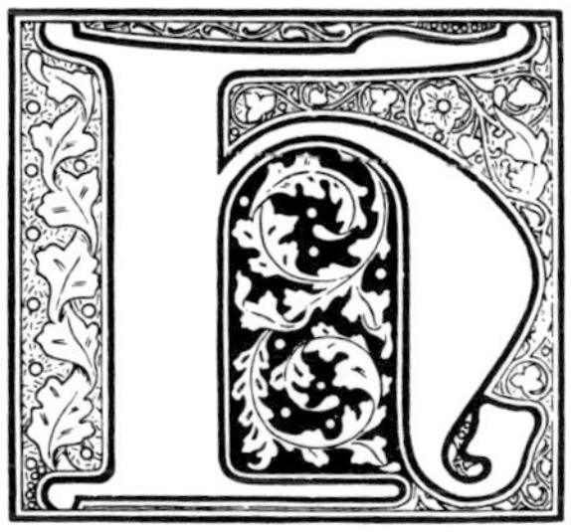
285

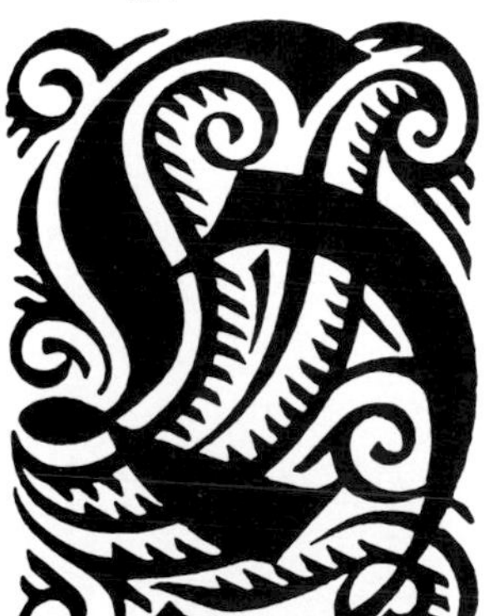
279

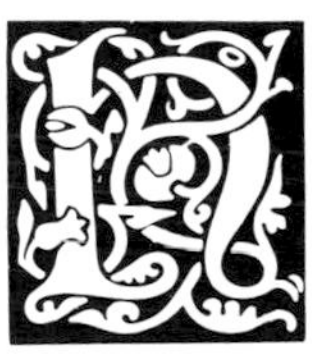
280

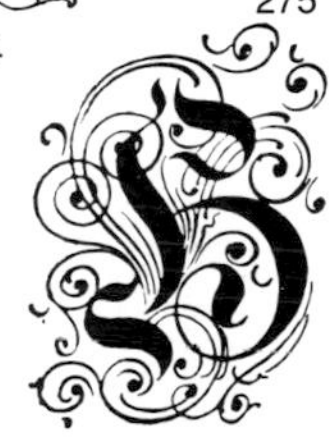
282

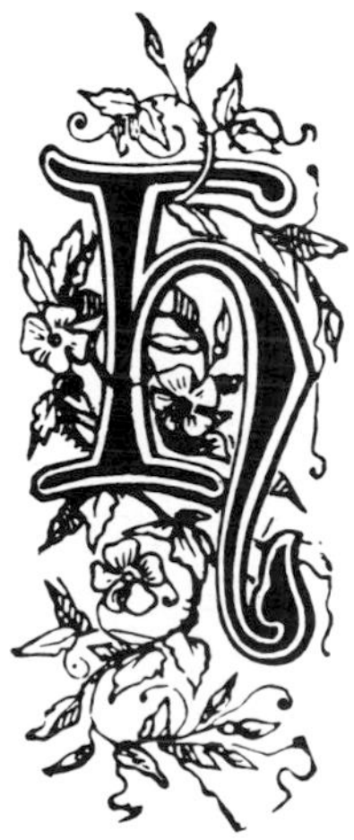
287

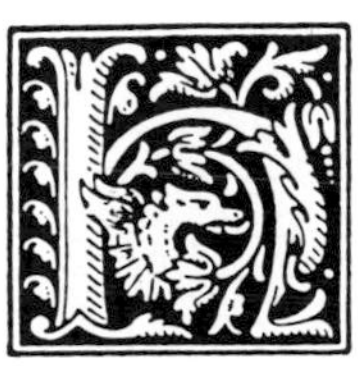
281

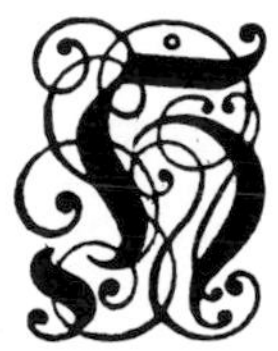
283

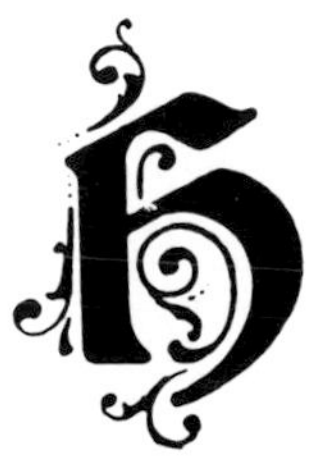
284

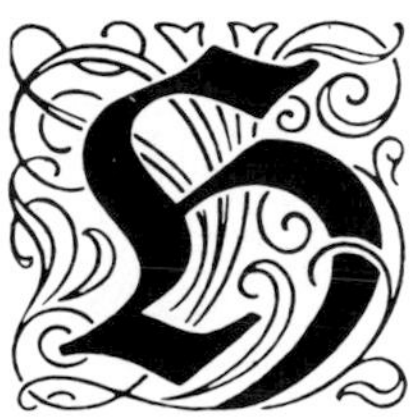
286

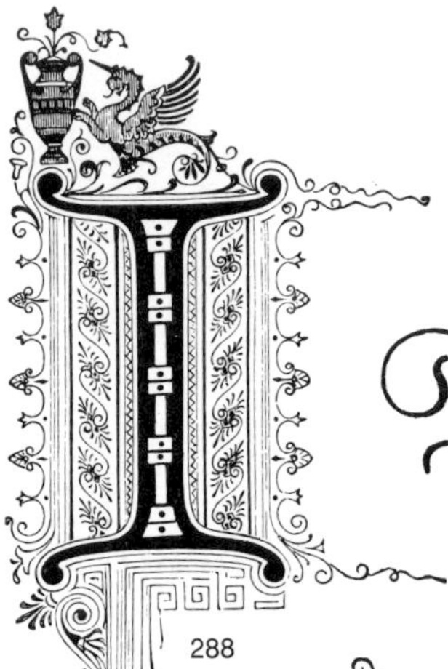
288

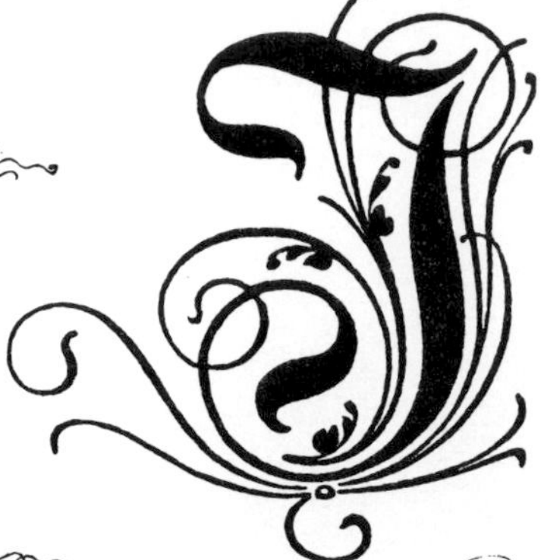
289

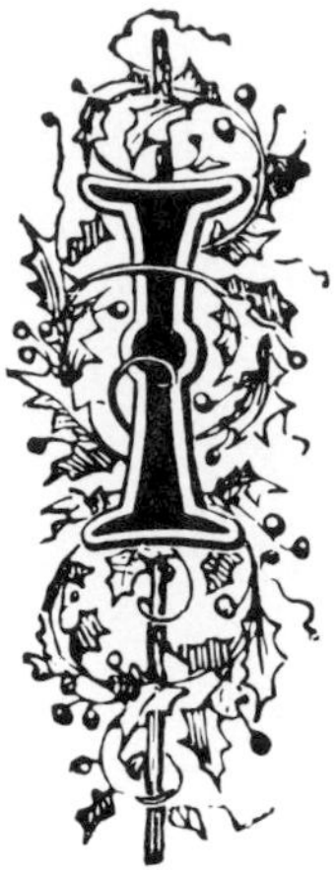
290

291

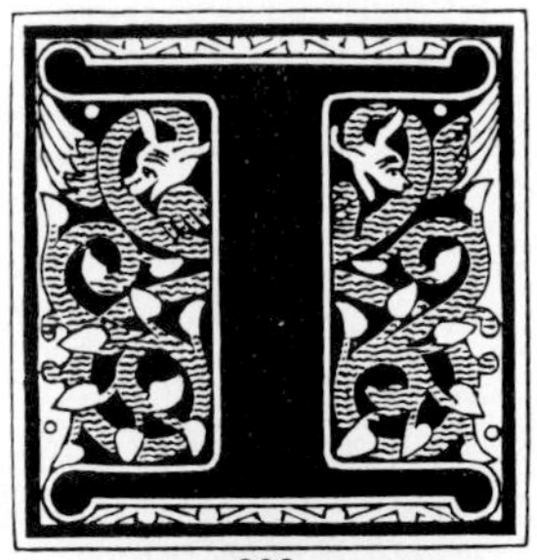
292

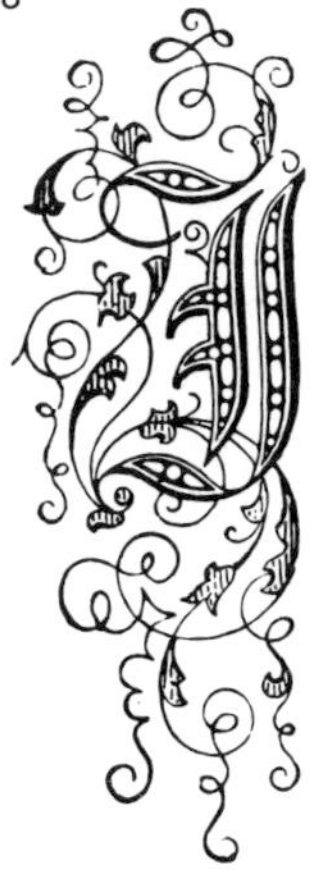
293

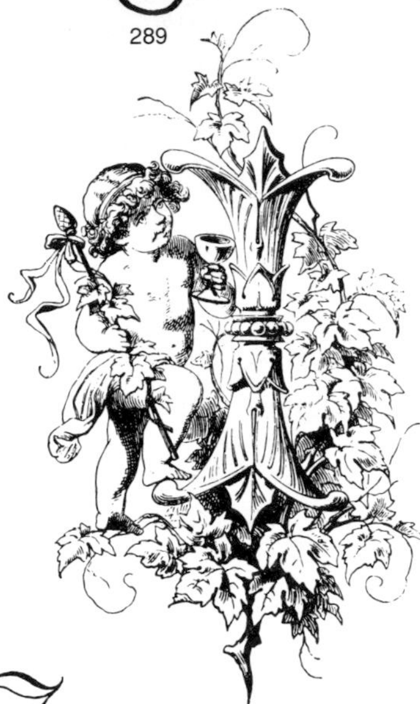
294

295

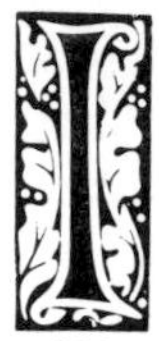
296

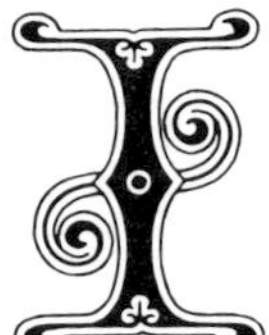
297

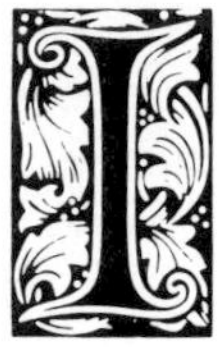
298

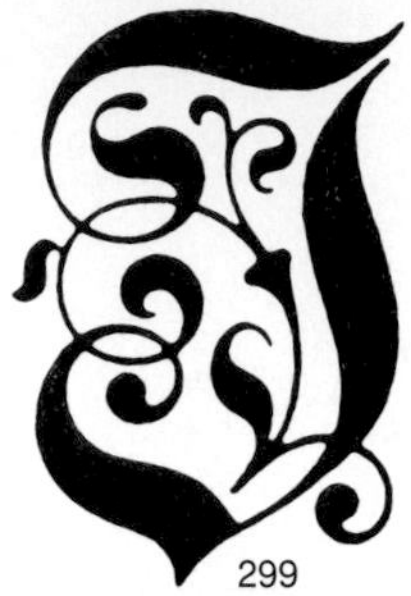
299

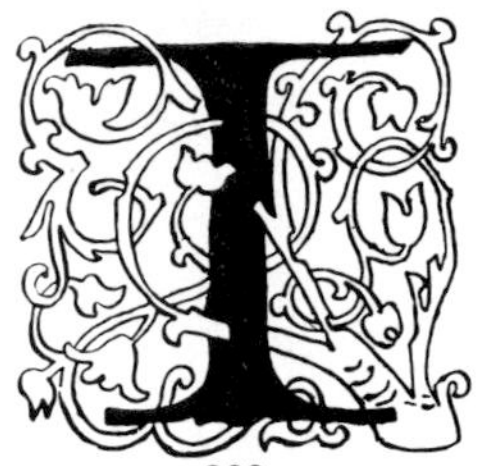
300

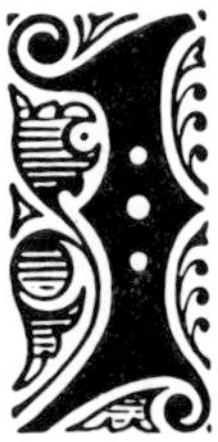
301

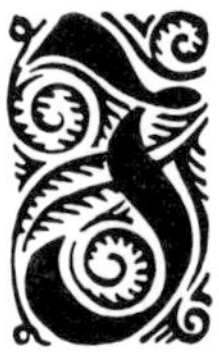
302

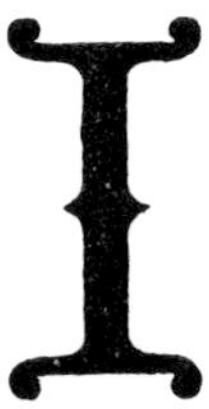
303

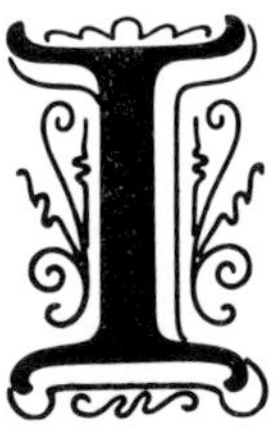
304

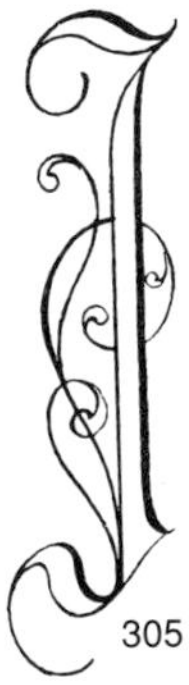
305

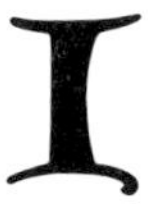
306

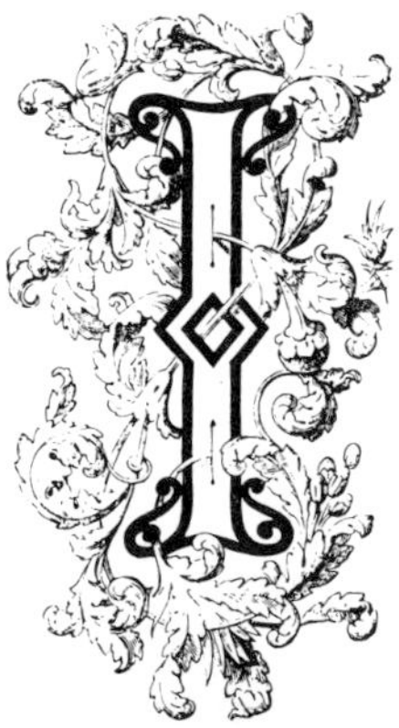
307

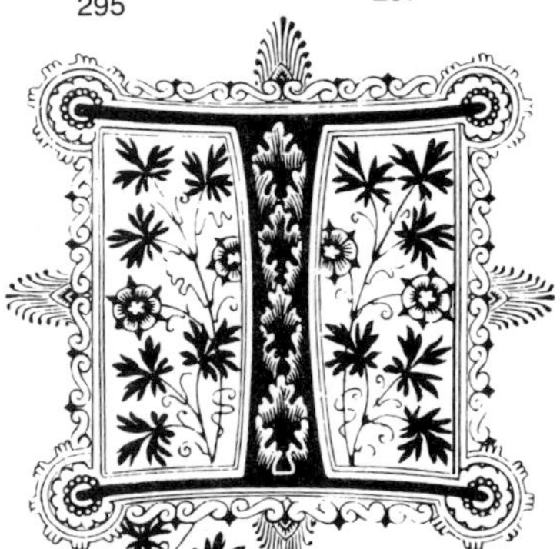
308

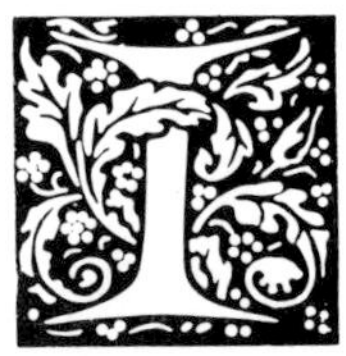
309

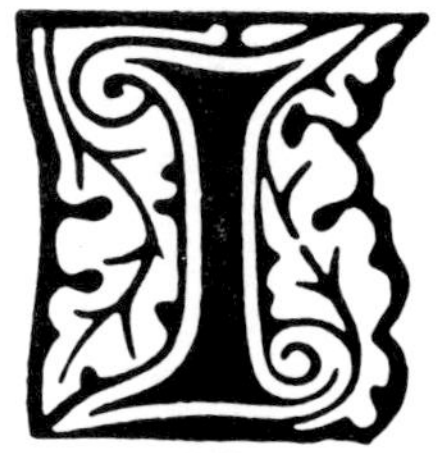
310

311

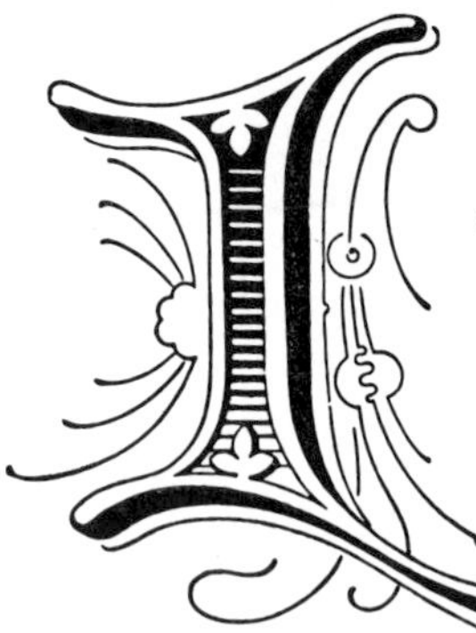
312

313

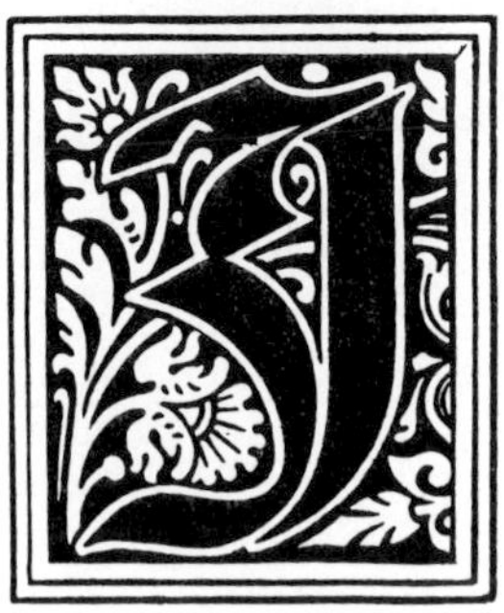
314

315

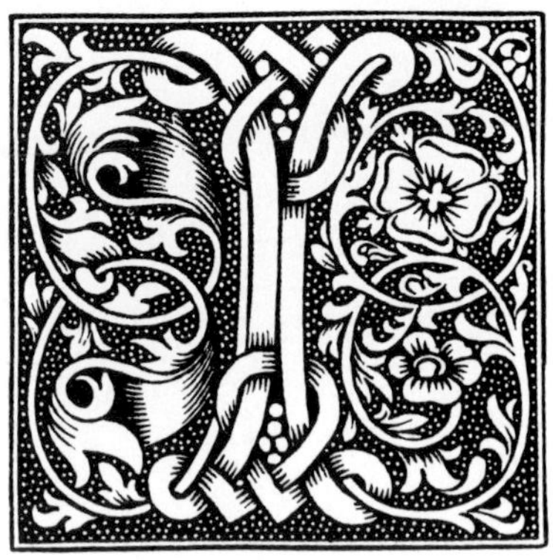
316

317

318

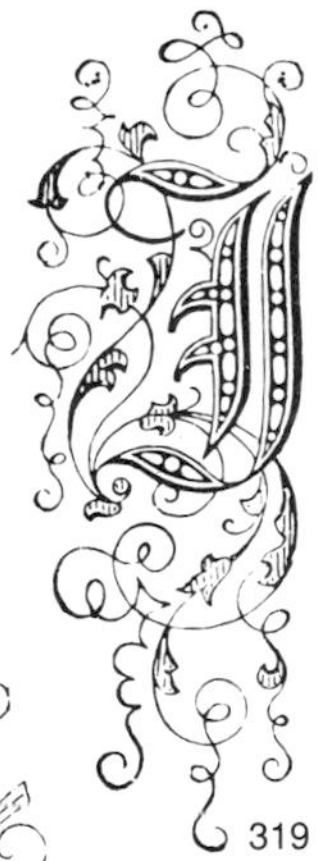
319

320

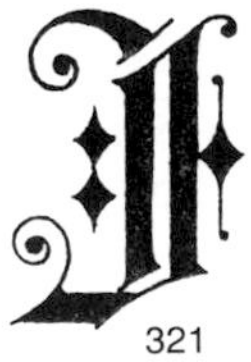
321

322

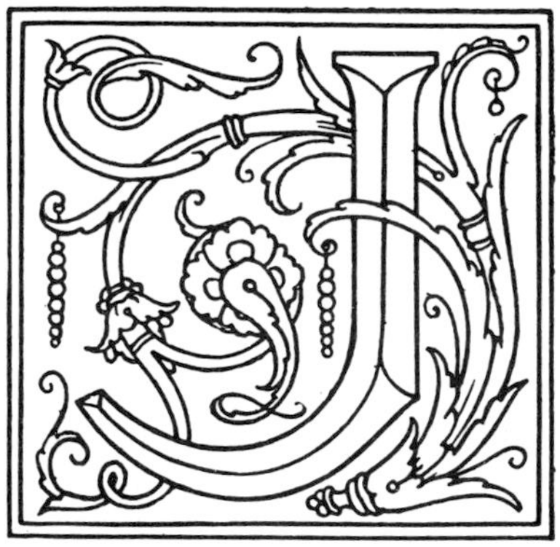
323

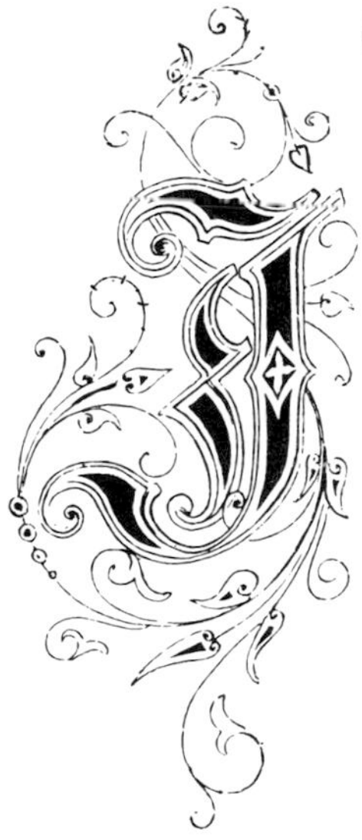
324

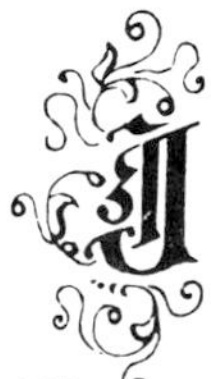
325

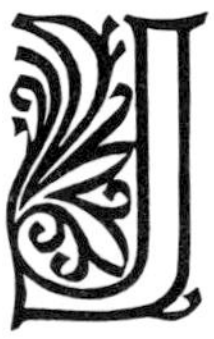
327

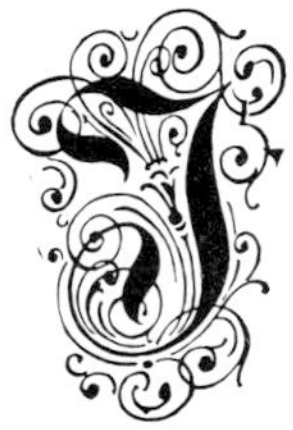
328

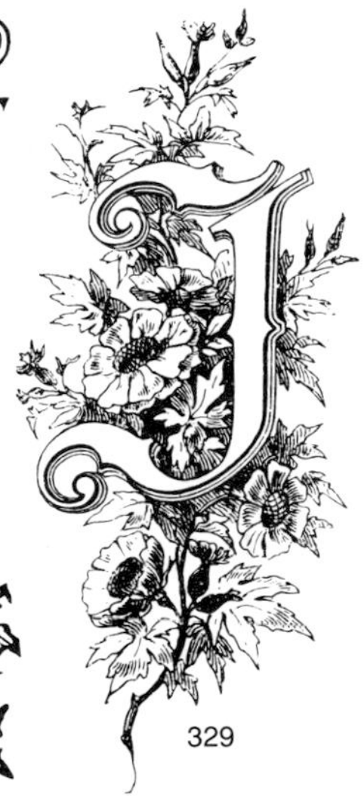
329

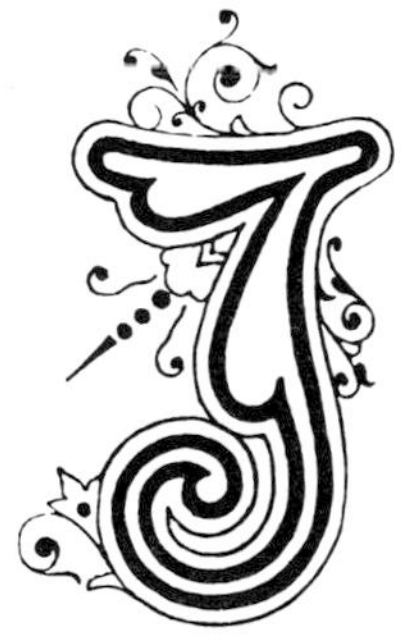
330

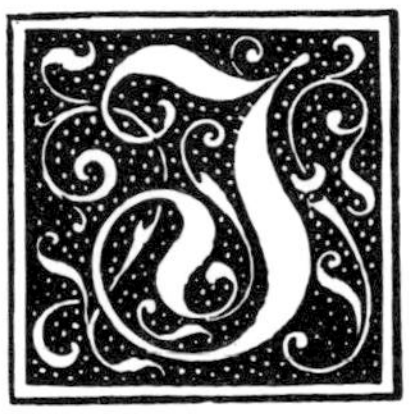
326

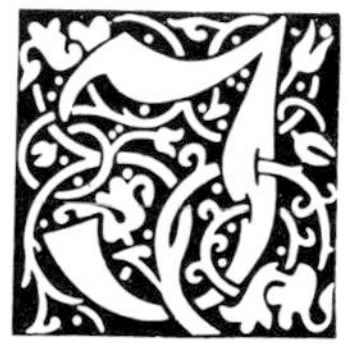
331

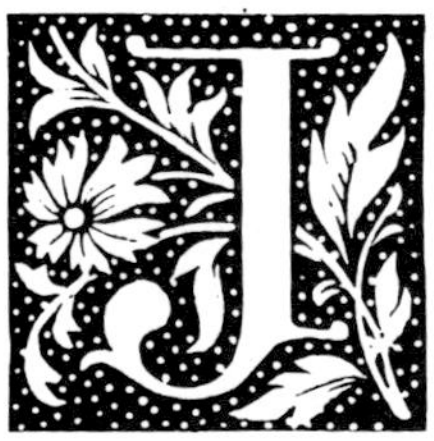
332

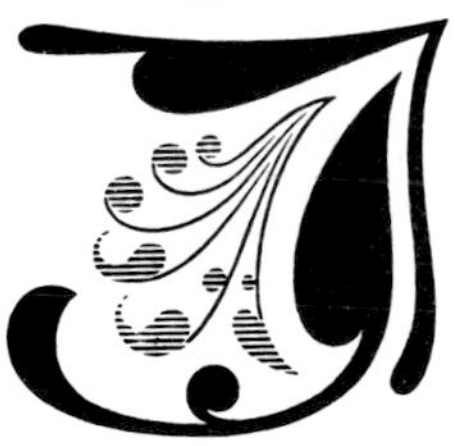
333

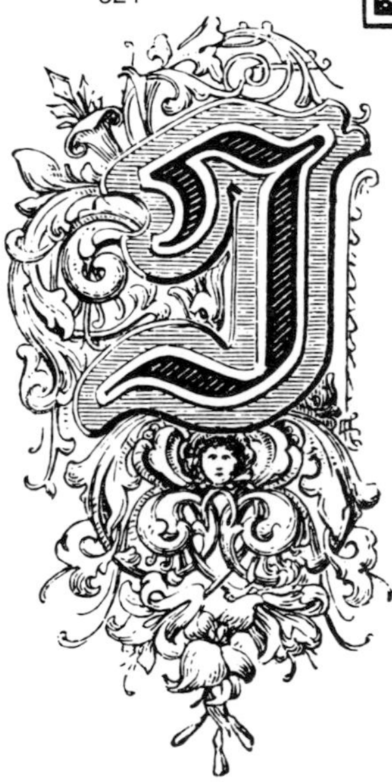
334

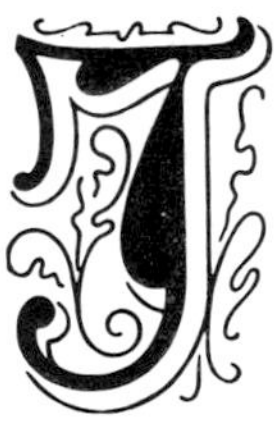
335

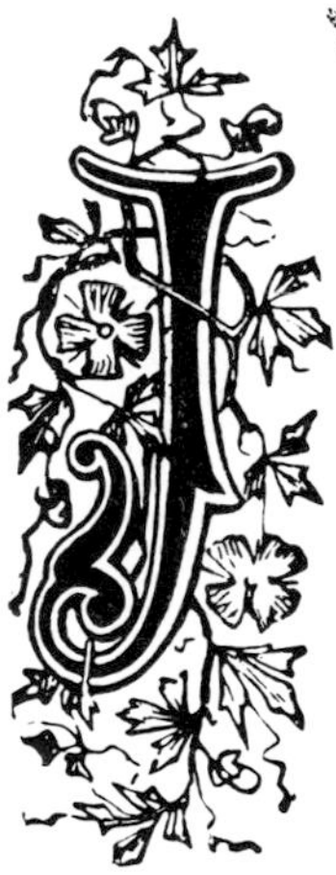
336

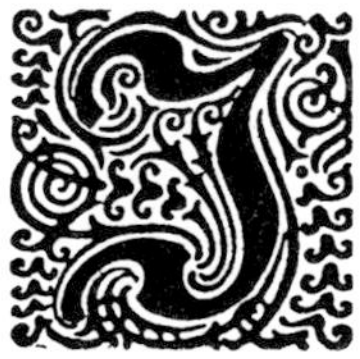
338

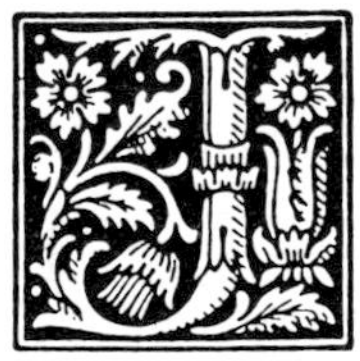
340

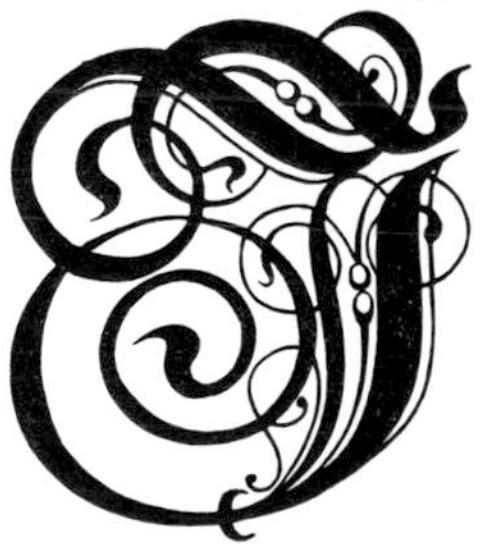
337

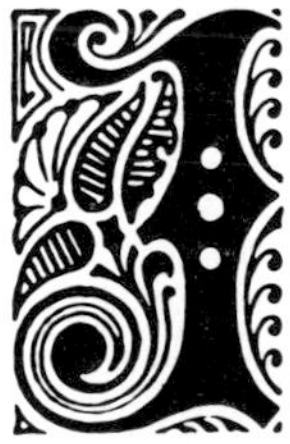
339

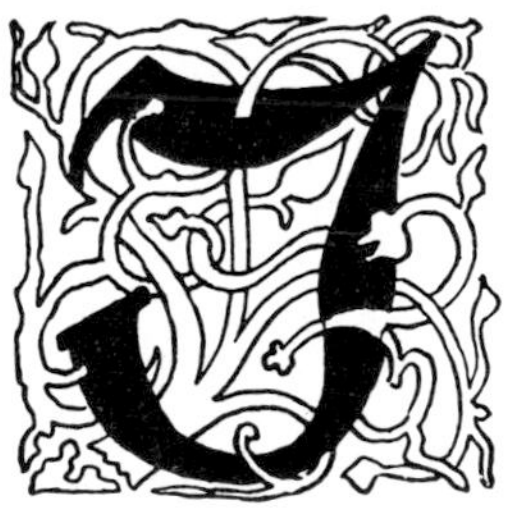
341

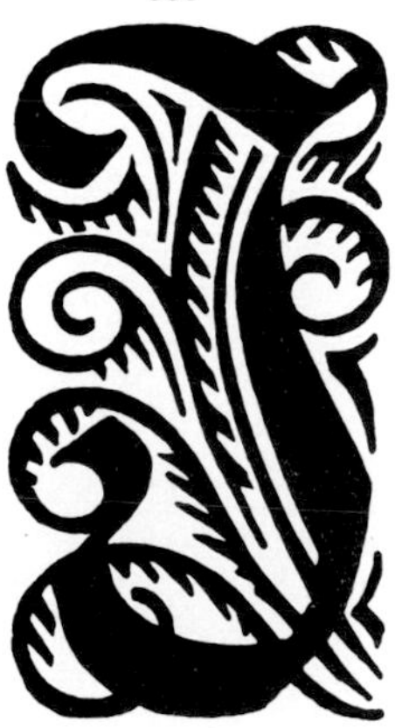
342

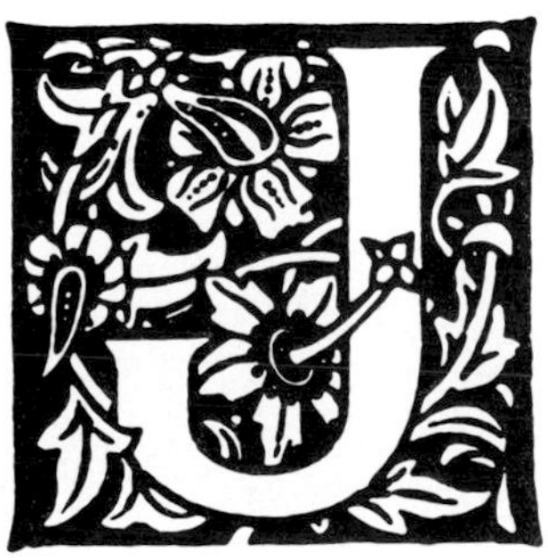
343

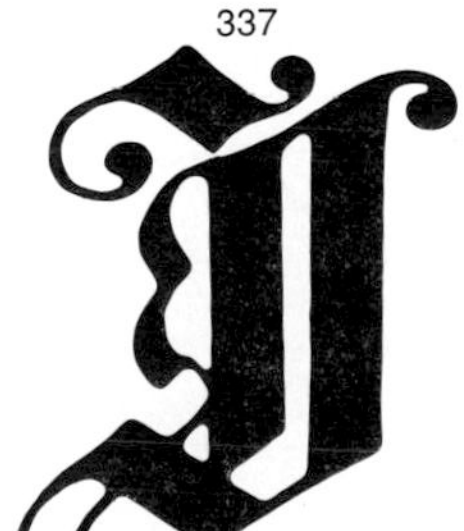
344

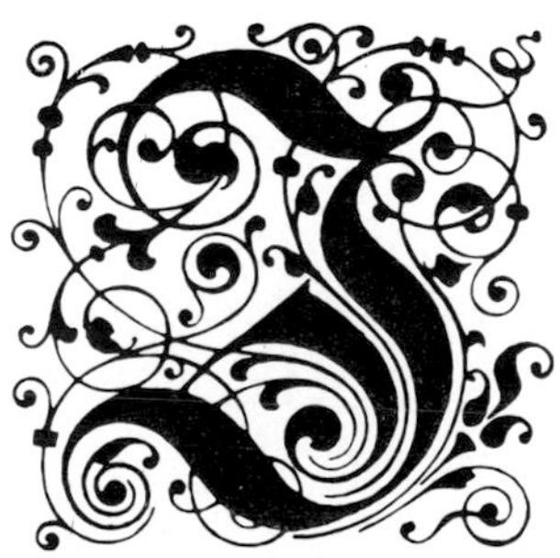
345

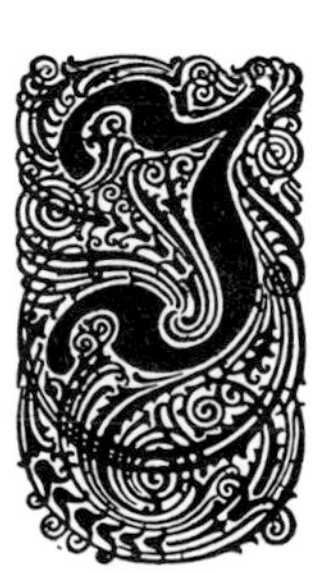
346

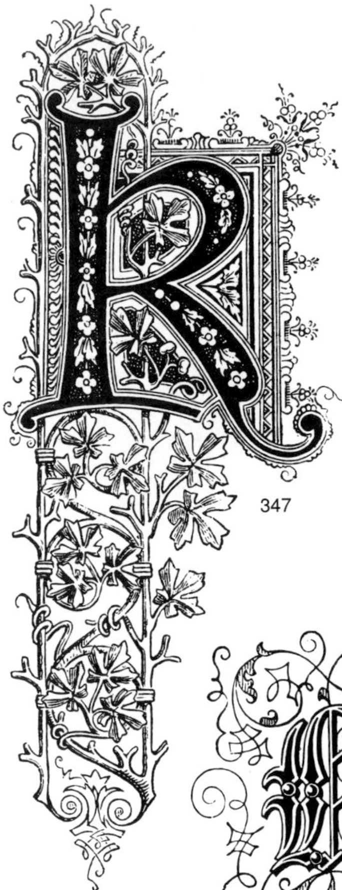
347

348

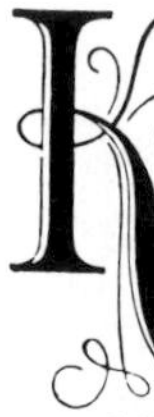
349

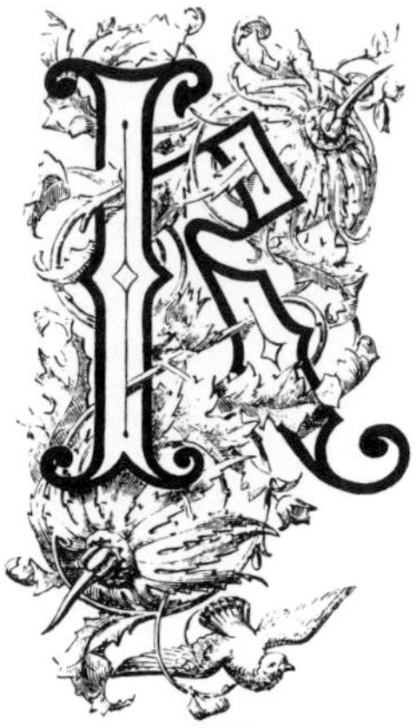
350

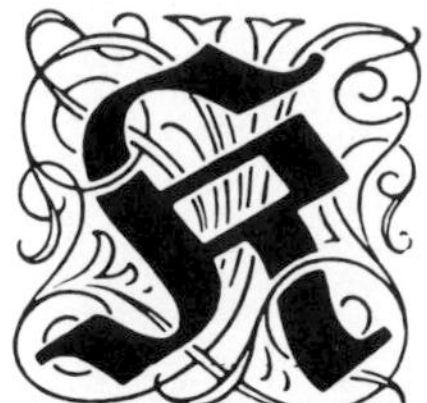
351

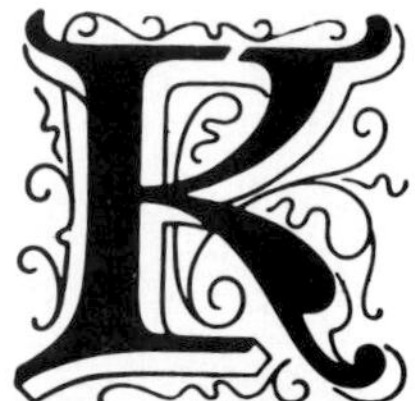
352

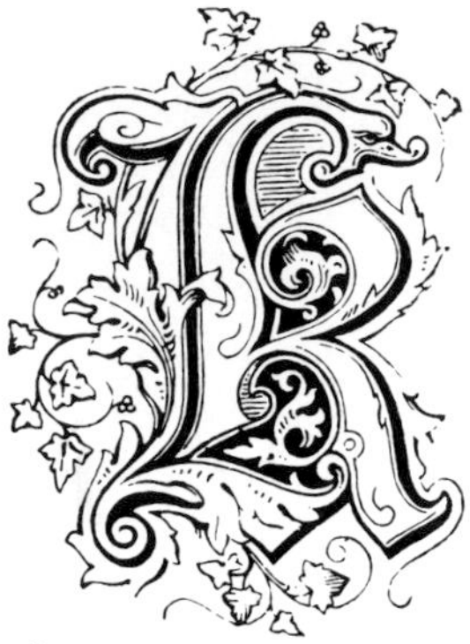
353

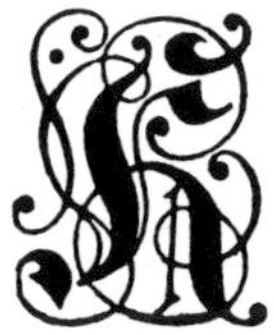
354

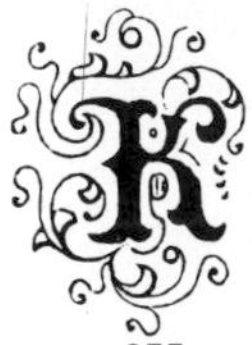
355

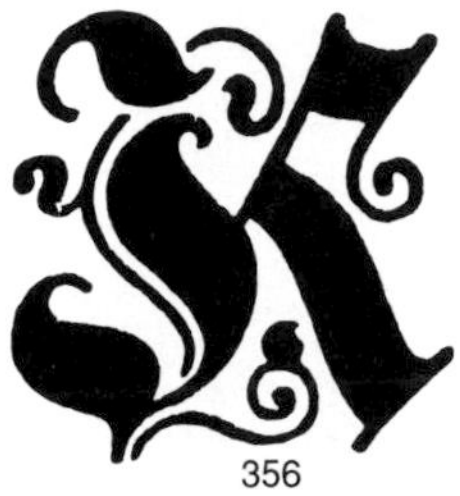
356

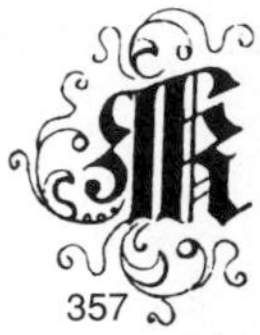
357

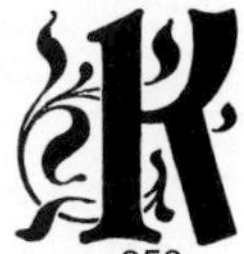
358

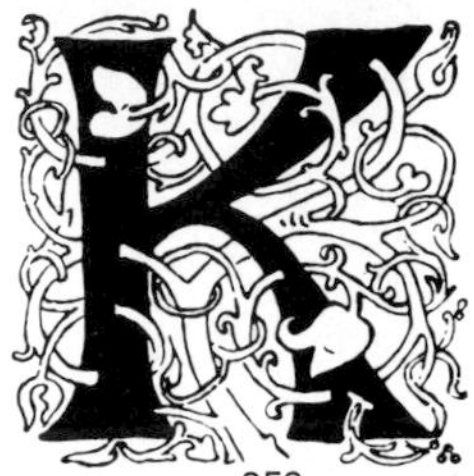
359

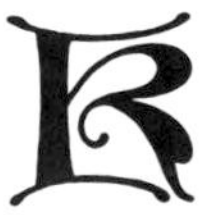
360

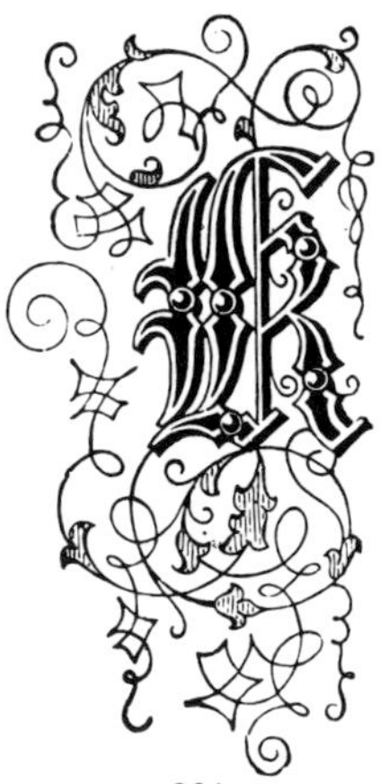
361

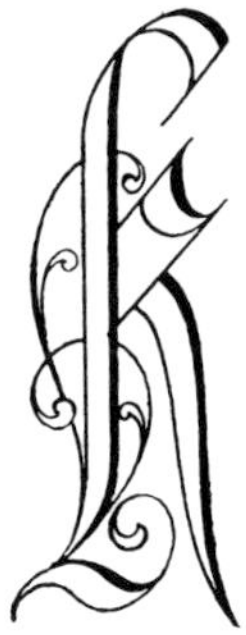
362

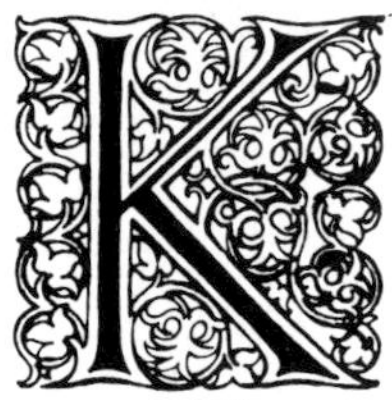
363

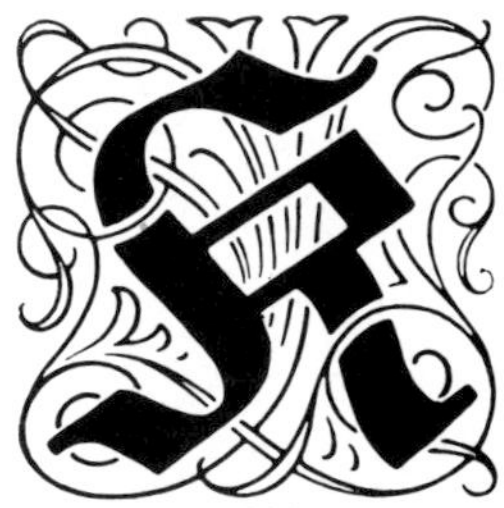
364

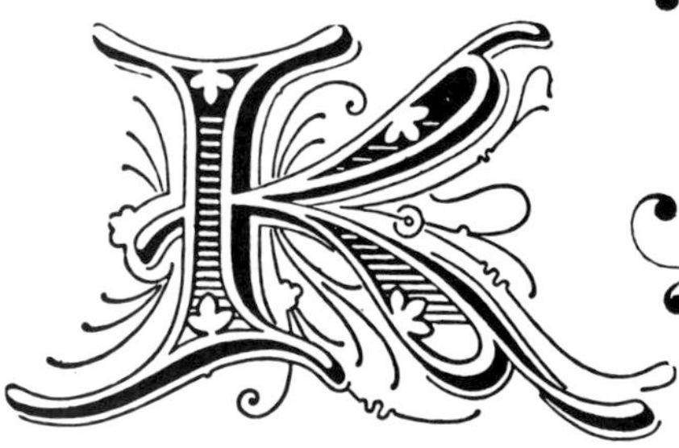
365

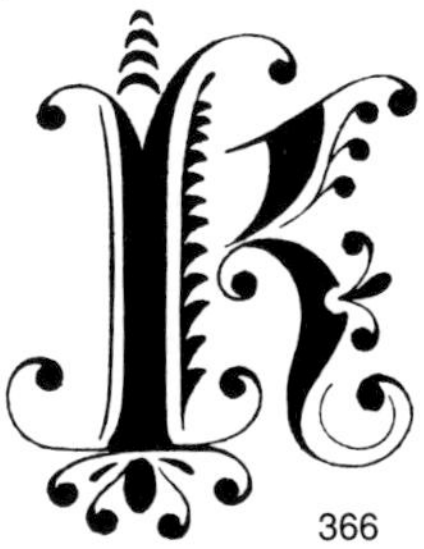
366

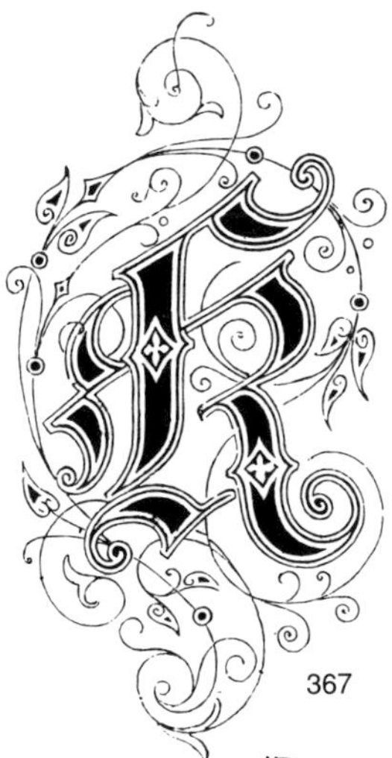
367

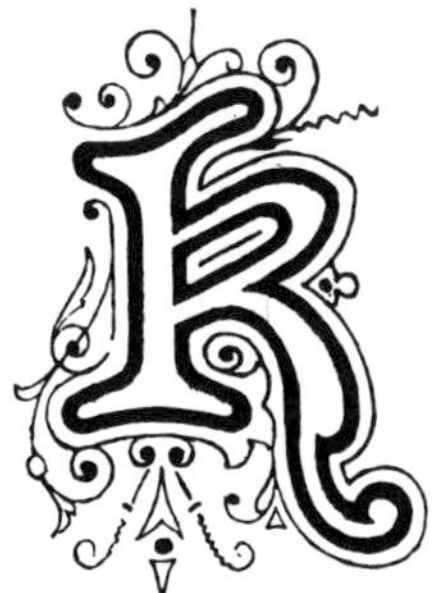
368

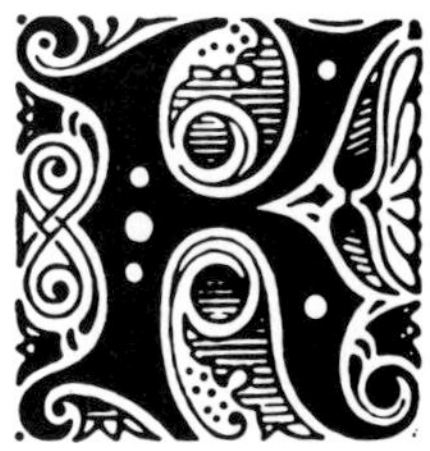
369

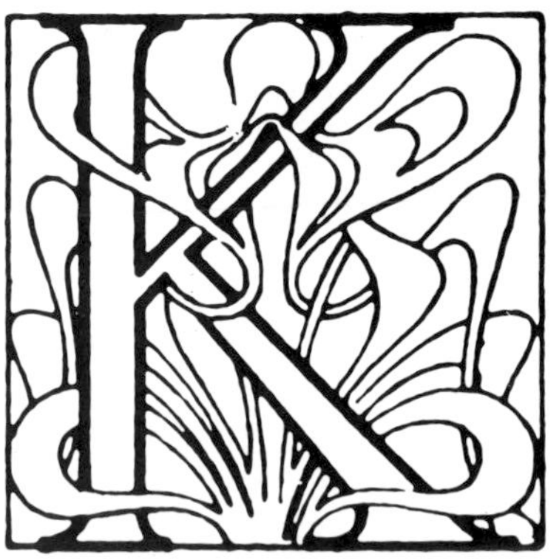
370

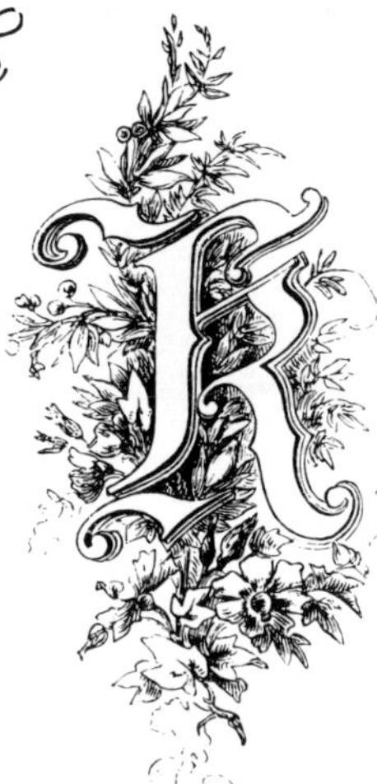
371

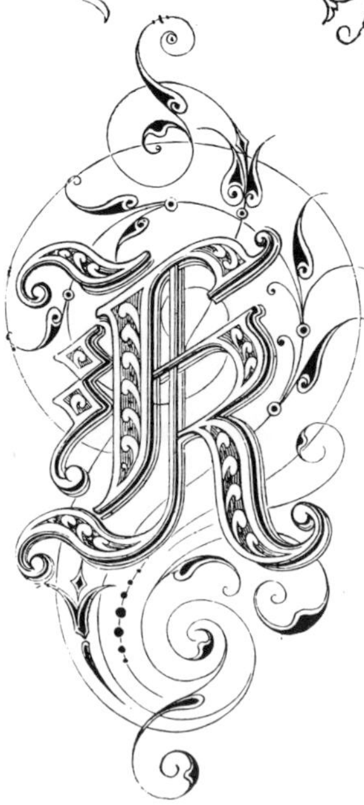
372

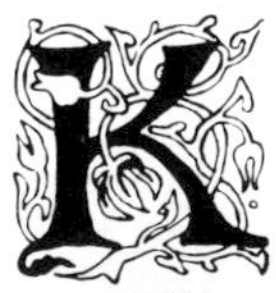
373

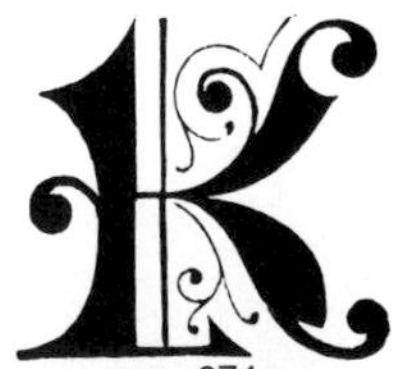
374

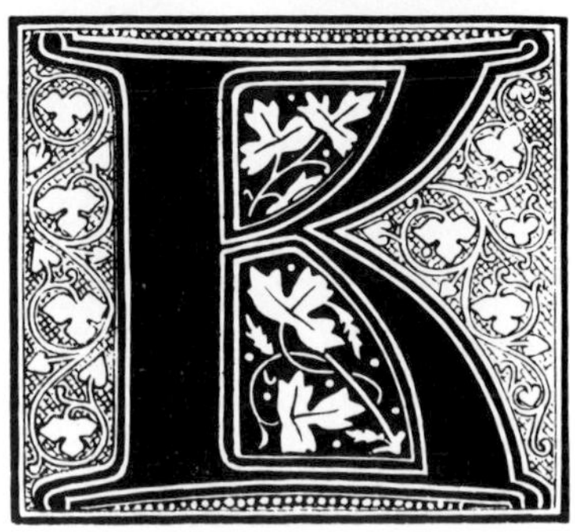
375

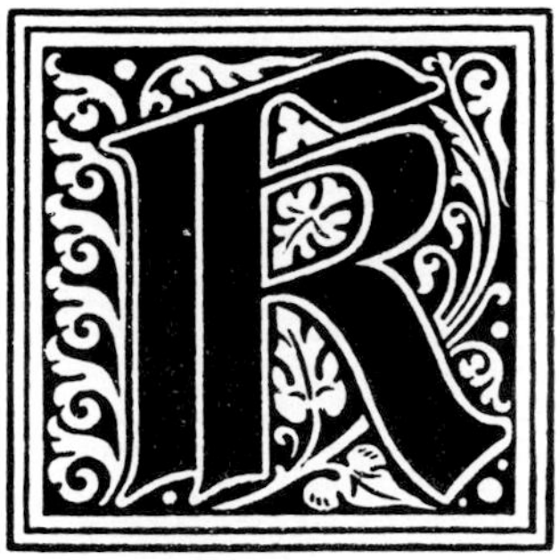
376
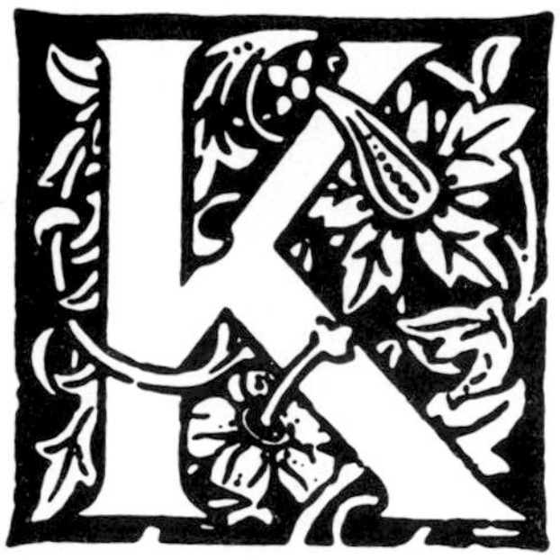
377
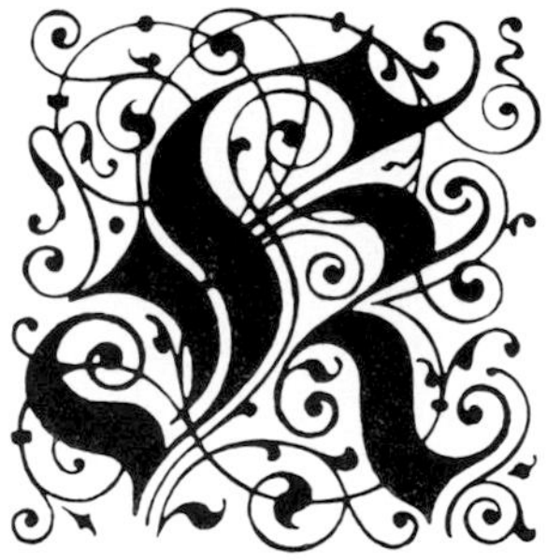
378
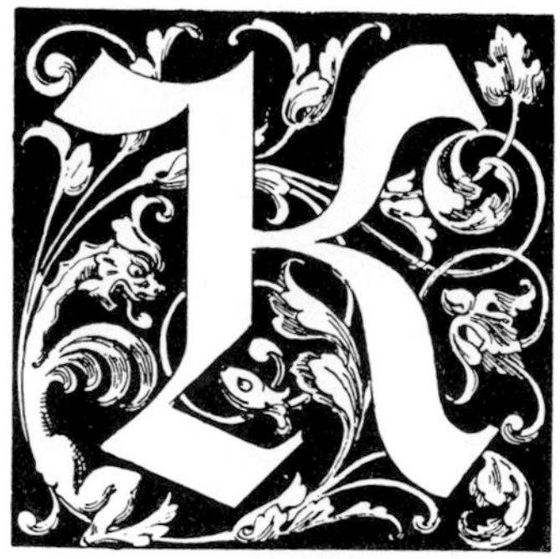
379
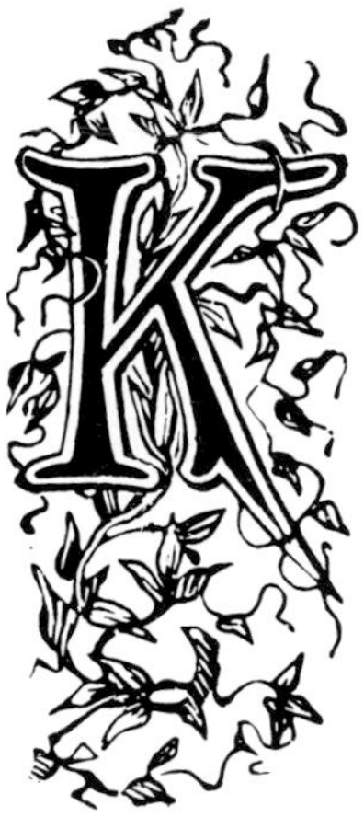
380
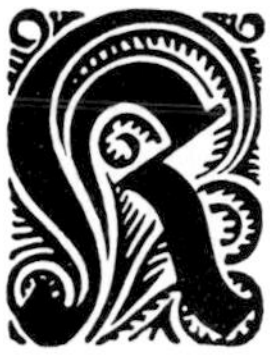
381
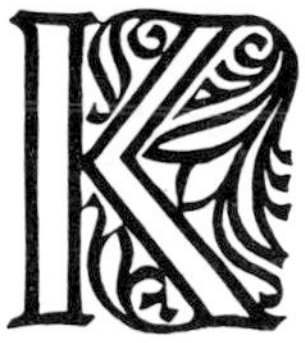
383
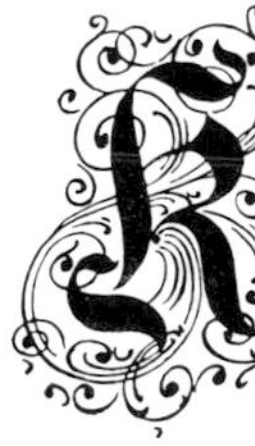
385
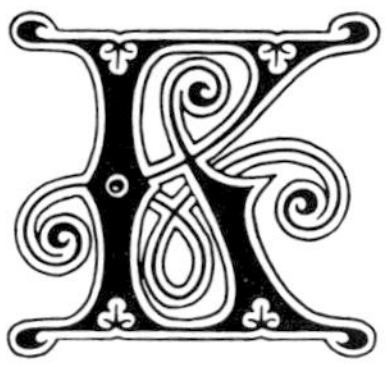
382
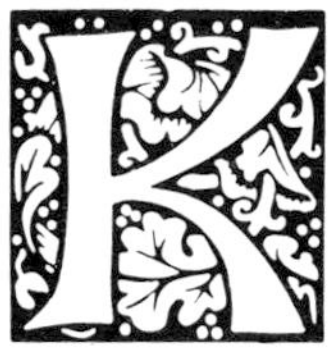
384
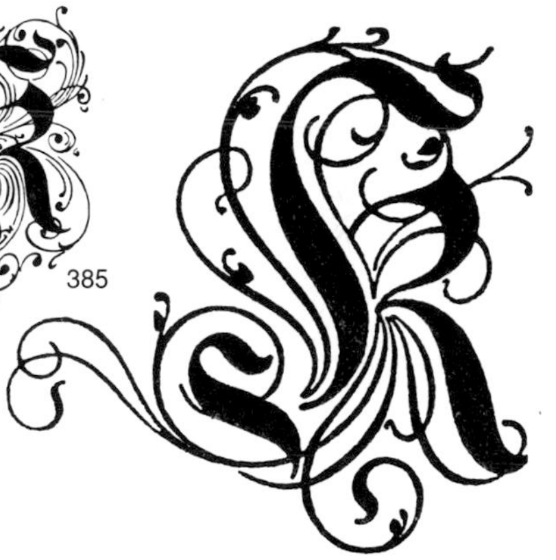
386
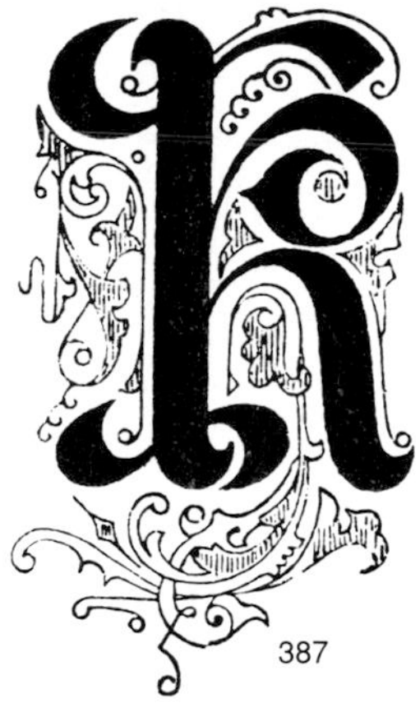
387
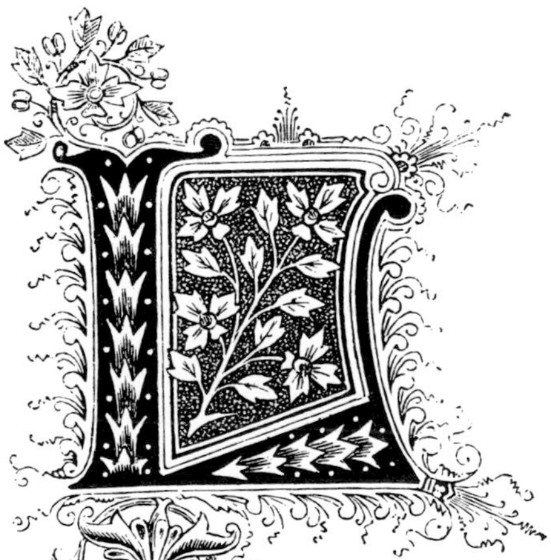

388
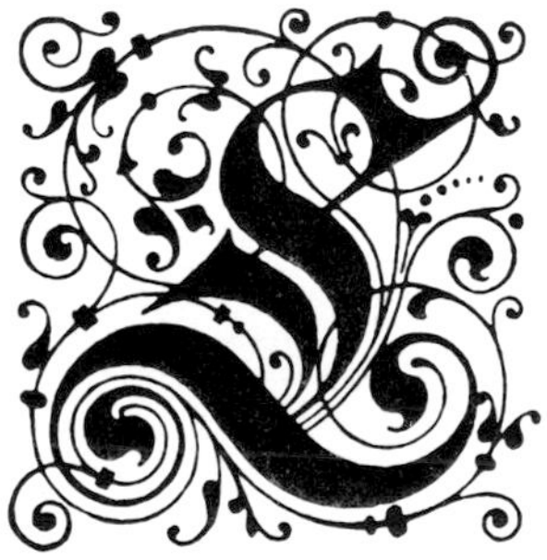
389
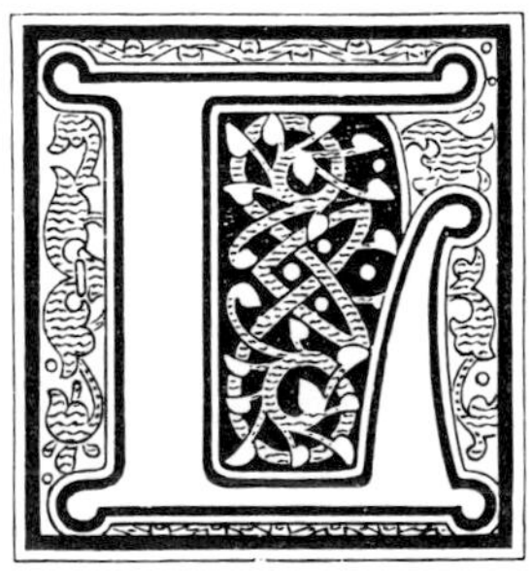
390
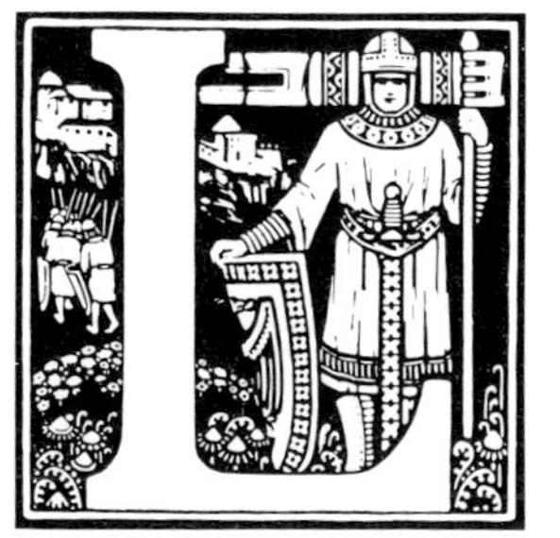
391
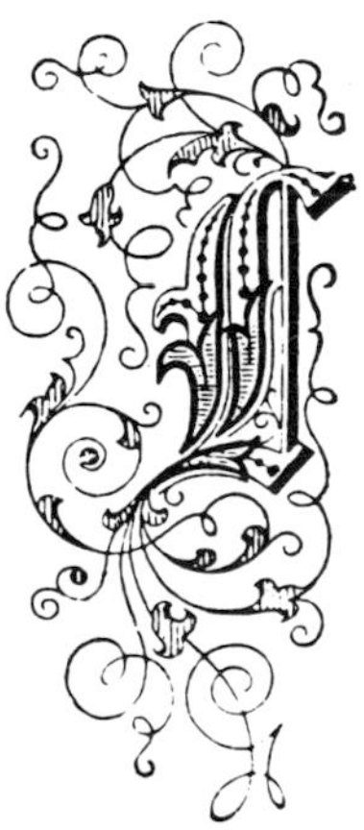
392
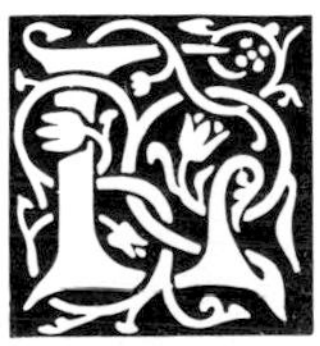
393
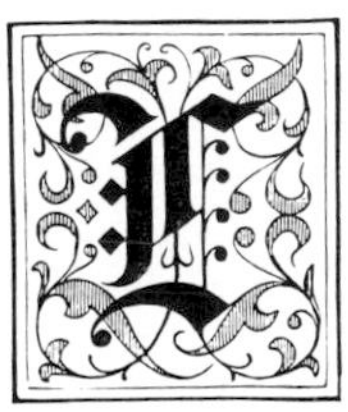
394
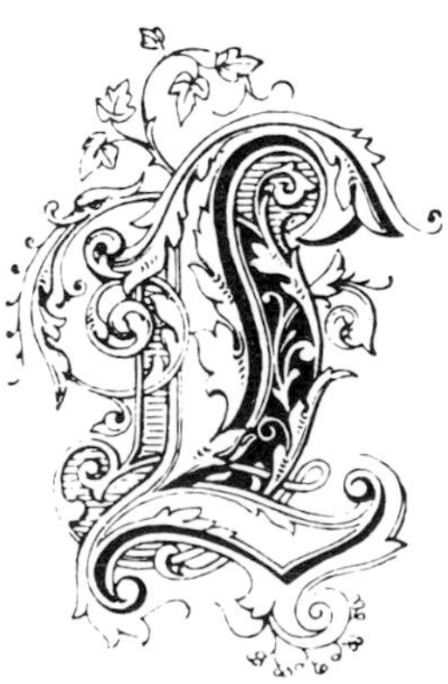
395
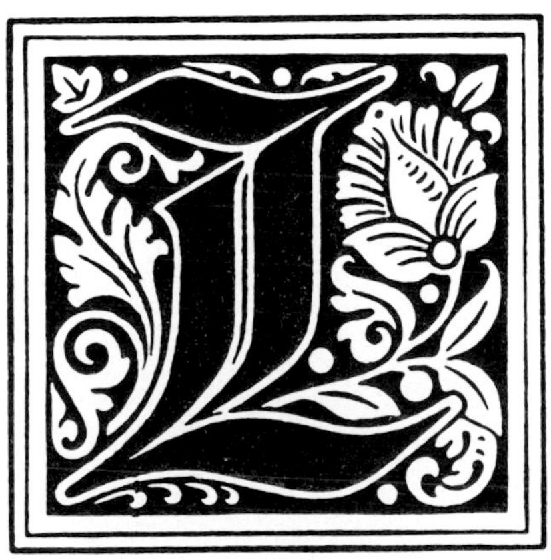
396

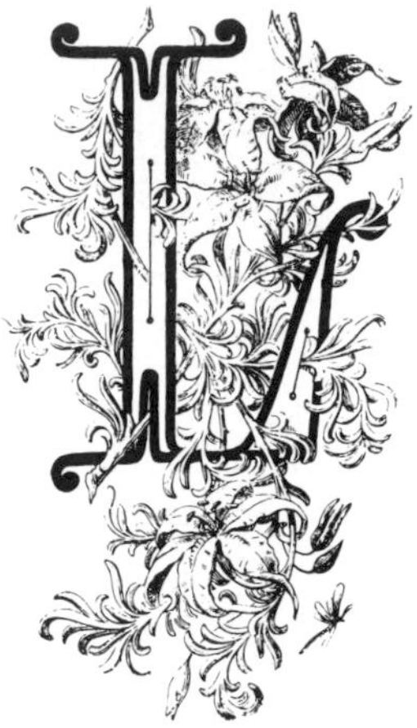

397

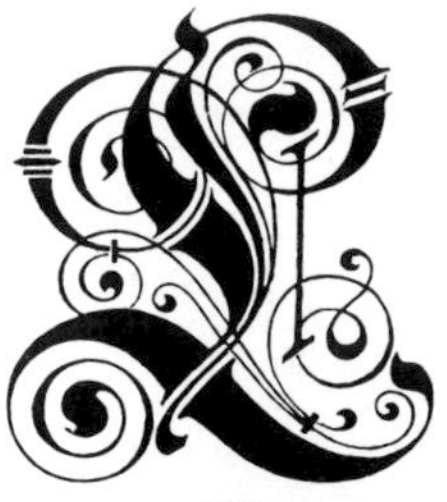

398

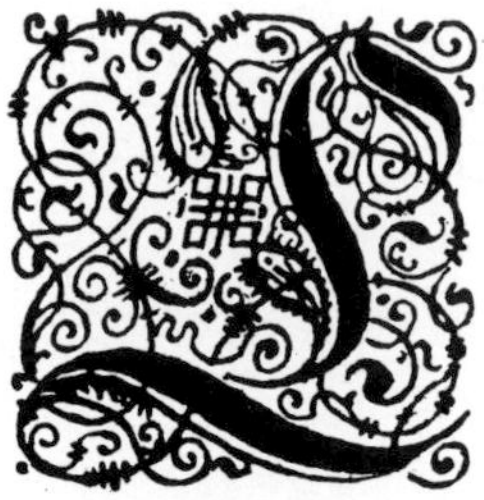

399

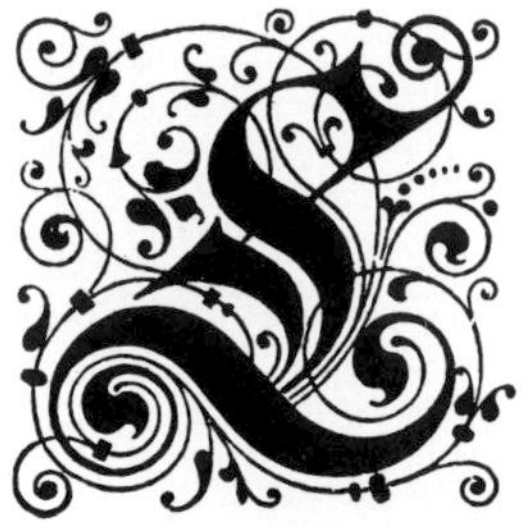

400

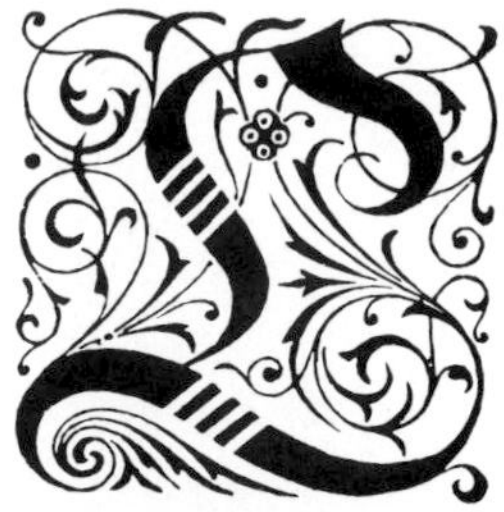

401

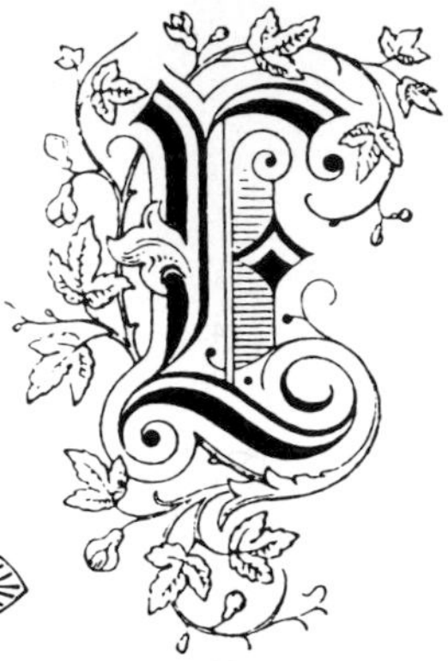

402

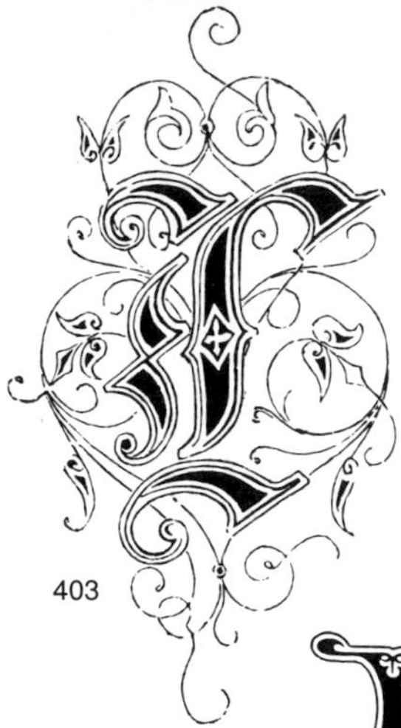

403

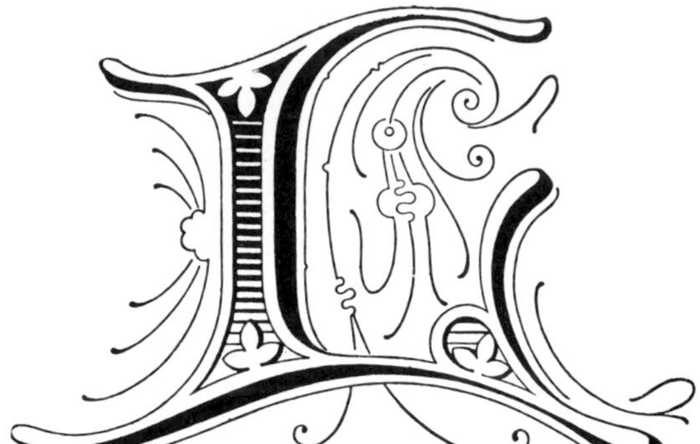

404

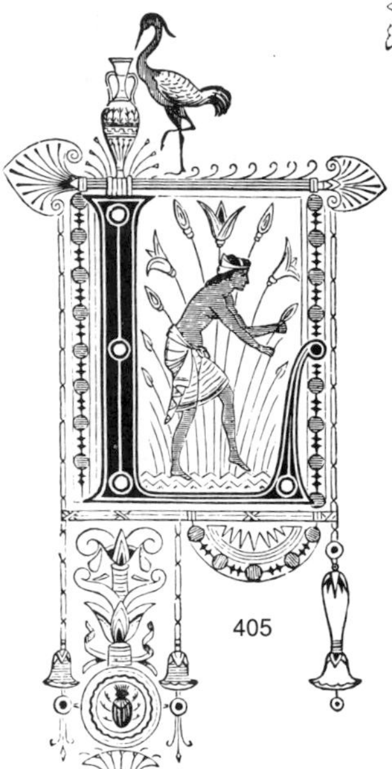

405

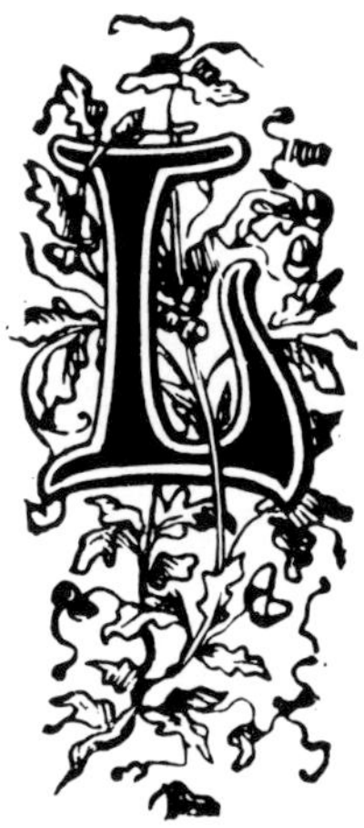

406

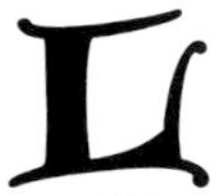

407

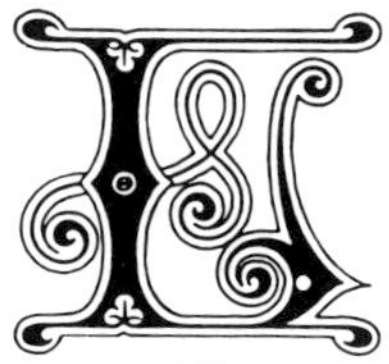

409

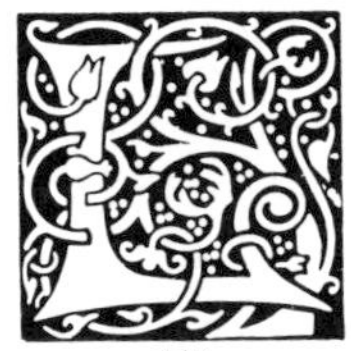

411

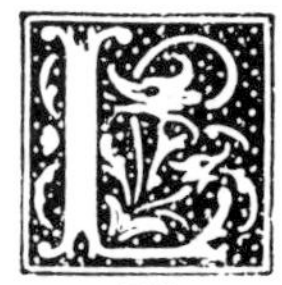

413

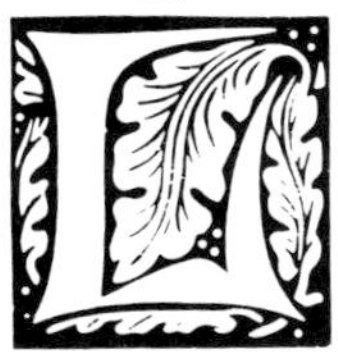

408

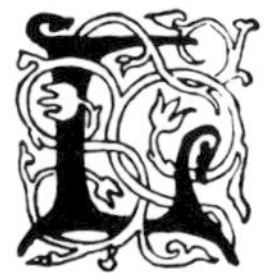

410

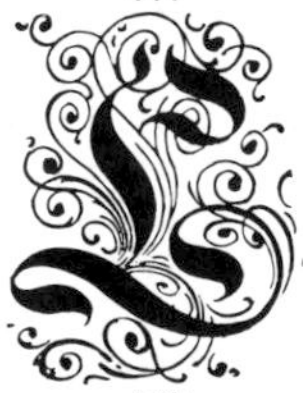

412

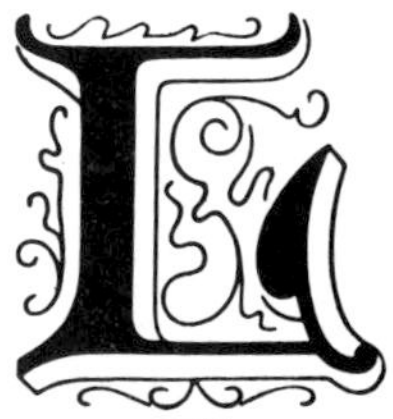

414

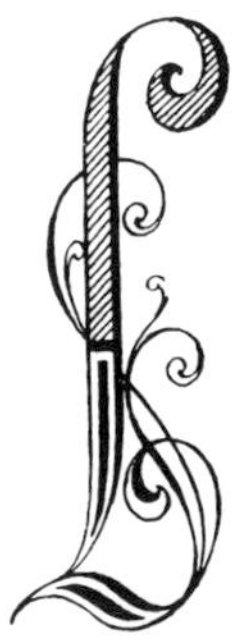

415

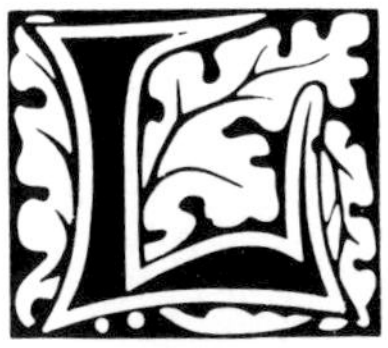

416

417

418

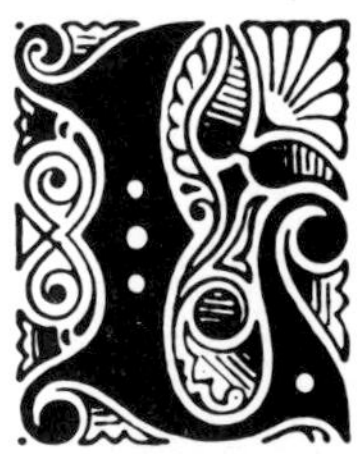

419

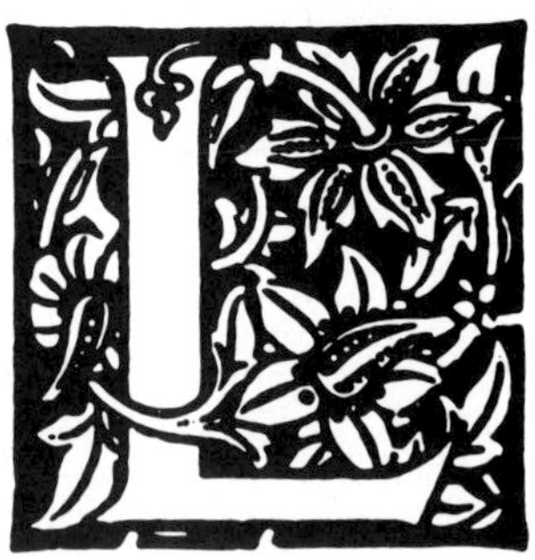

420

421

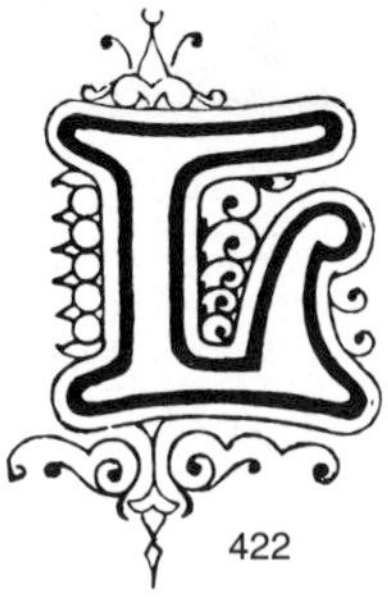

422

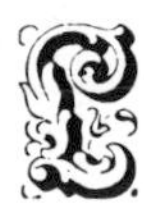

423

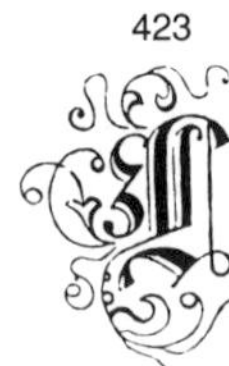

424

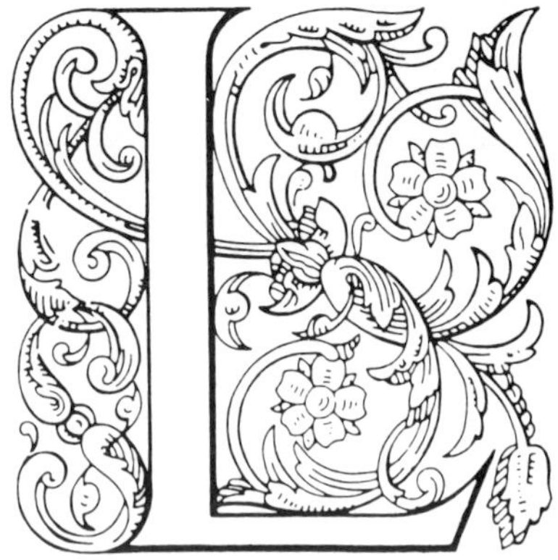

425

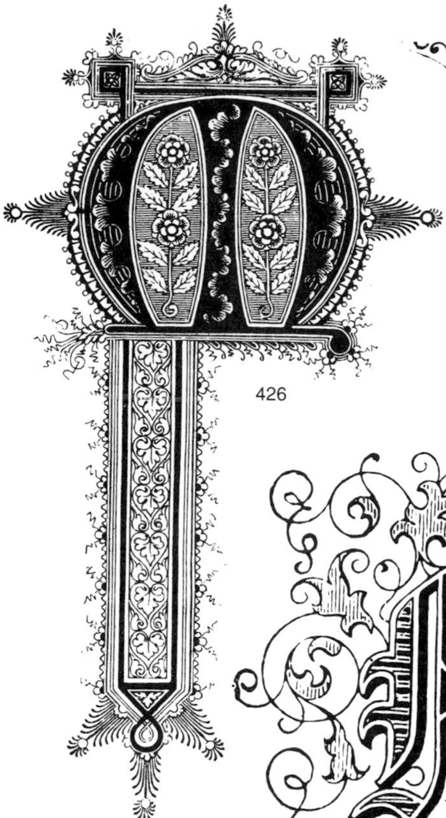
426

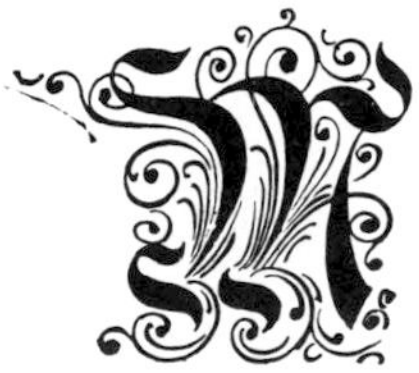
427

428

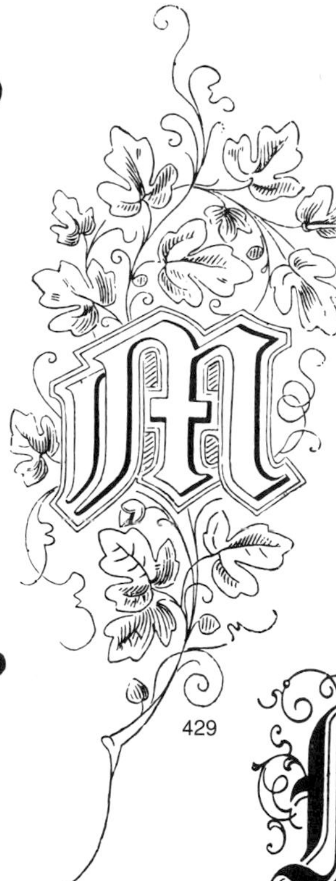
429

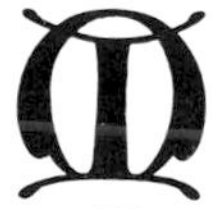
430

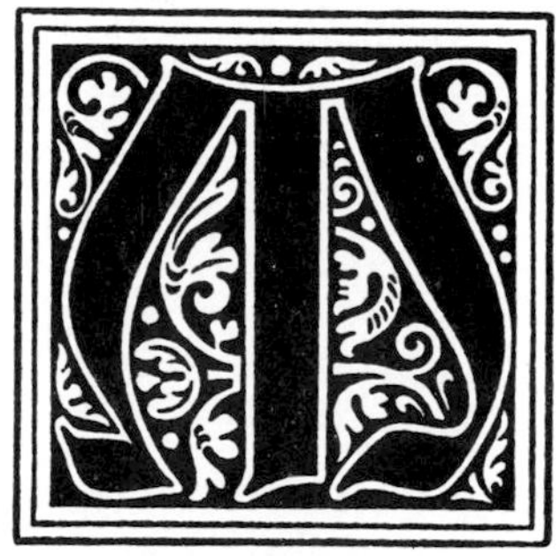
431

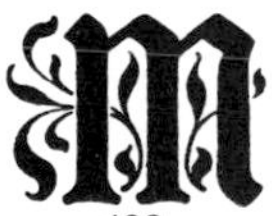
432

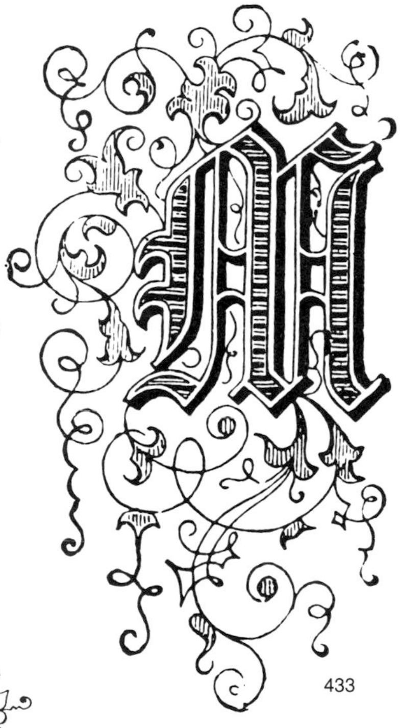
433

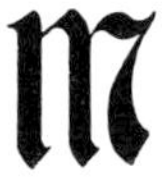
434

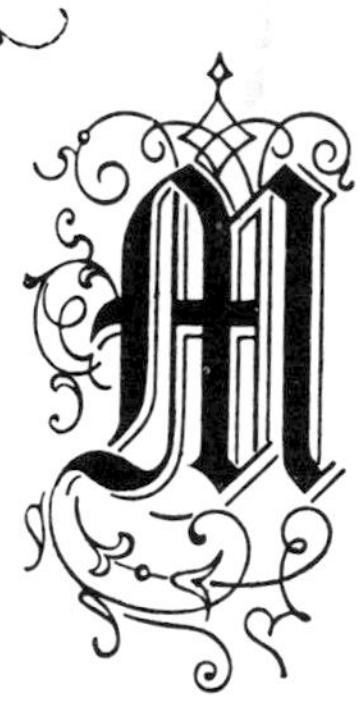
435

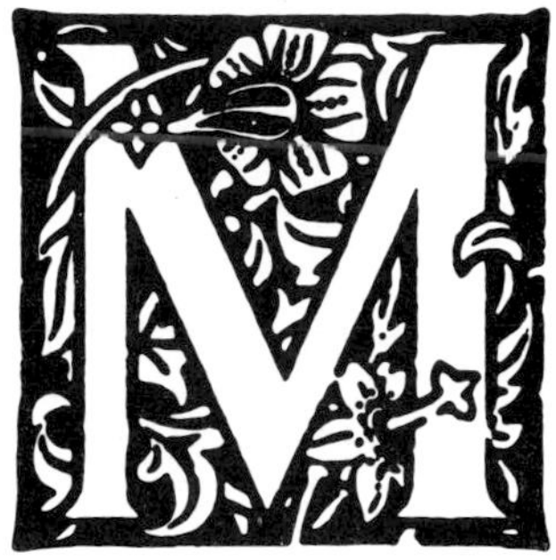
436

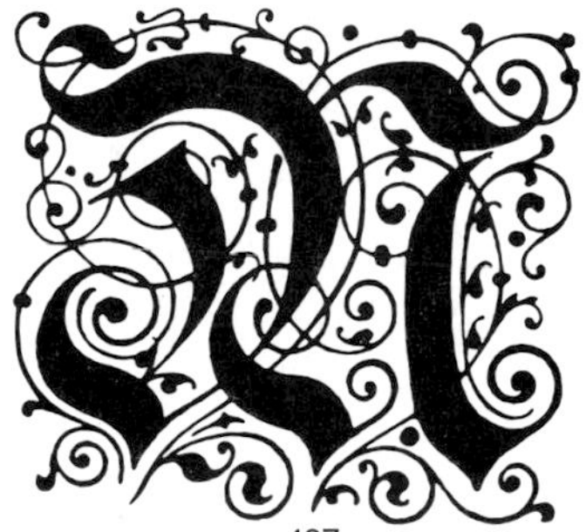
437

438

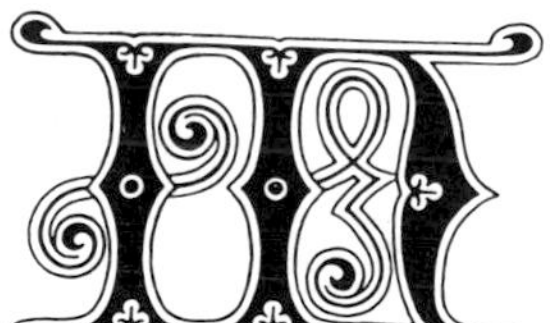
439

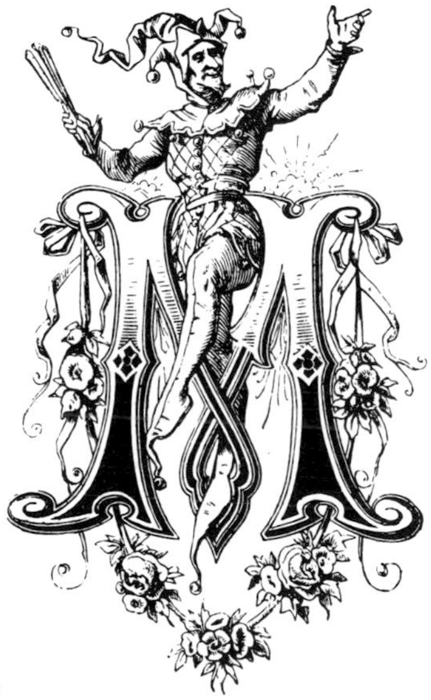
440

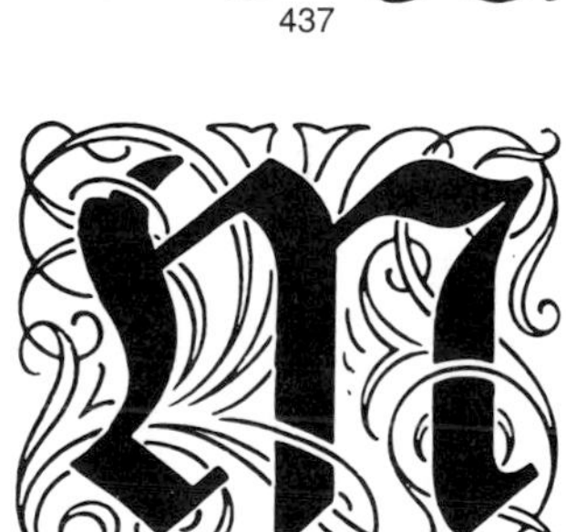
441

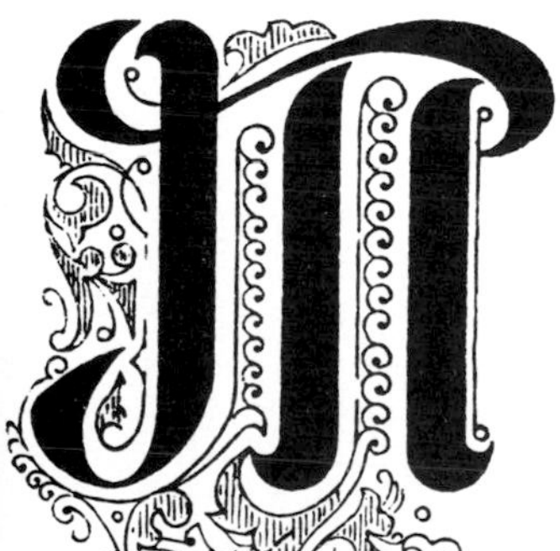
442

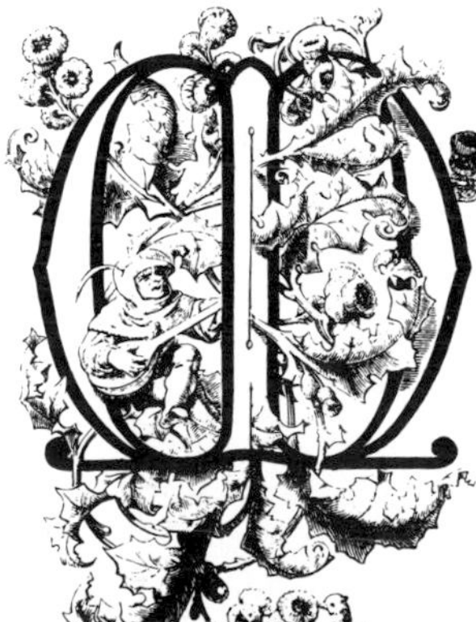
443

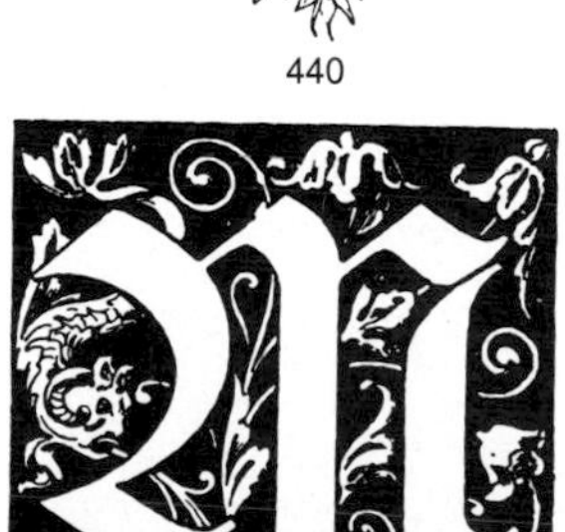
444

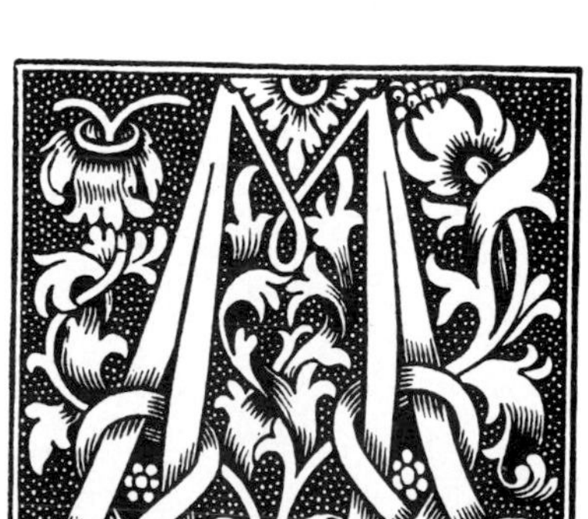
445

446

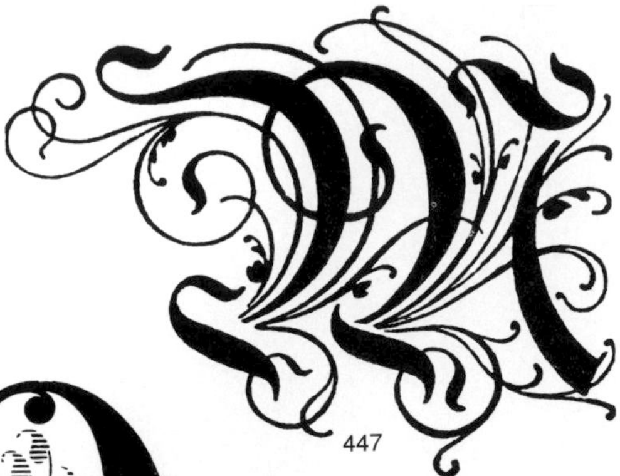
447

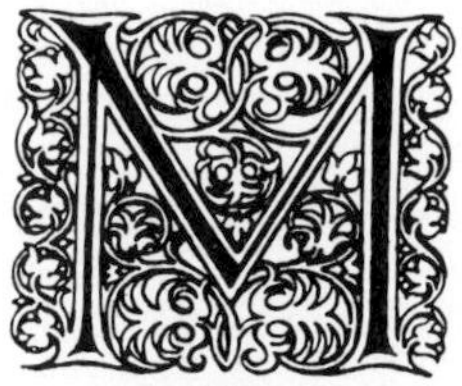
448

449

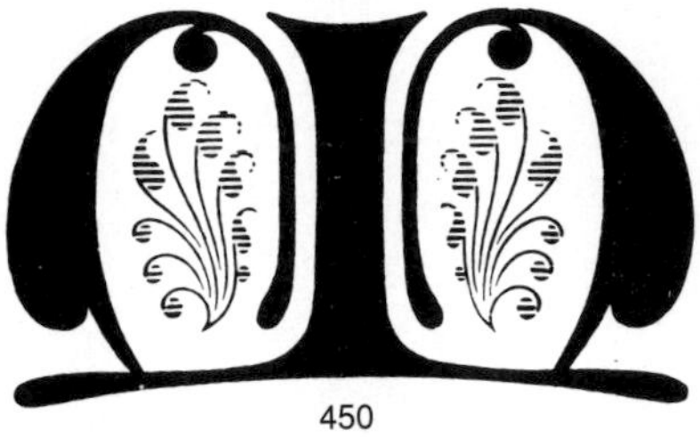
450

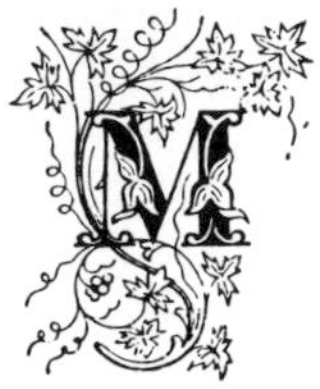
451

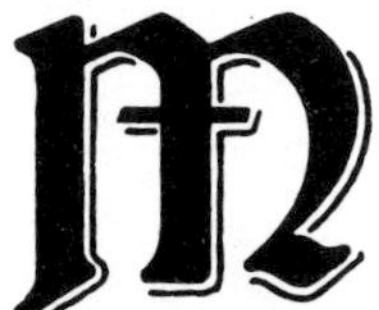
452

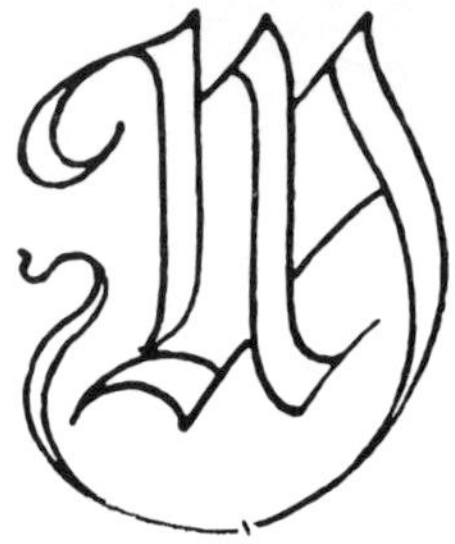
453

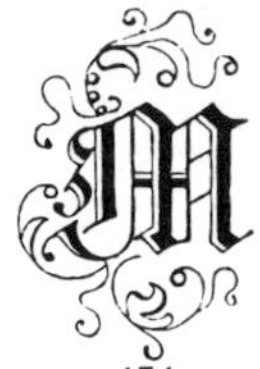
454

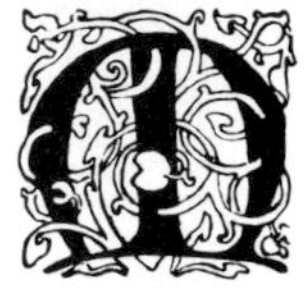
455

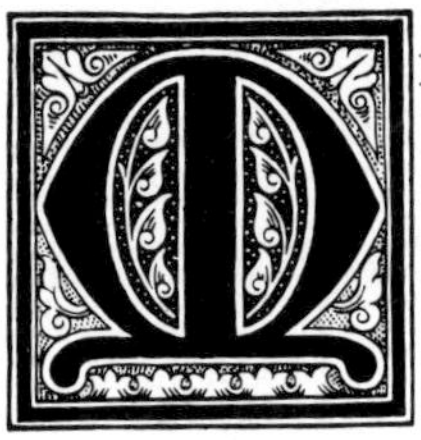
456

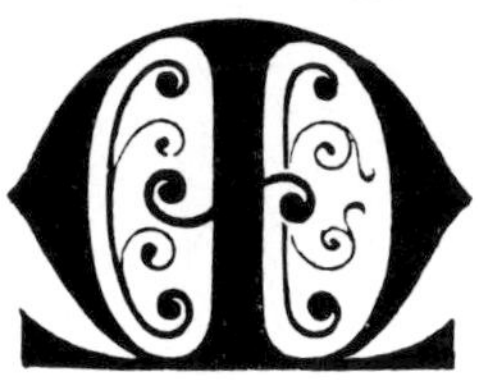
457

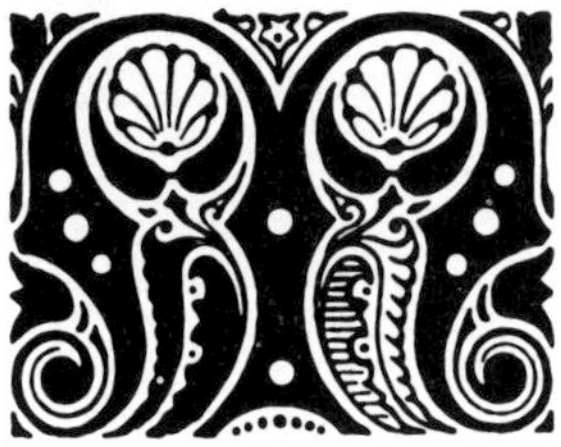
458

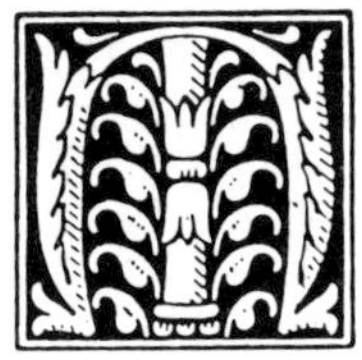
459

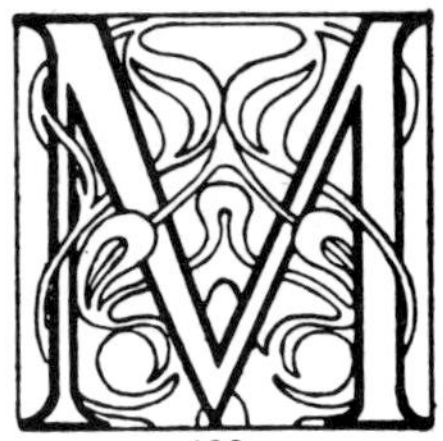
460

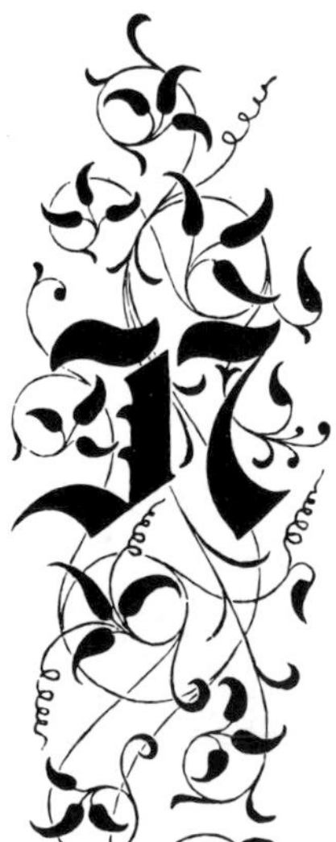
461

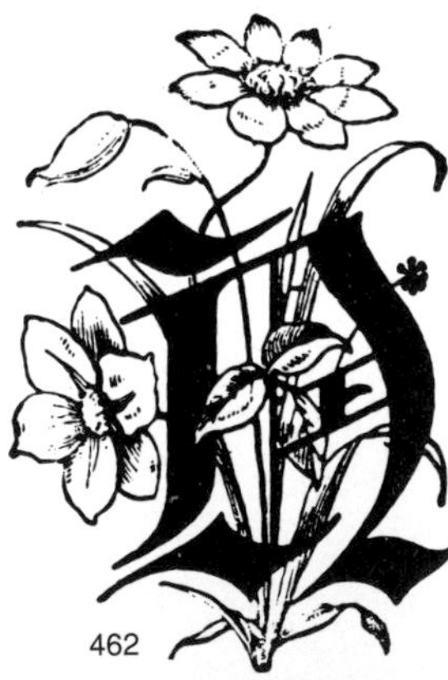
462

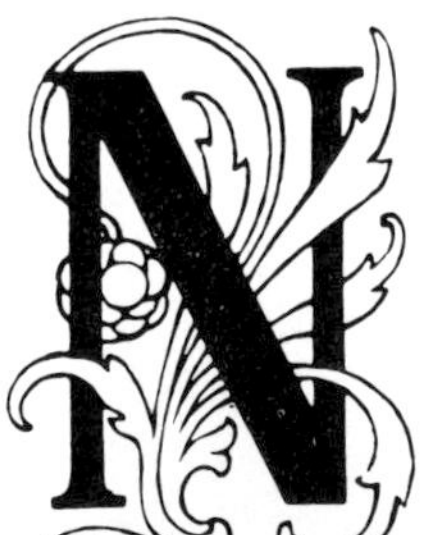
463

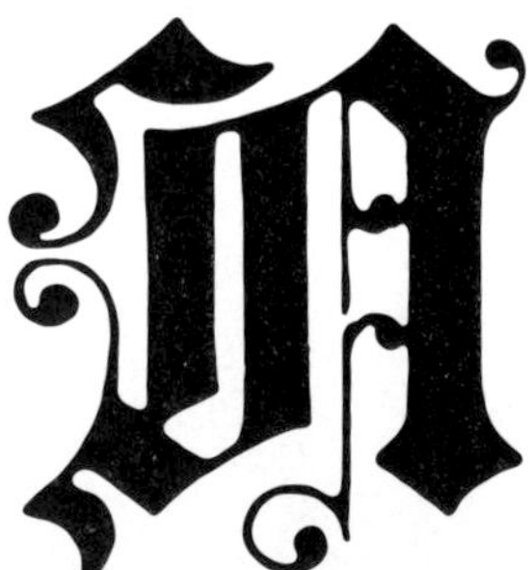
464

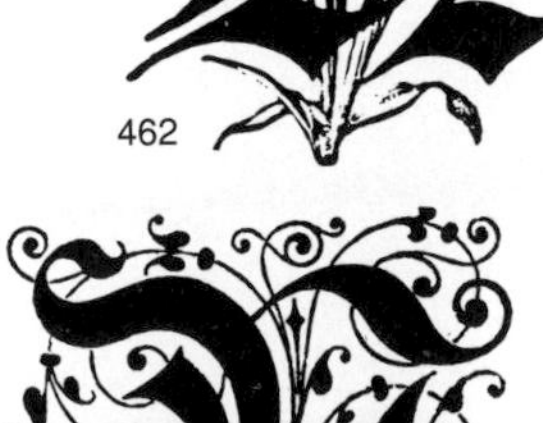
465

466

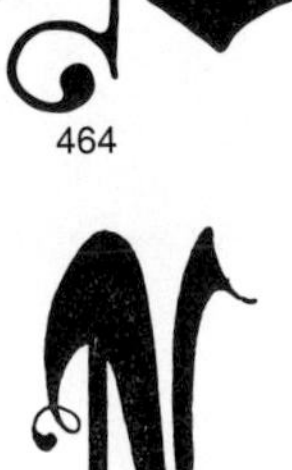
467

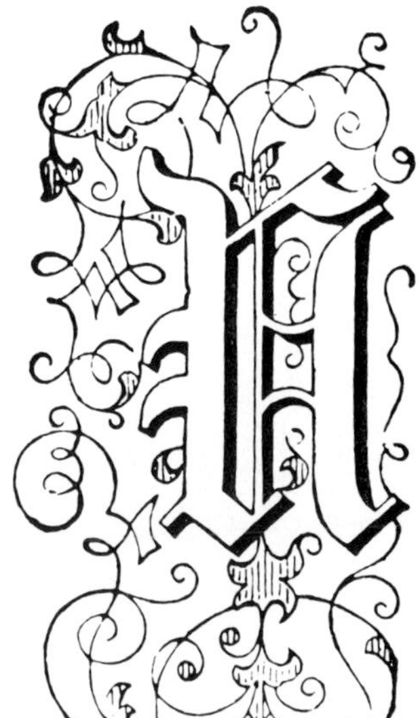
468

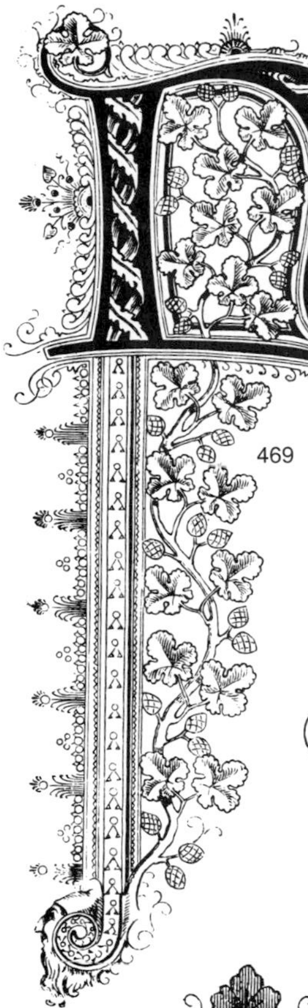
469

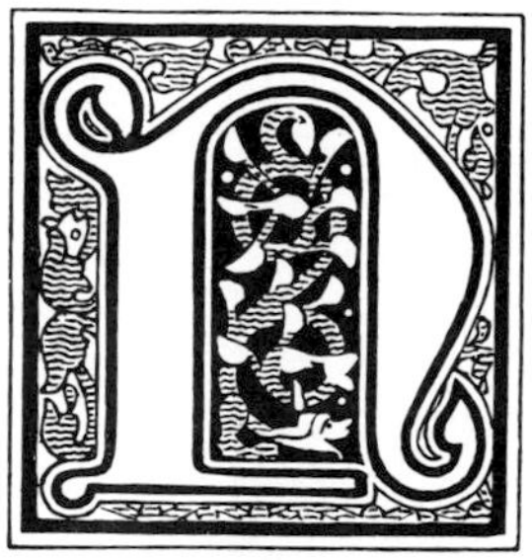
470

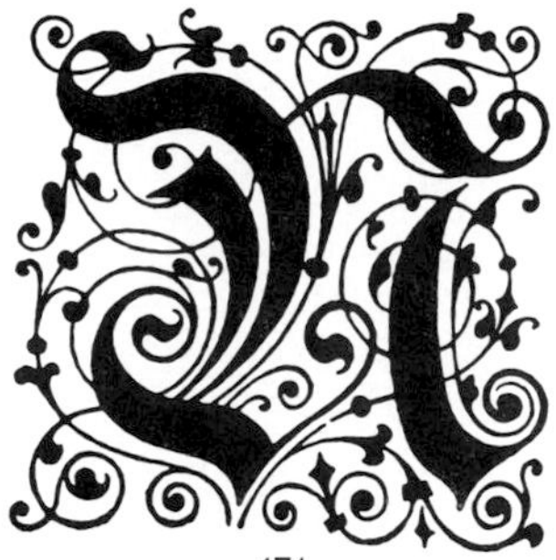
471

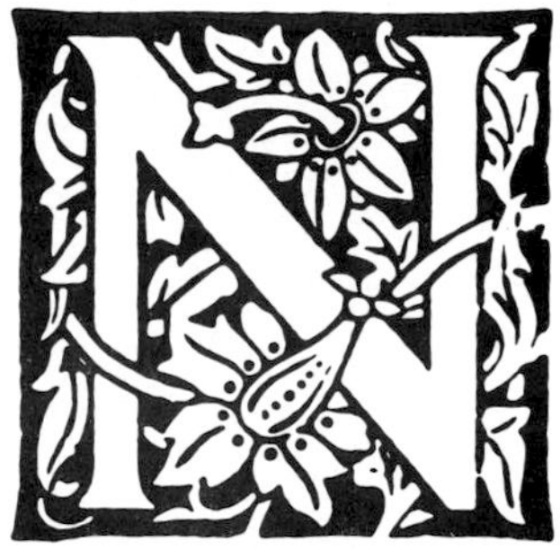
472

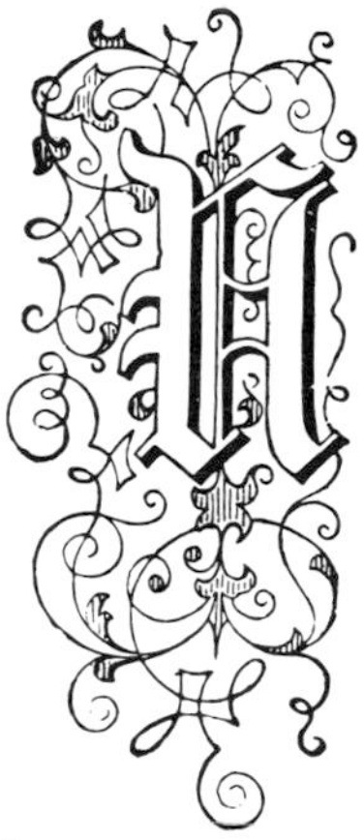
473

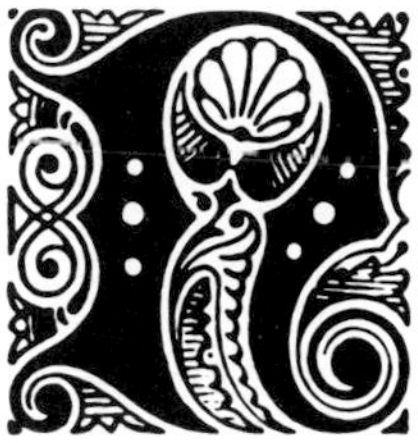
474

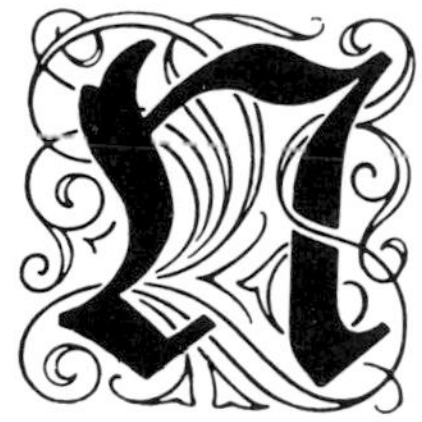
476

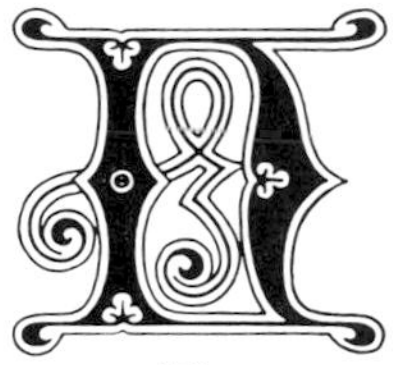
478

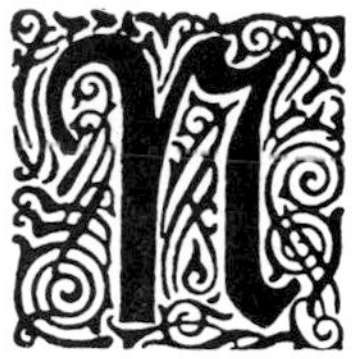
479

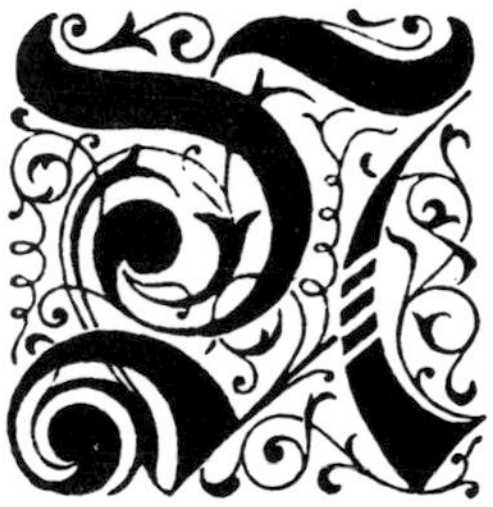
475

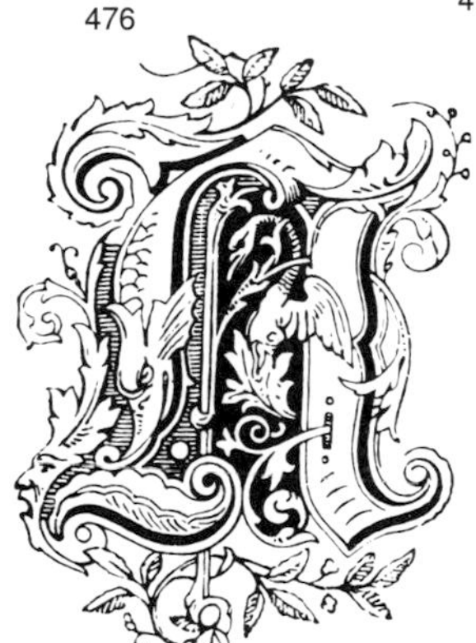
477

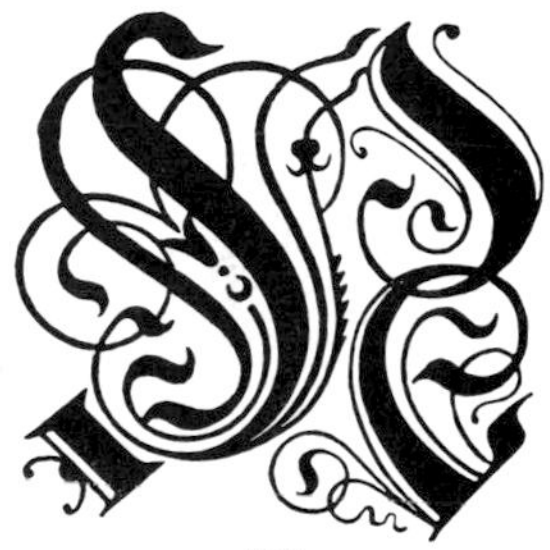
480

481

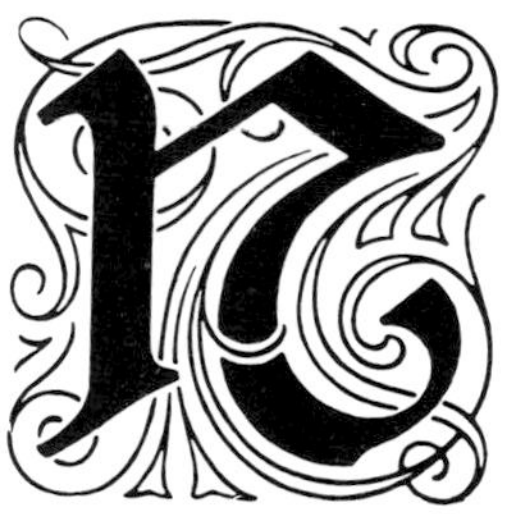
482

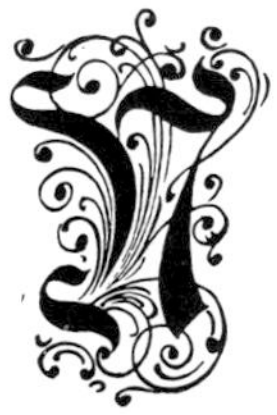
484

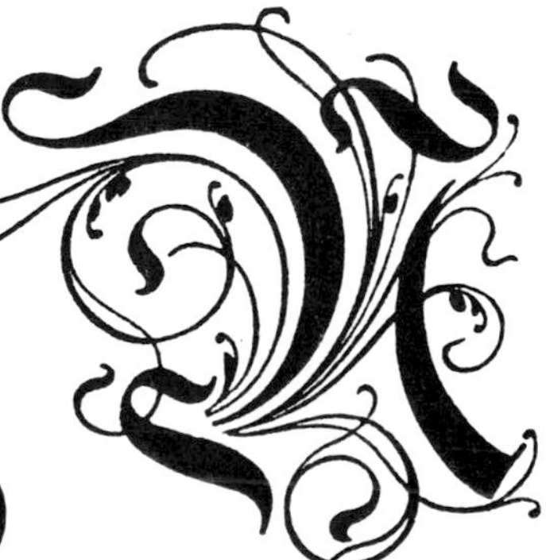
487

483

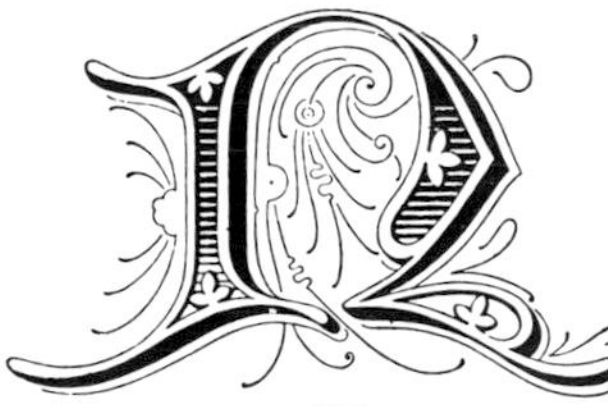
485

486

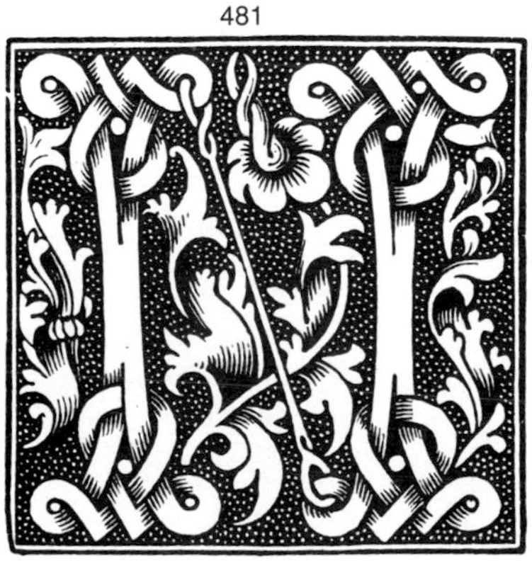
488

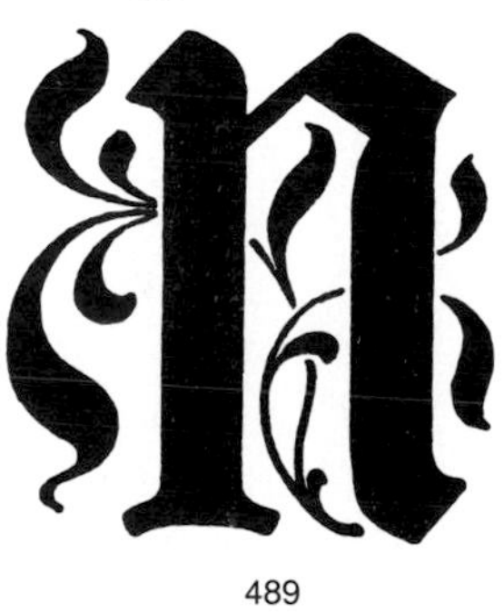
489

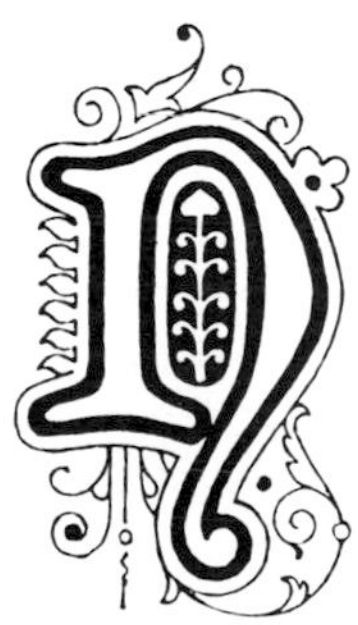
490

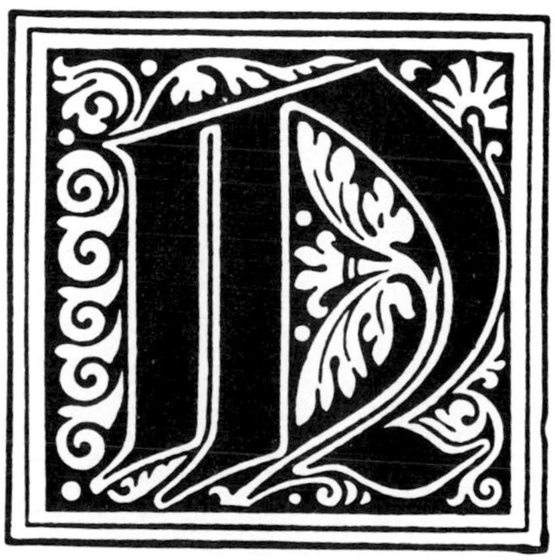
491

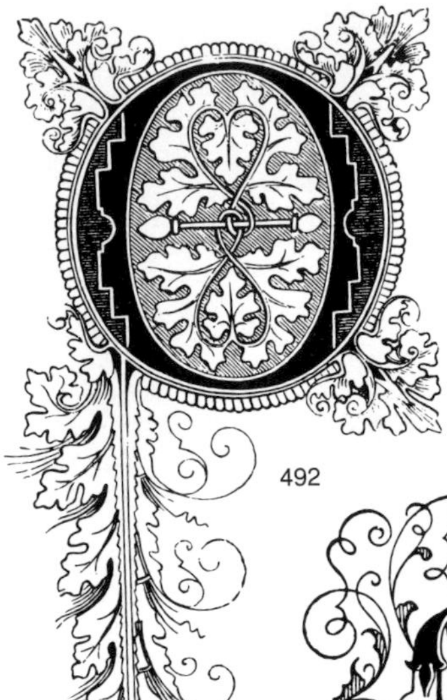
492

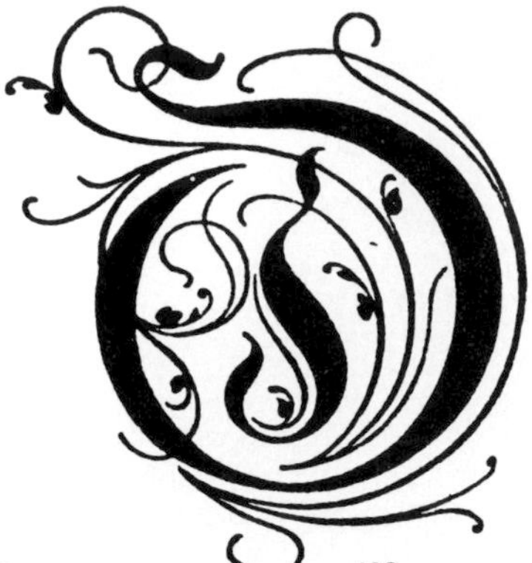
493

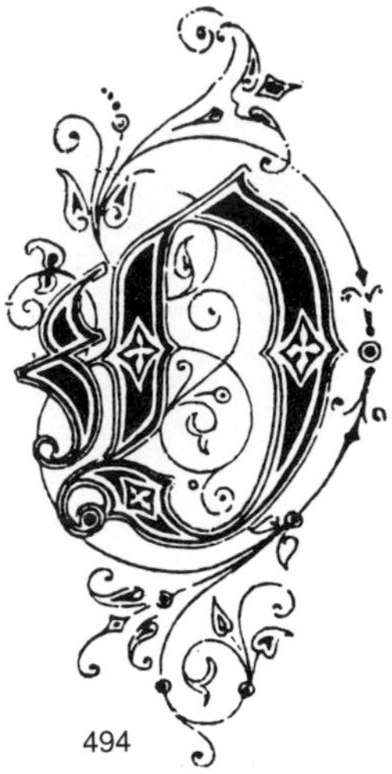
494

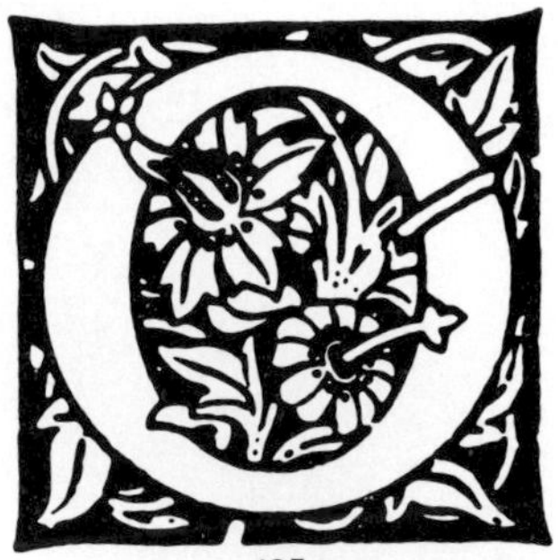
495

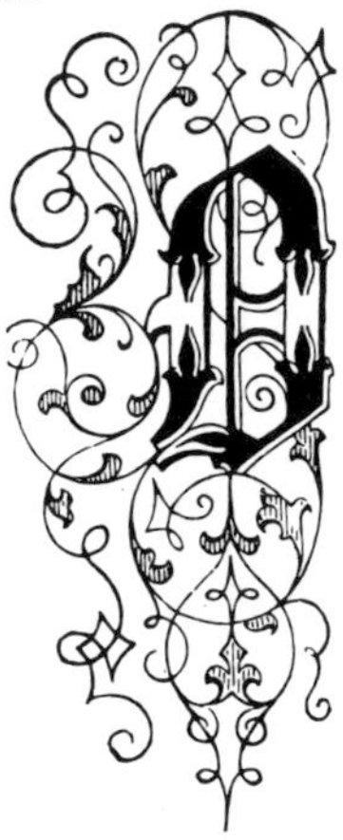
496

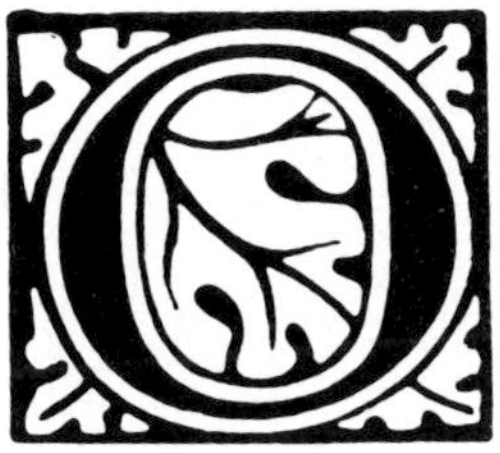
497

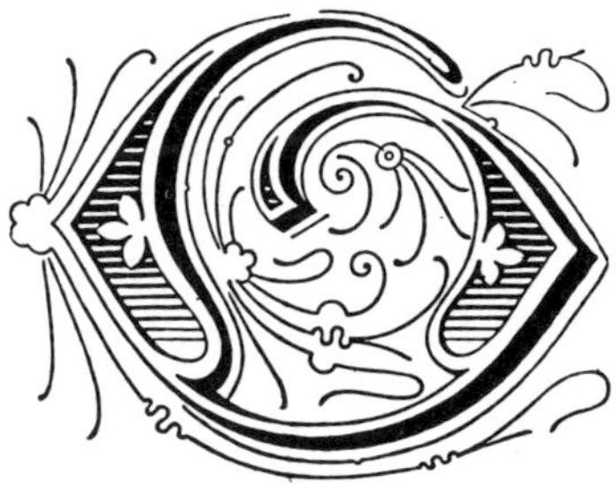
498

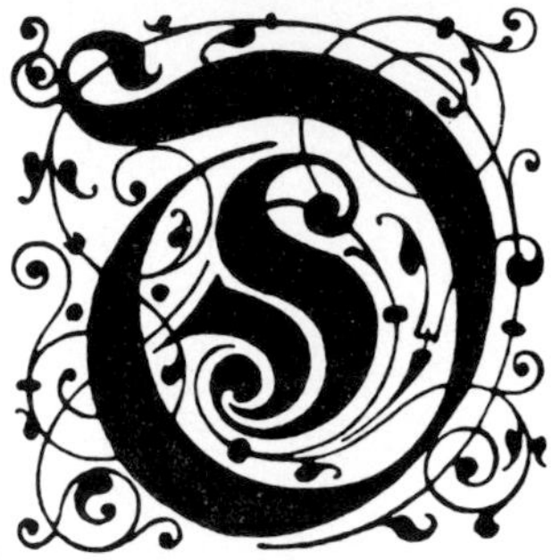
499

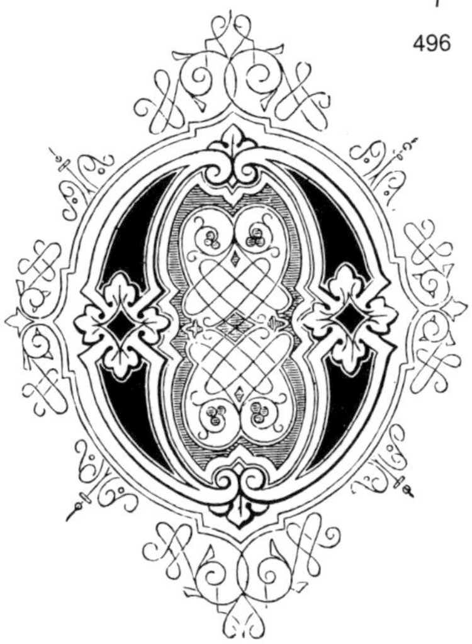
500

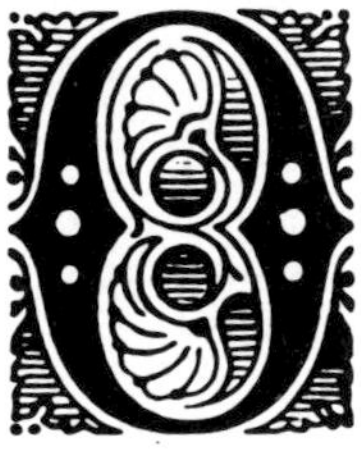
501

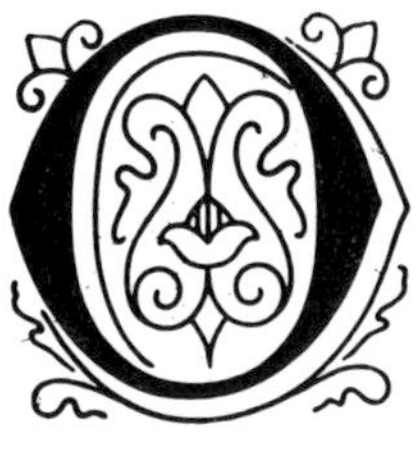
502

503

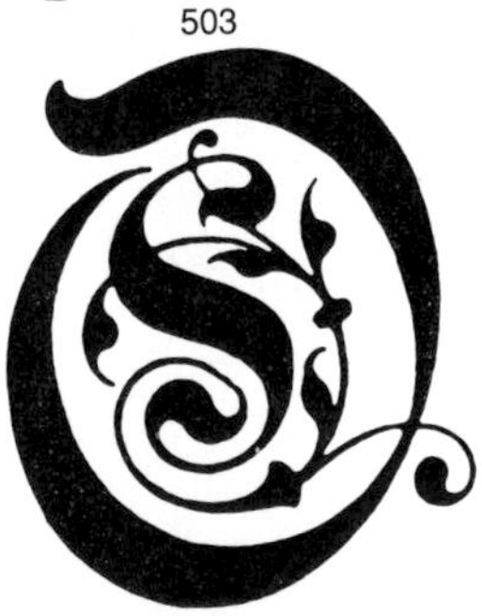
504

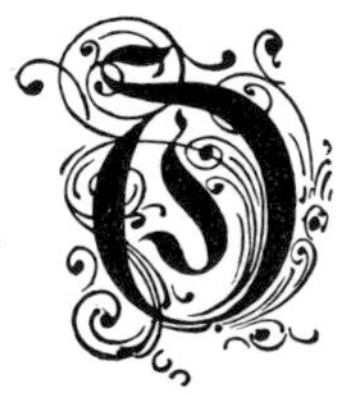
505

506

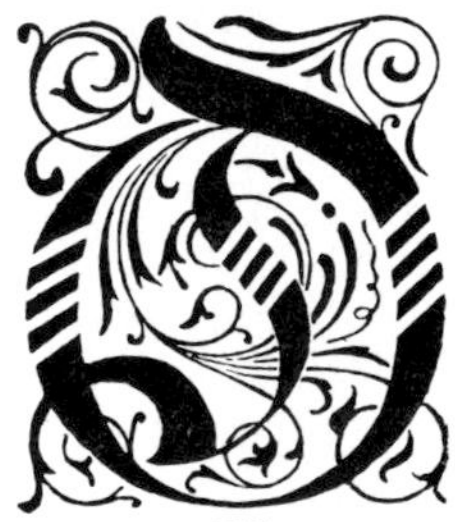
507

508

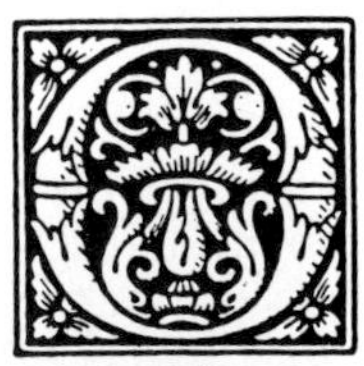
509

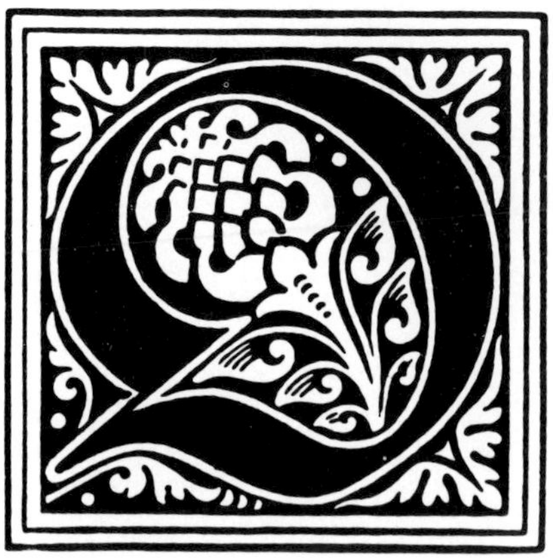
510

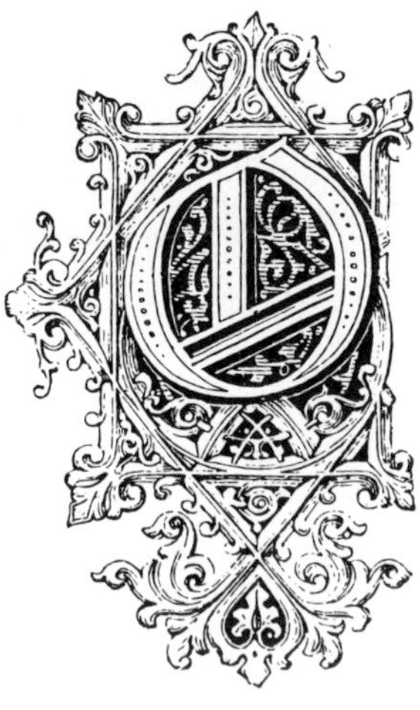
511

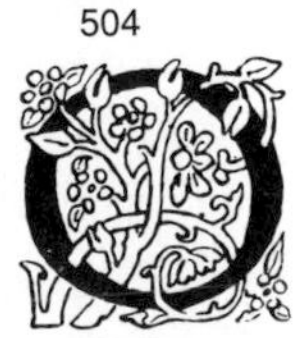
512

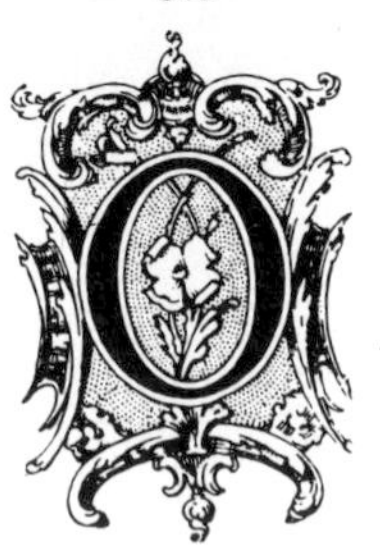
513

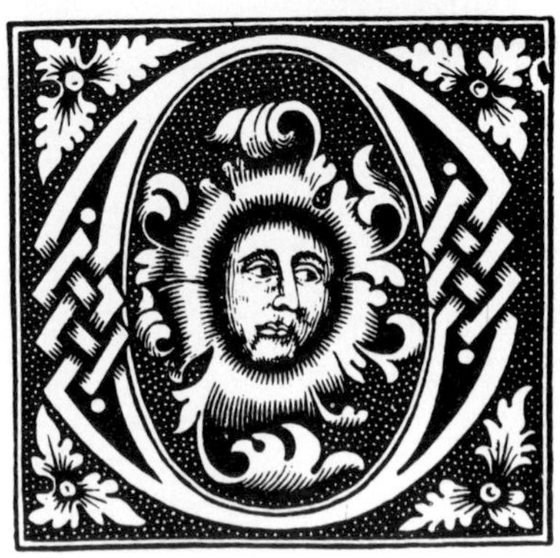
514

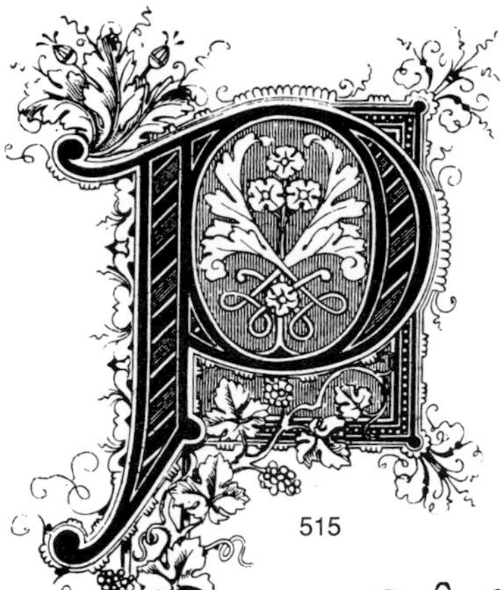
515

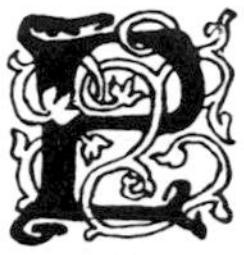
516

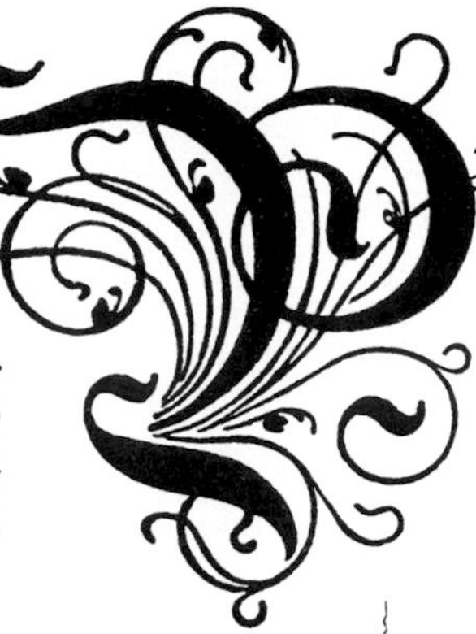
517

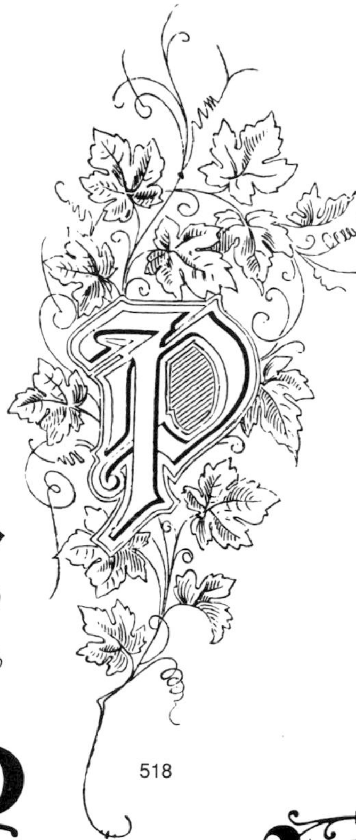
518

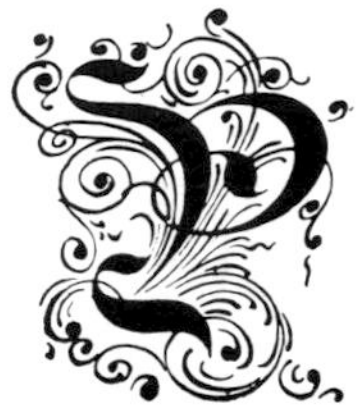
519

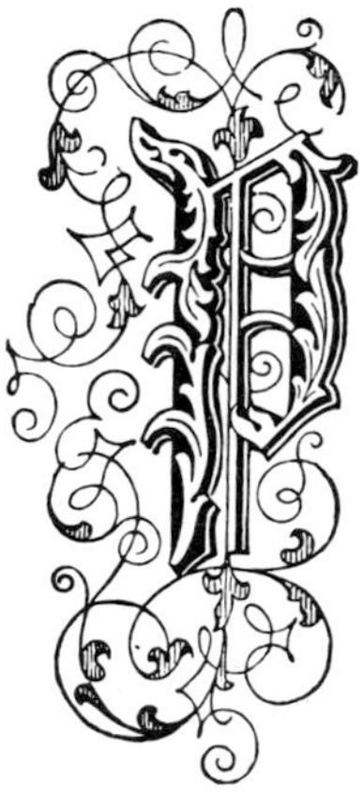
520

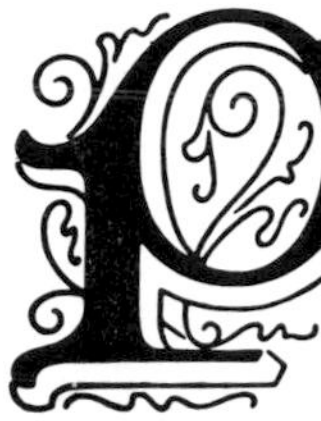
521

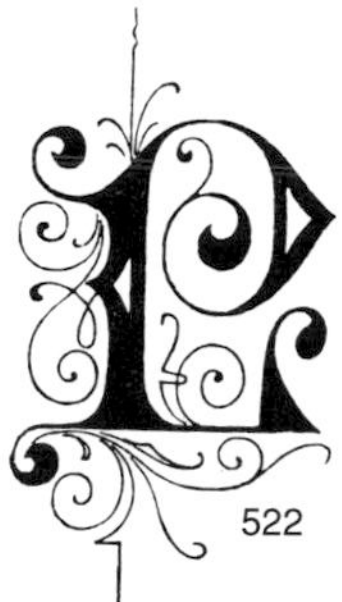
522

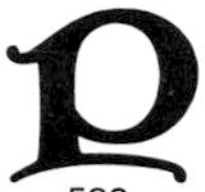
523

524

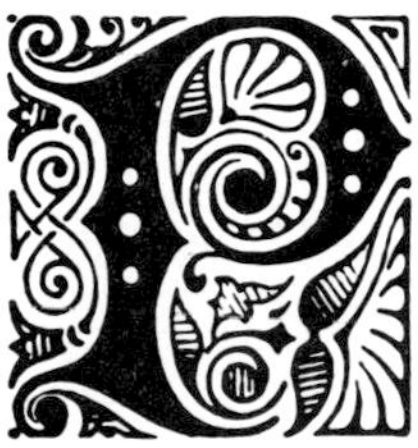
525

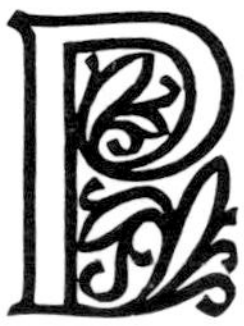
526

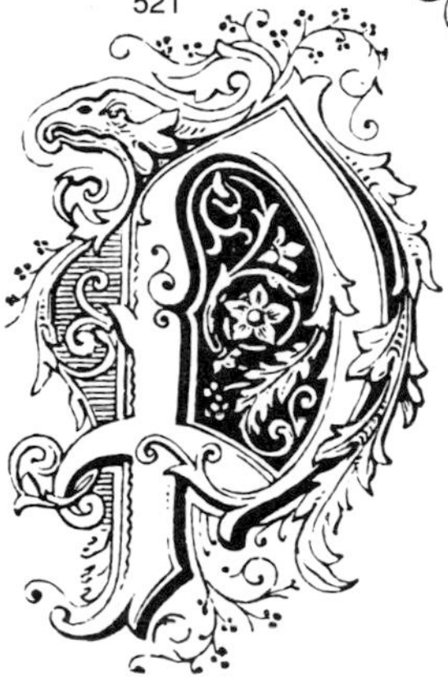
527

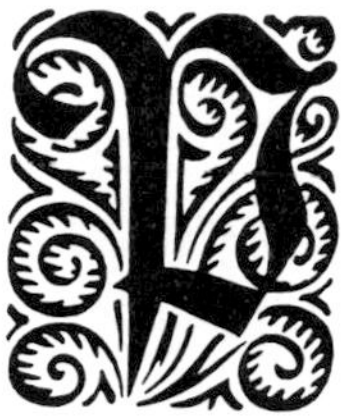
528

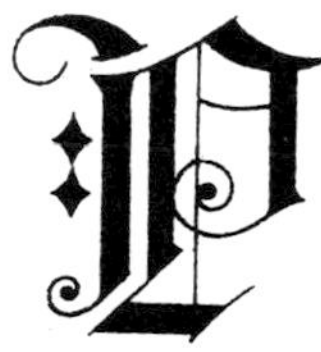
529

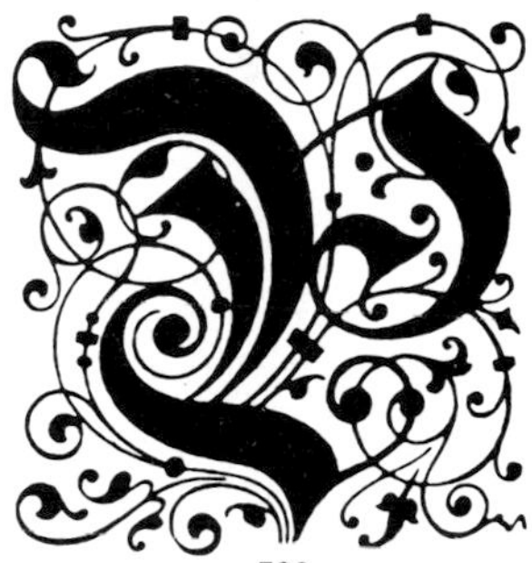
530

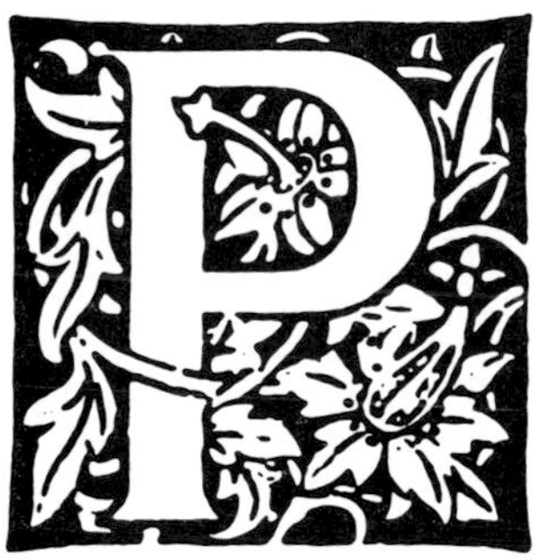
531

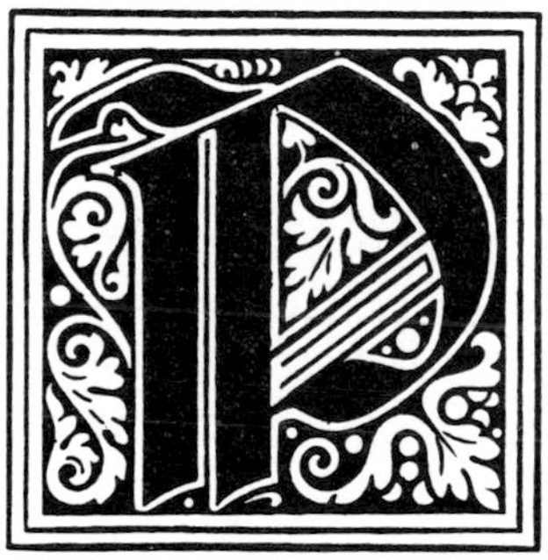
532

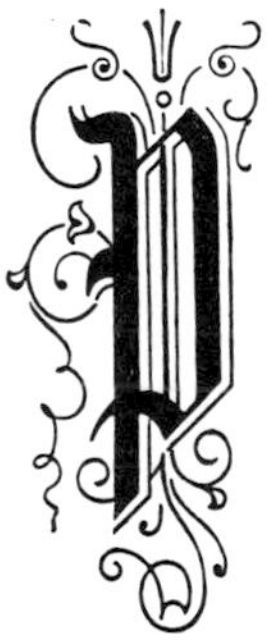
533

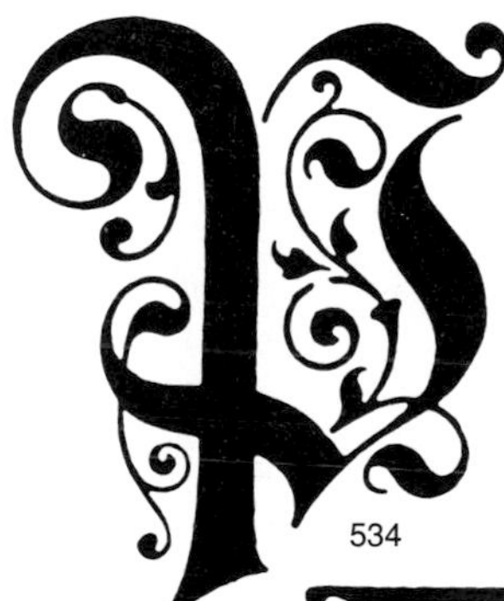
534

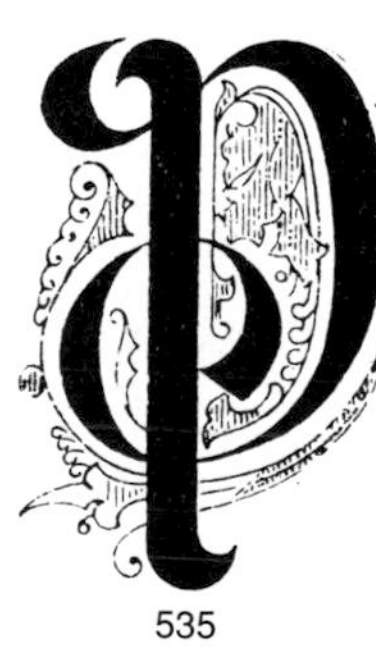
535

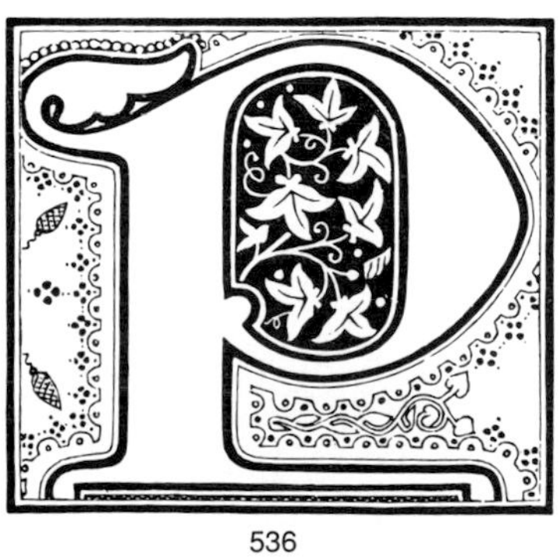
536

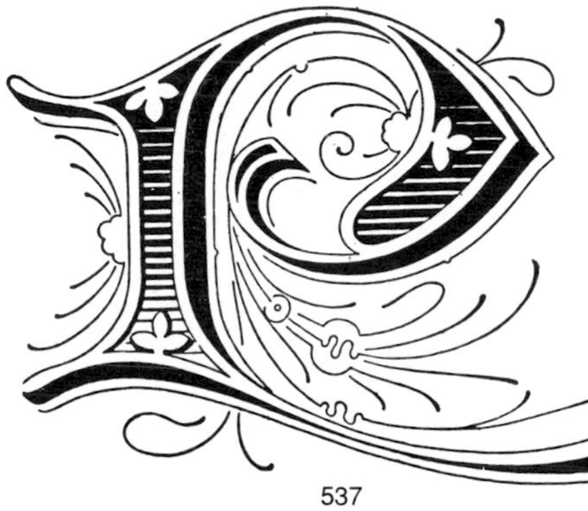
537

538

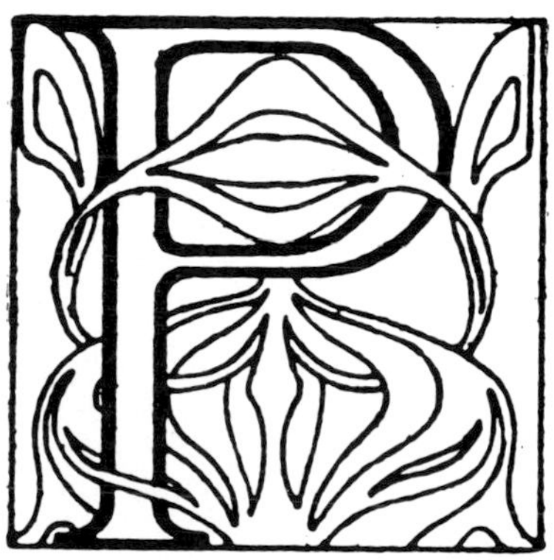
539

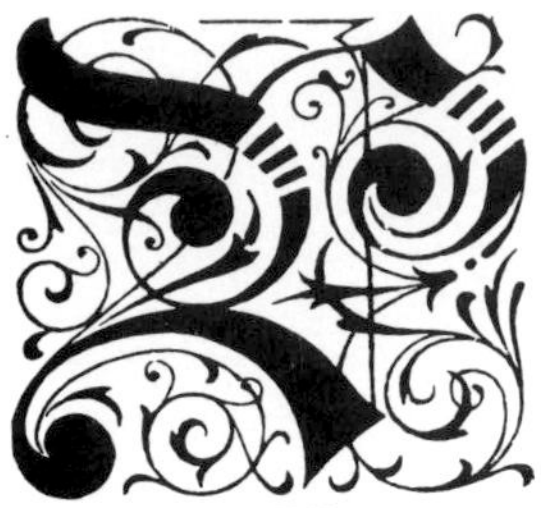
540
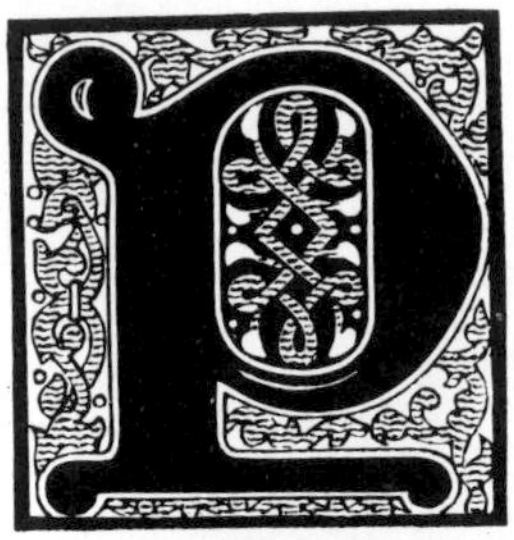
541
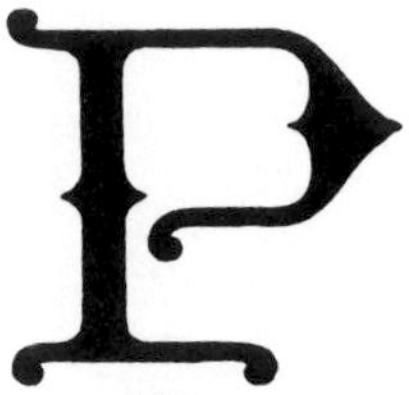
542
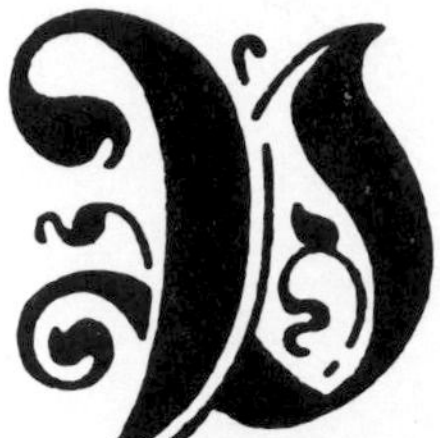
543
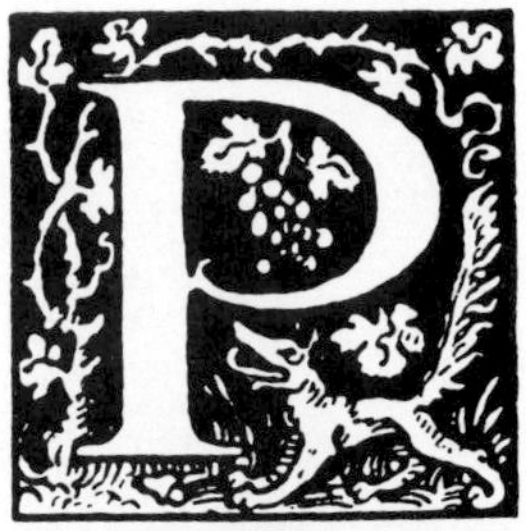
544
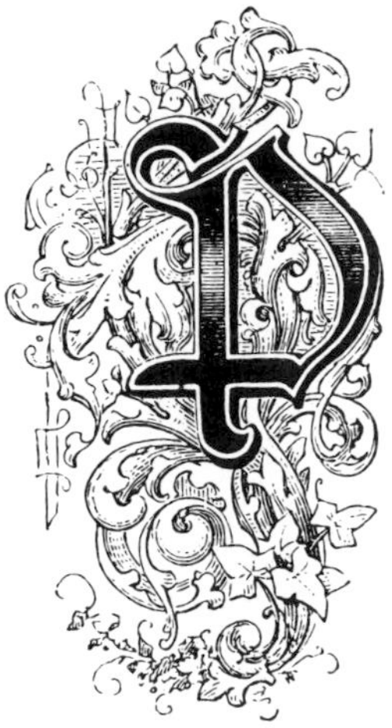
545
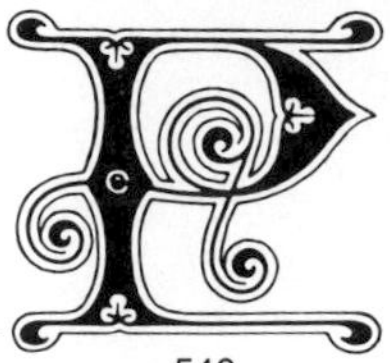
546
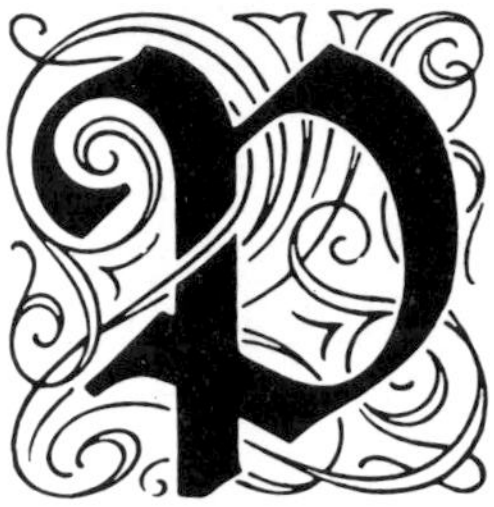
547
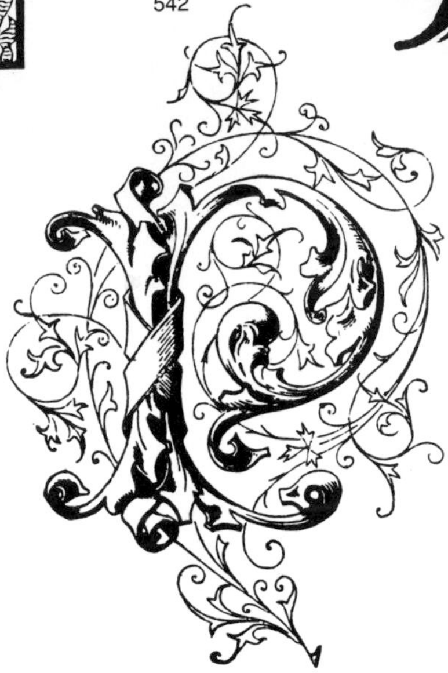
548
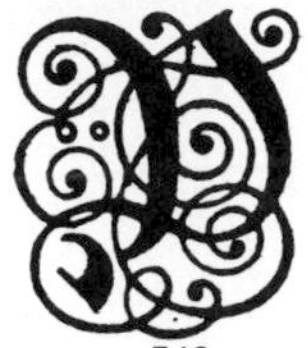
549
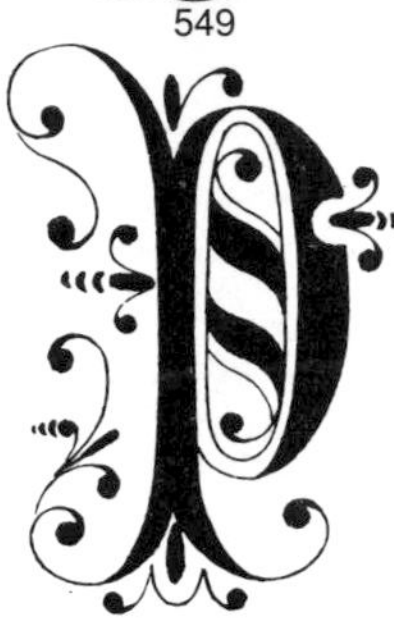
550
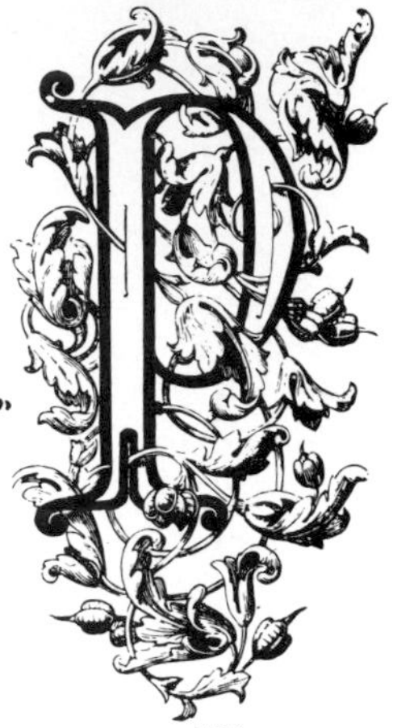
551
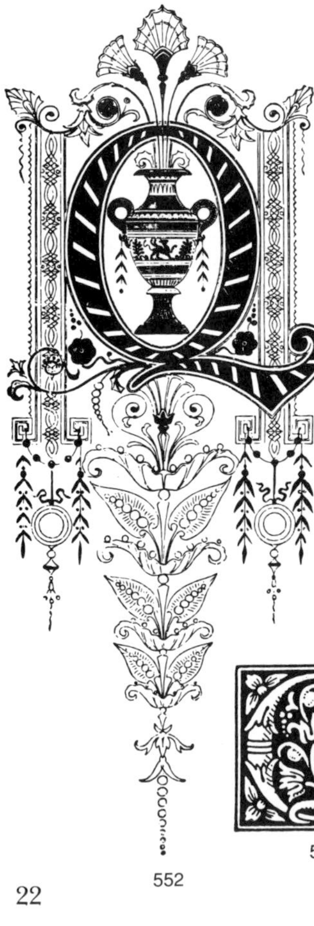
552
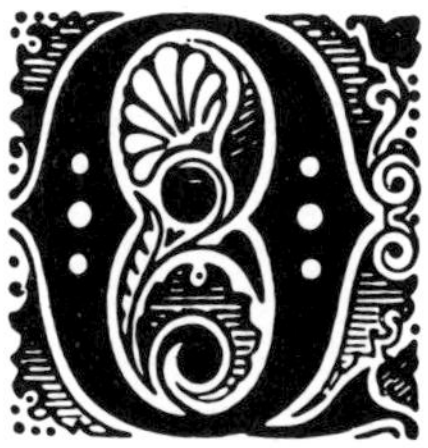
553
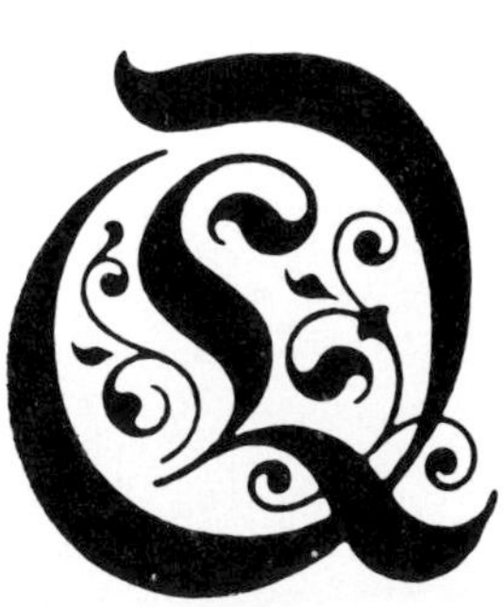
554
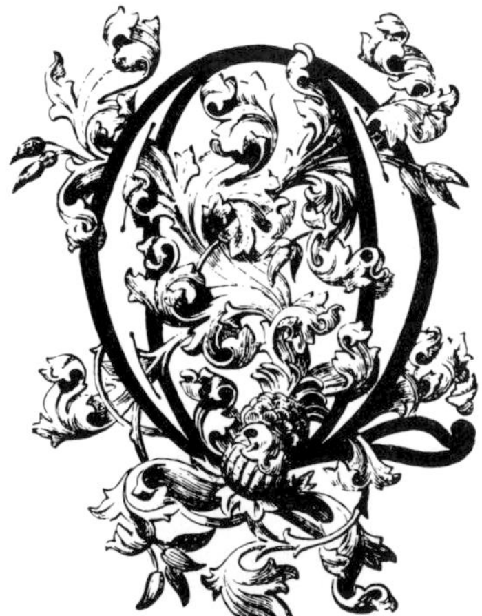
555
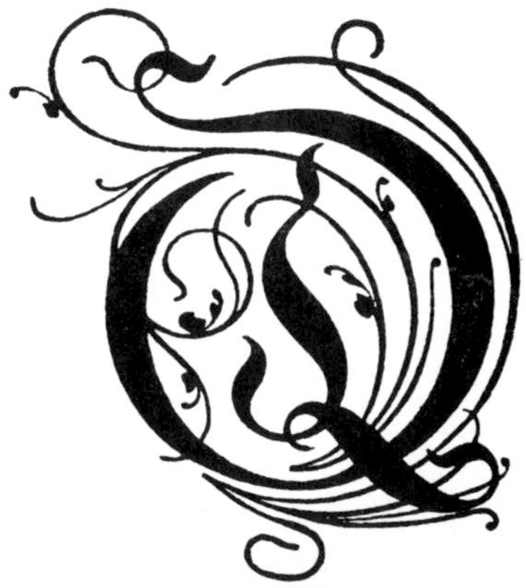
556
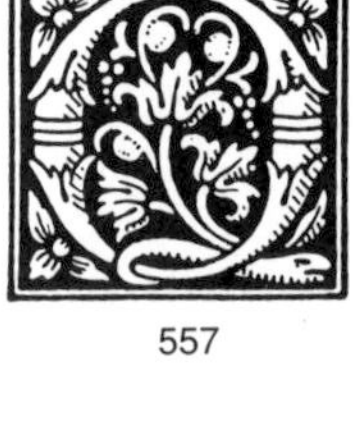
557
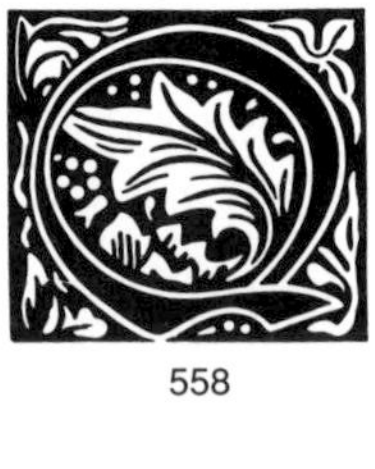
558
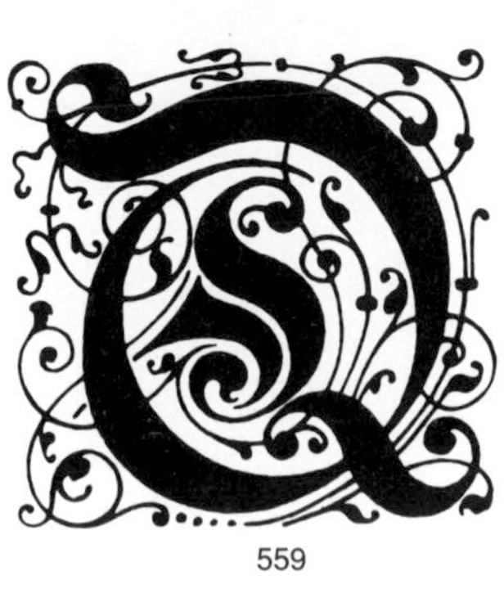
559
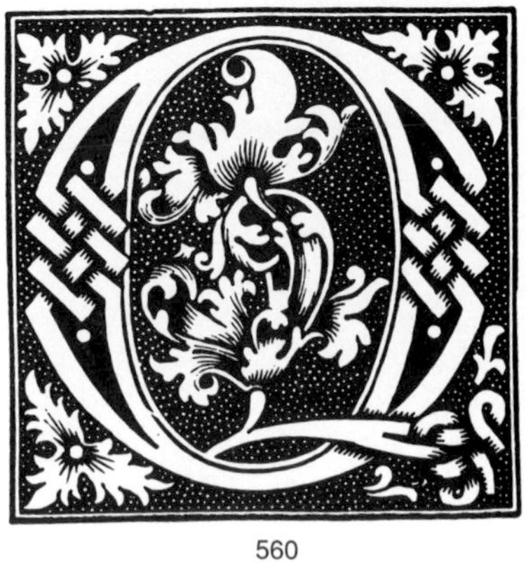
560

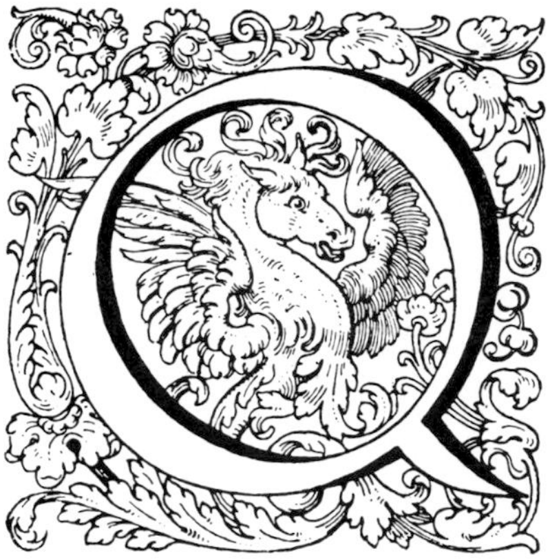

561

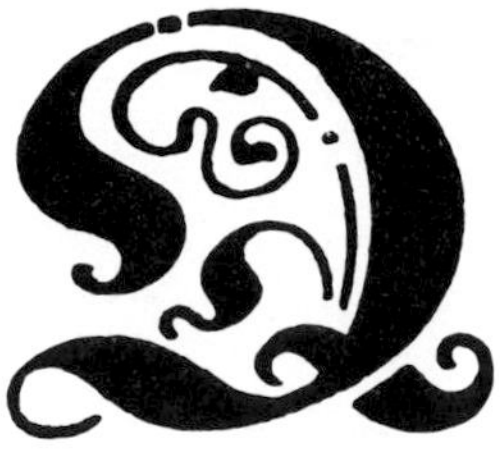

562

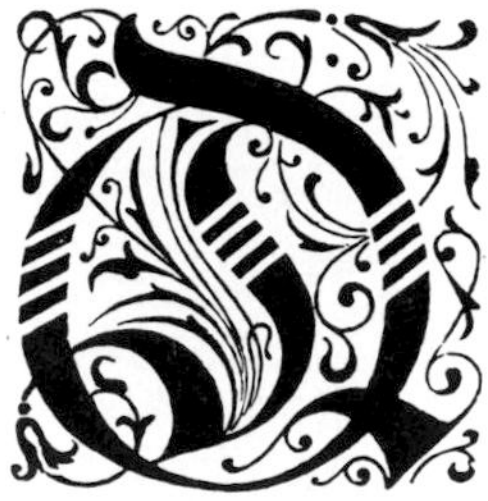

563

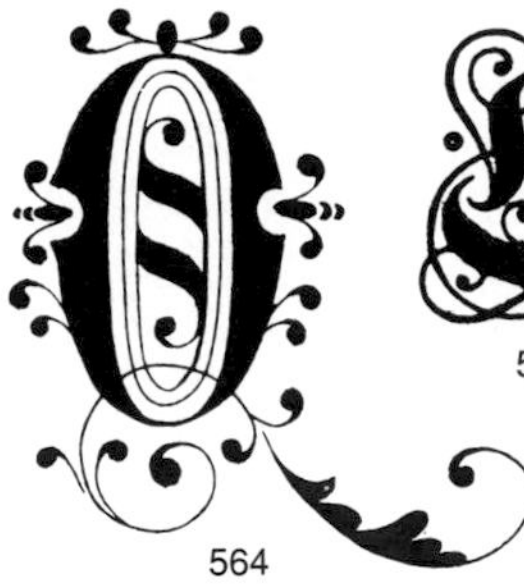

564

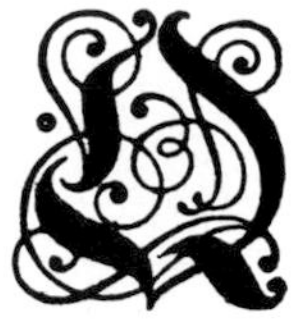

565

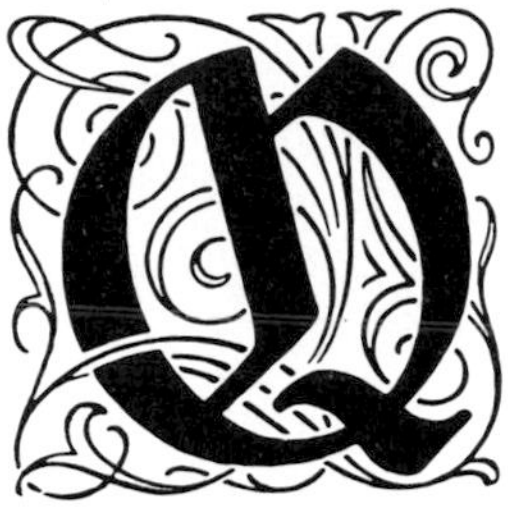

568

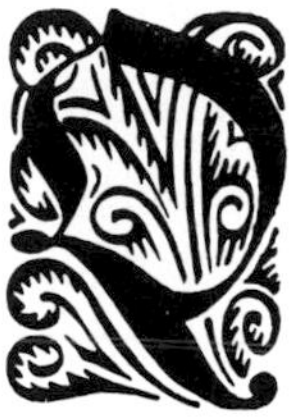

570

571

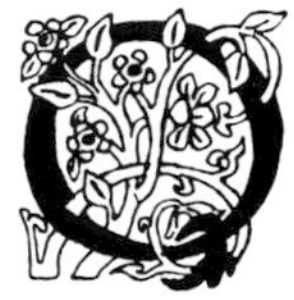

572

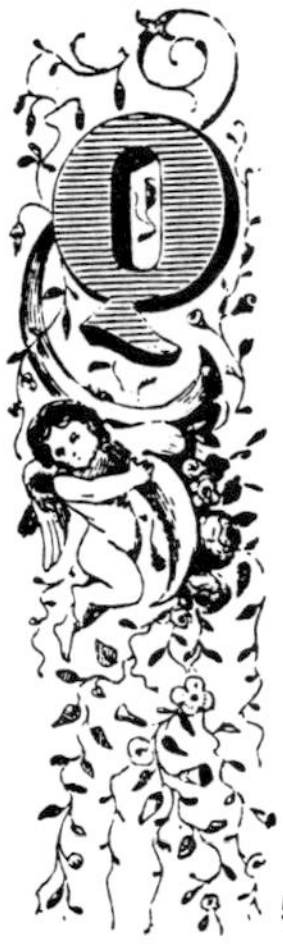

566

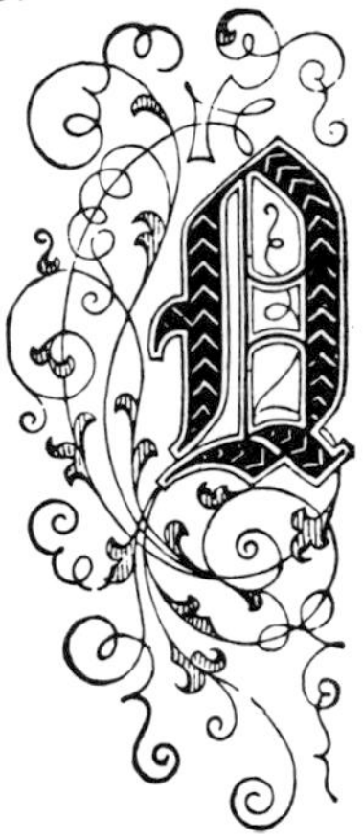

567

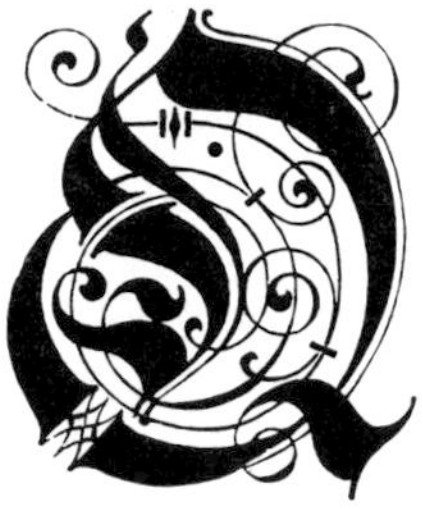

569

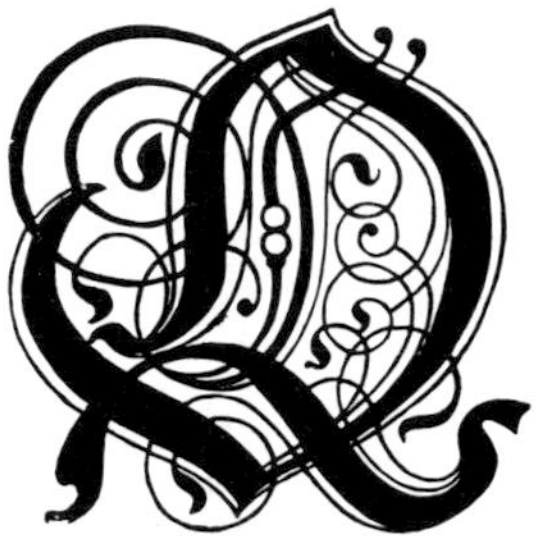

573

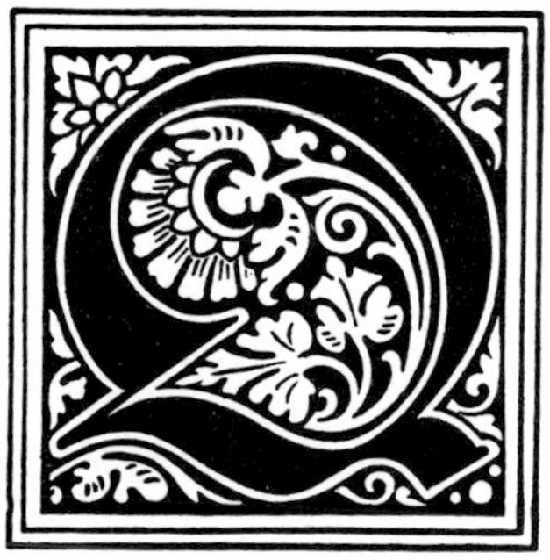

574

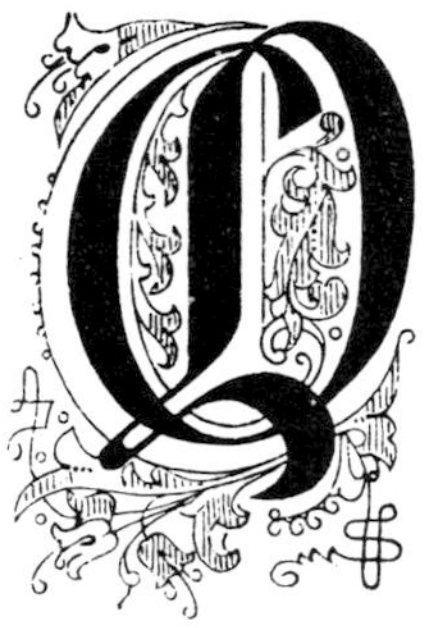

575

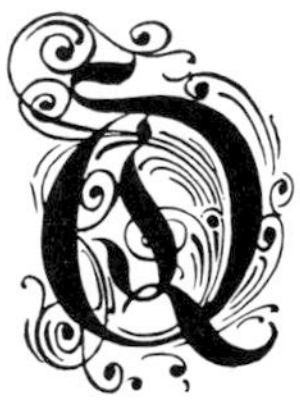

576

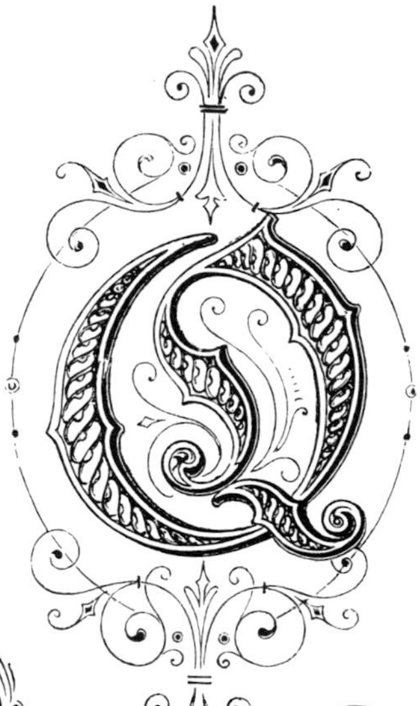

577

578

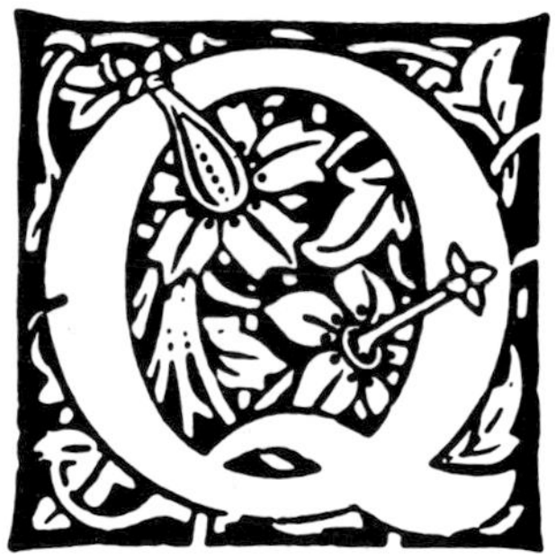

579

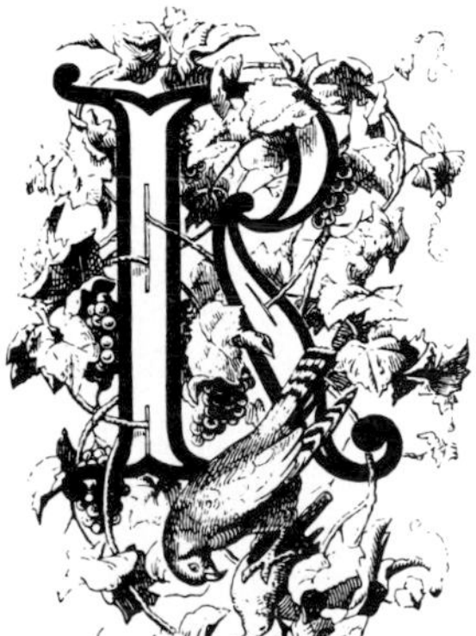

580

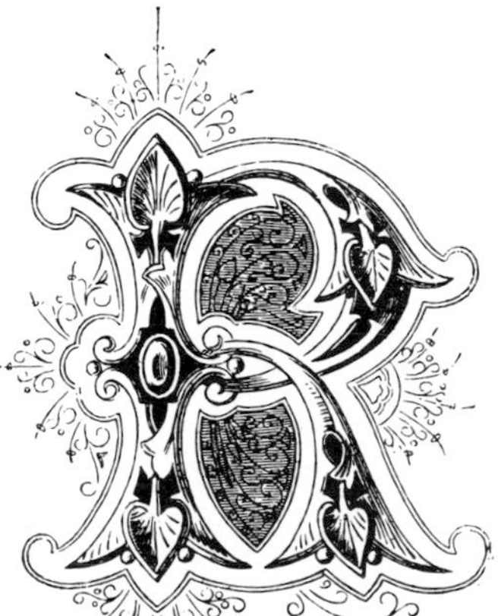

581

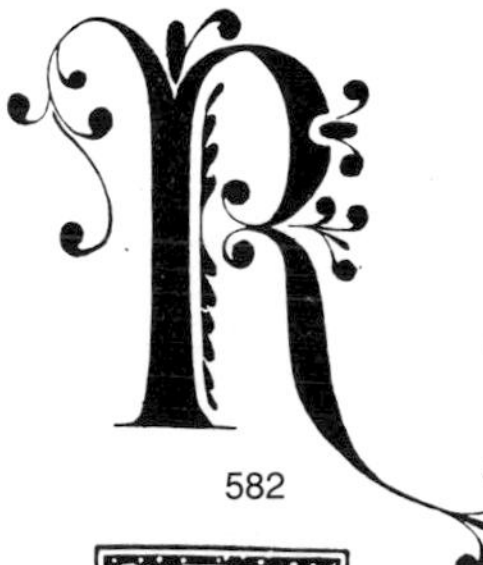

582

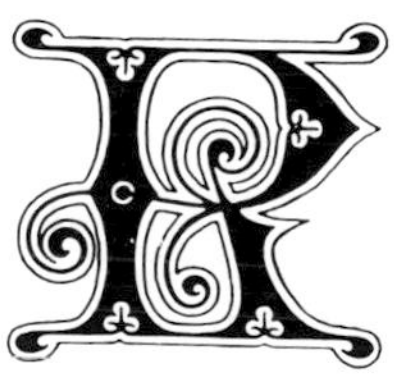

584

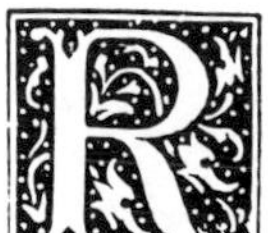

583

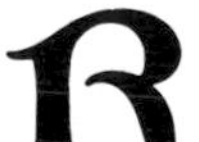

585

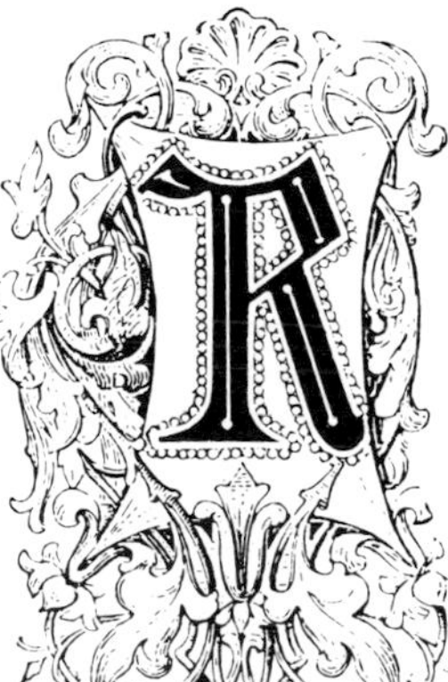

586

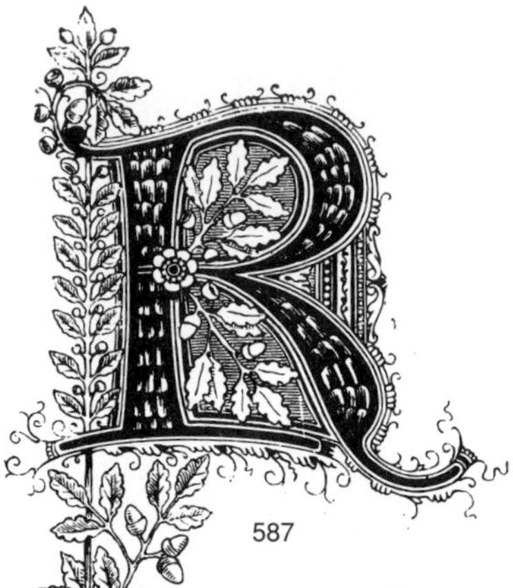
587

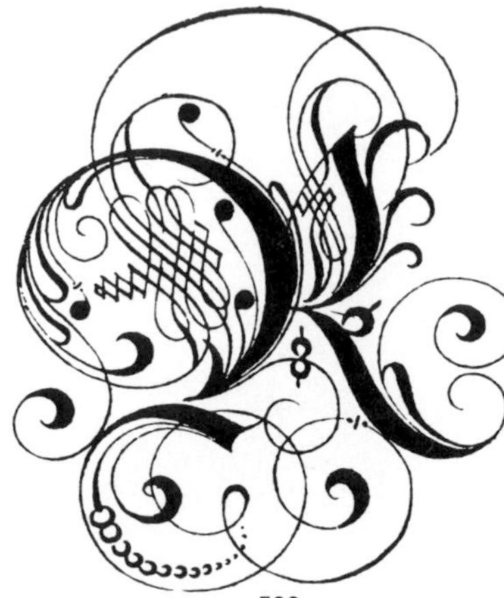
588

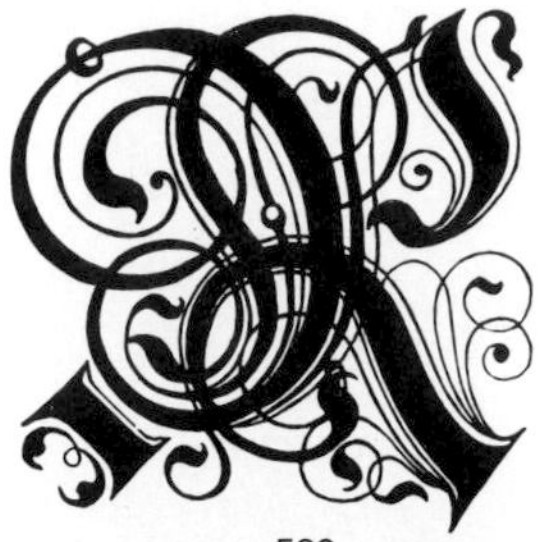
589

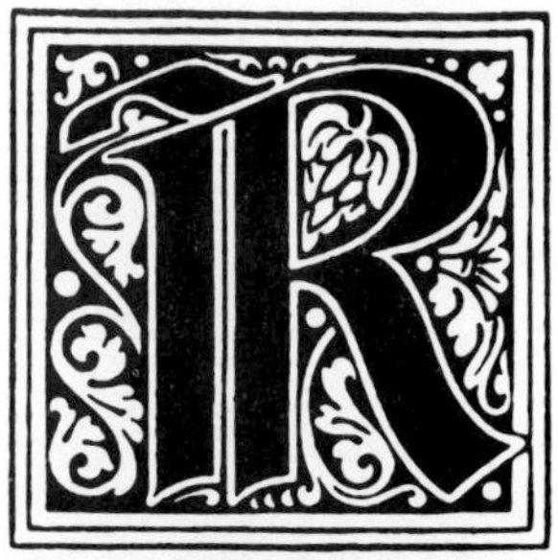
590

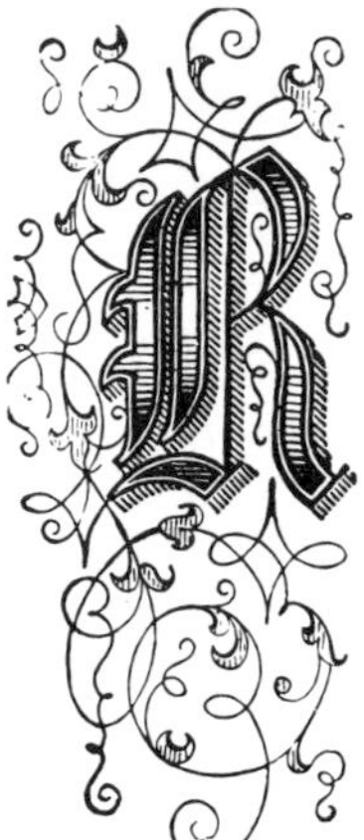
591

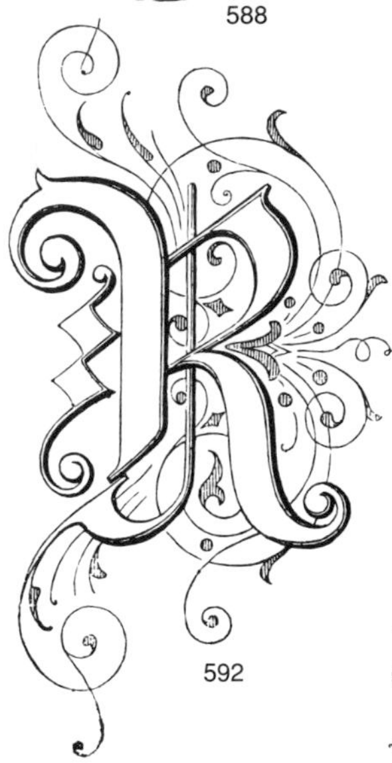
592

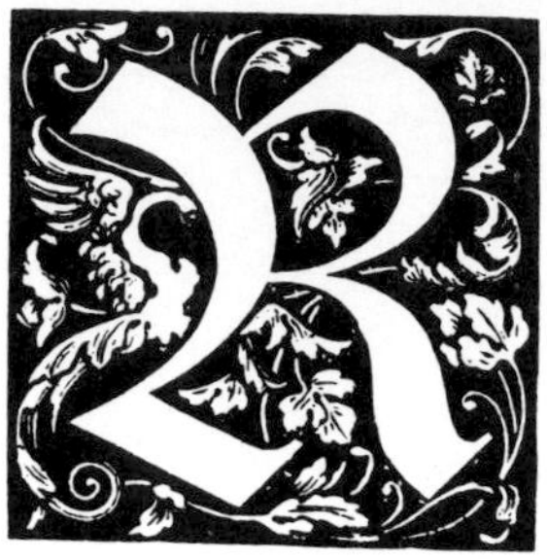
593

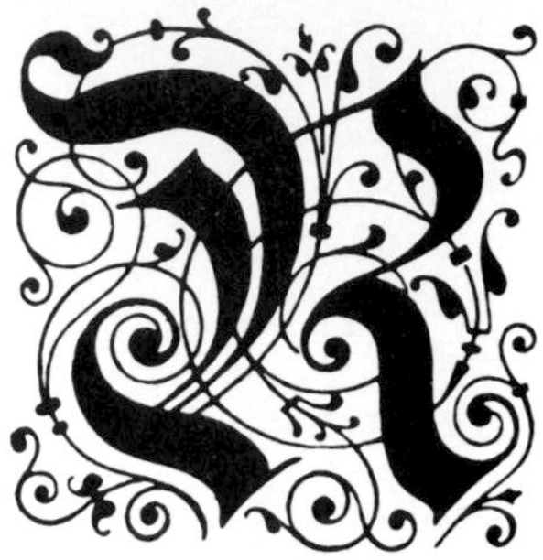
594

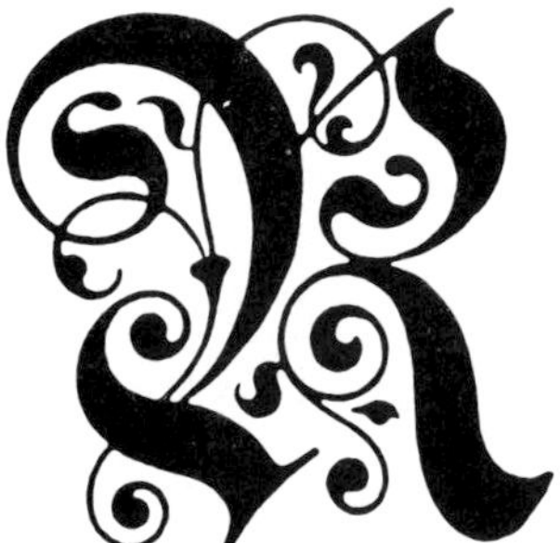
595

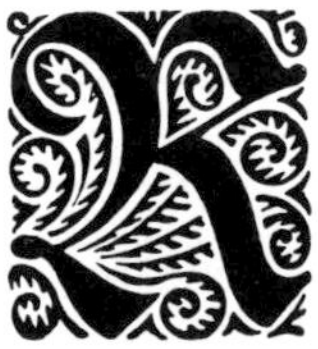
596

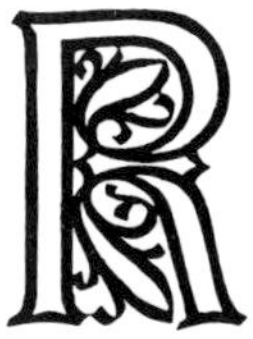
597

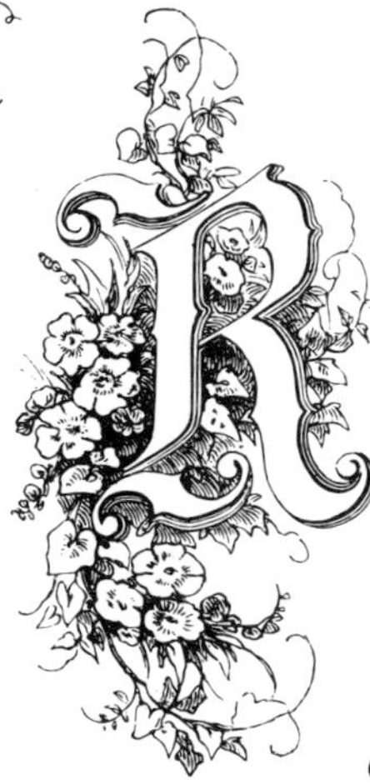
598

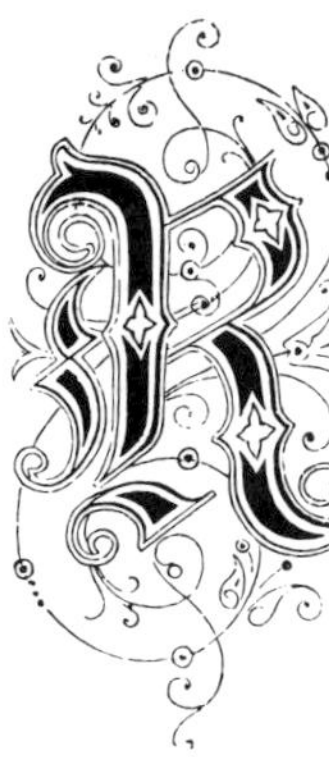
599

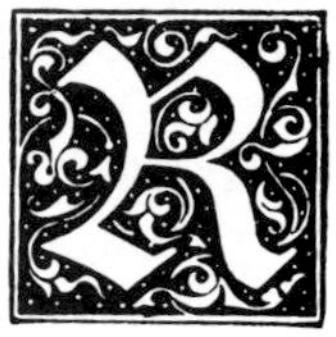
600

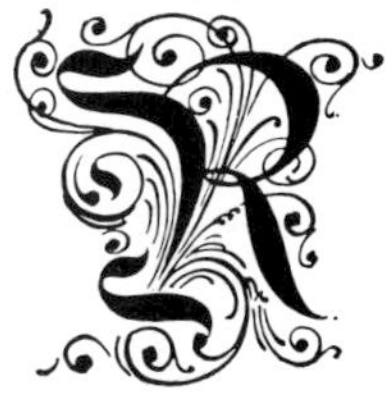
601

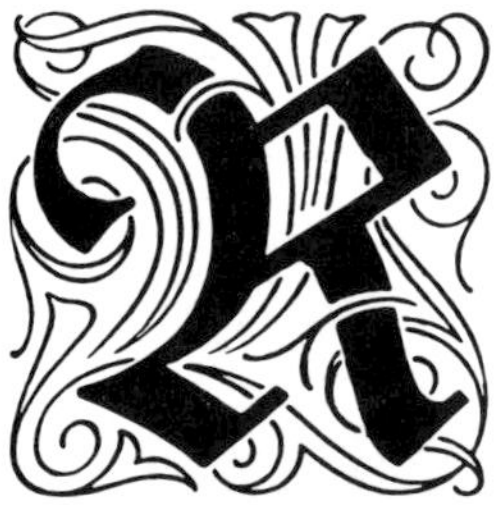
602

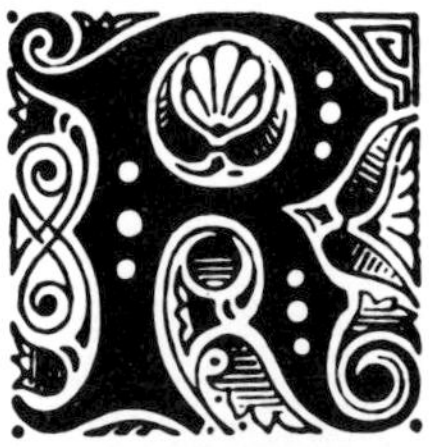
603

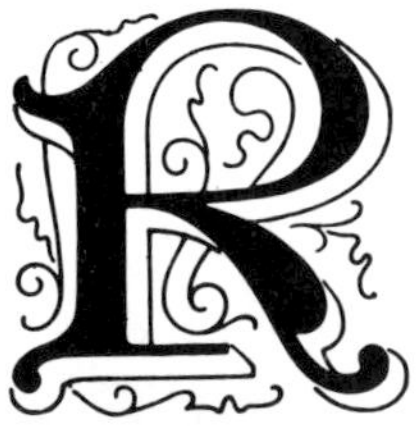
604

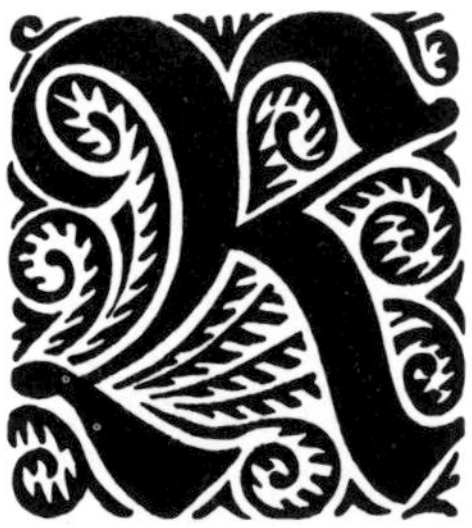
605

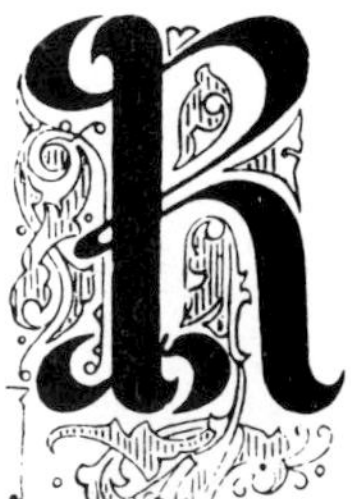
606

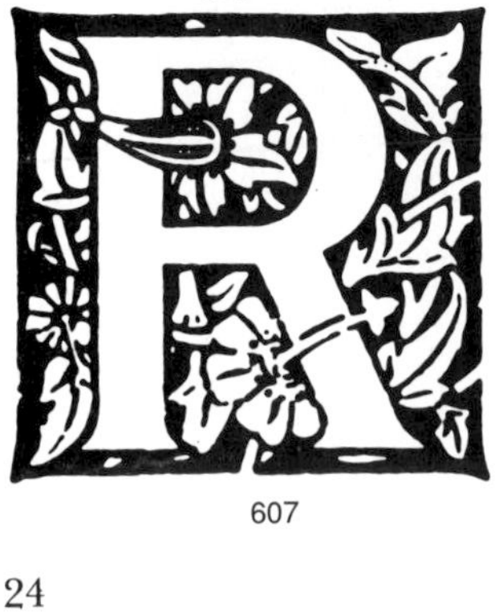
607

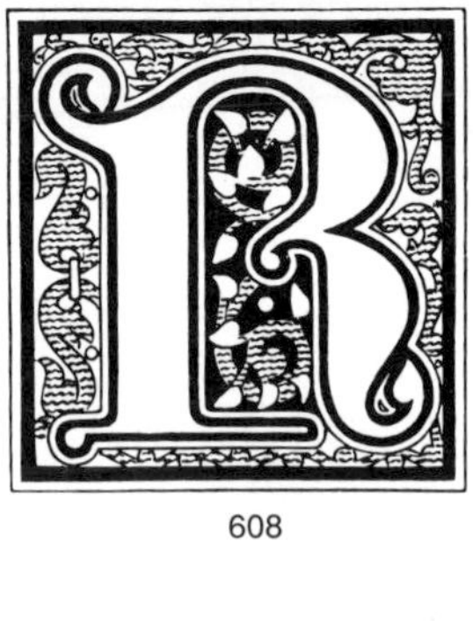
608

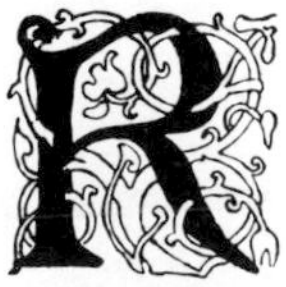
609

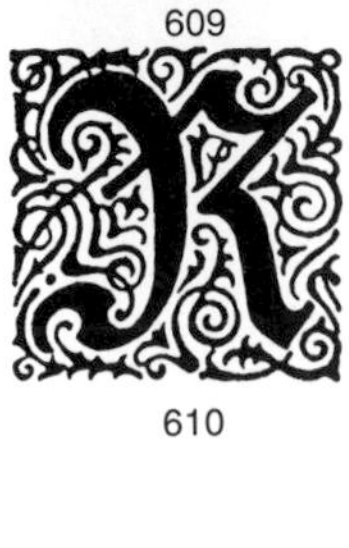
610

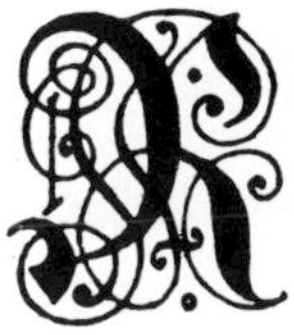
611

612

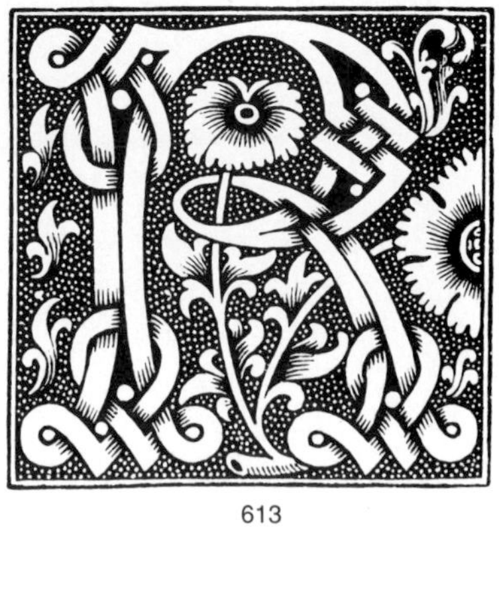
613

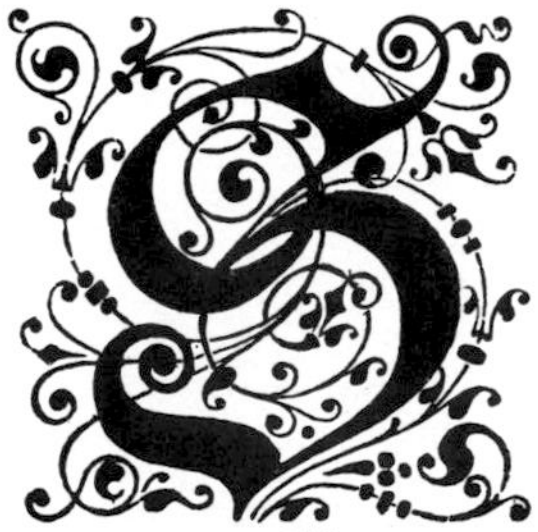
614
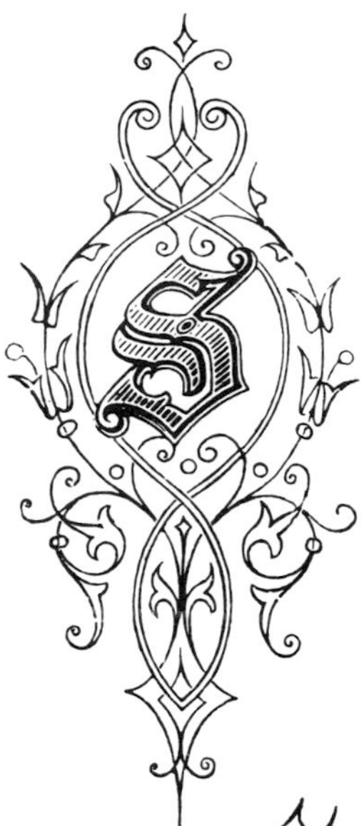
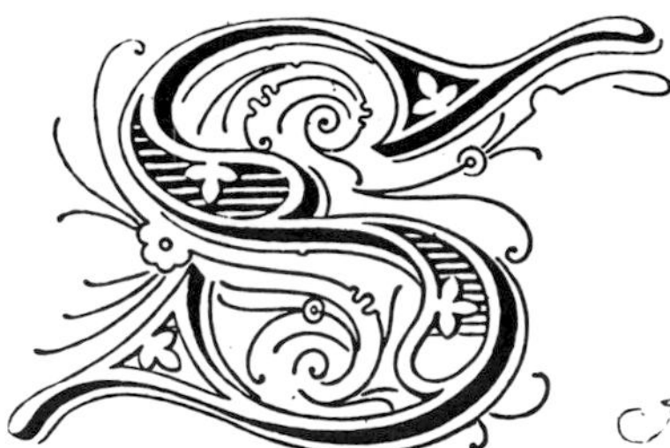
617
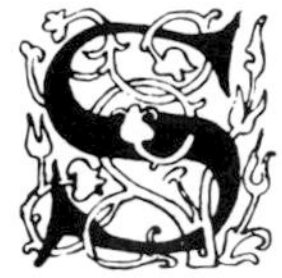
618
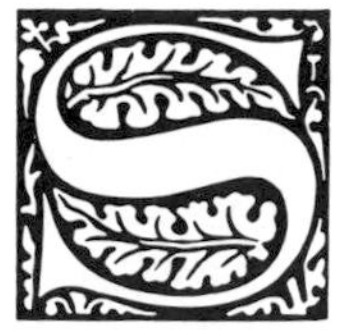
620
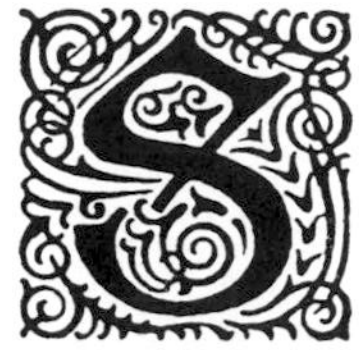
621
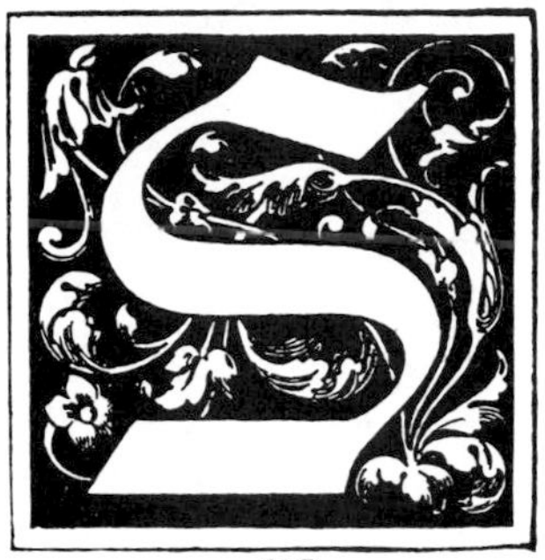
615
616

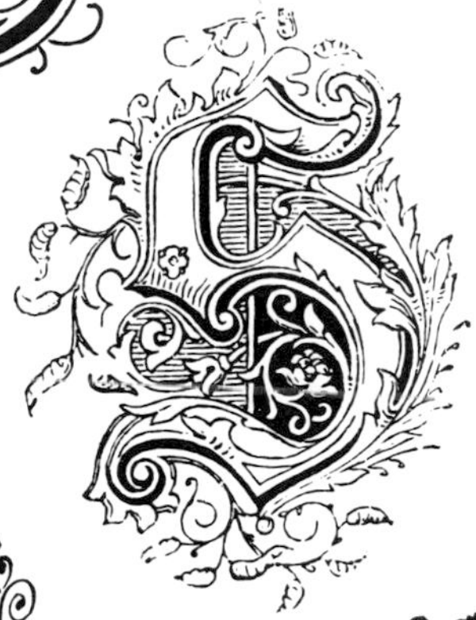
619
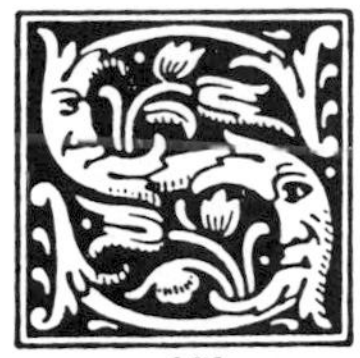
622
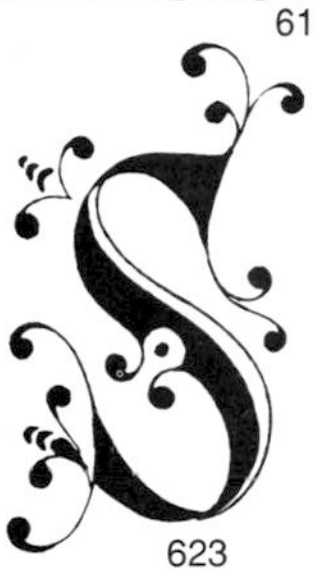
623
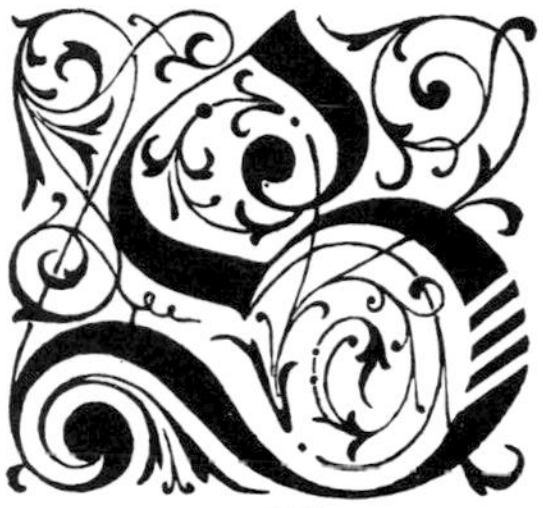
624

625
626
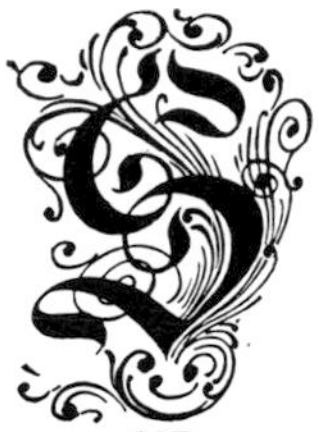
627
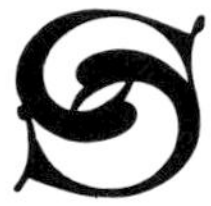
628

629
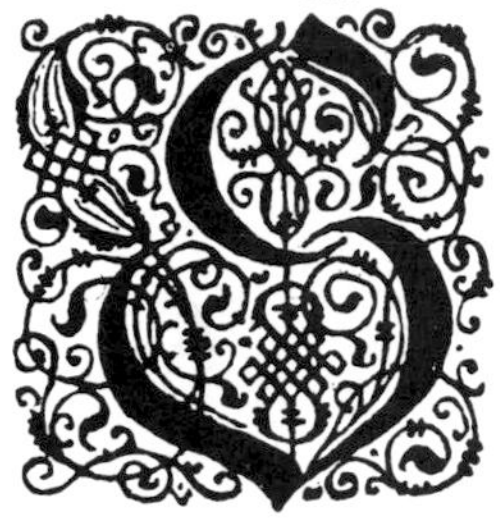
630
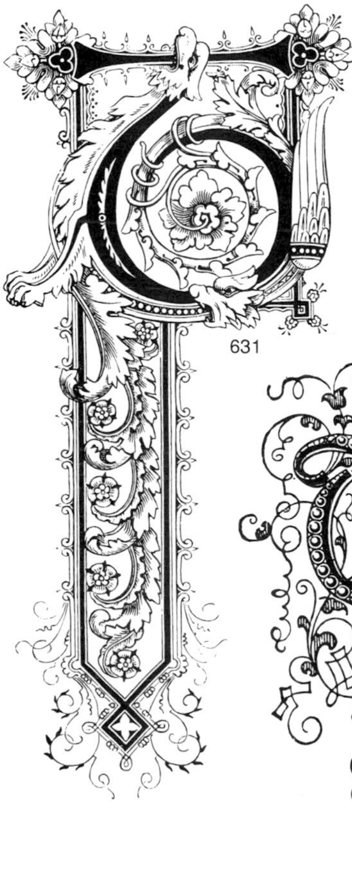
631
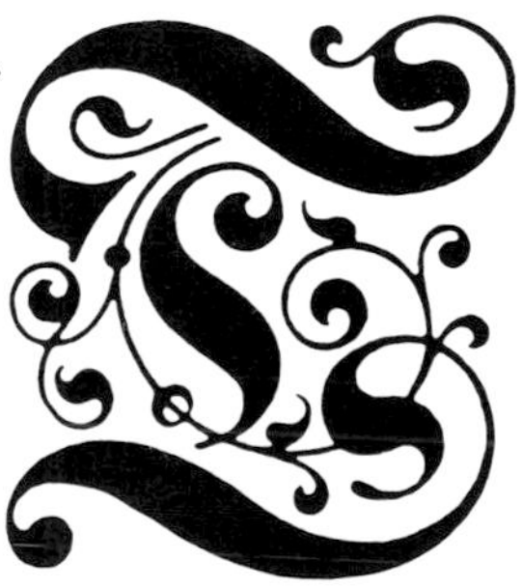
632
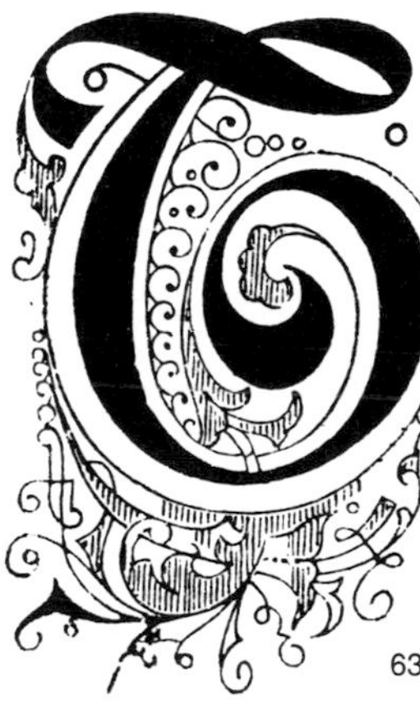
633
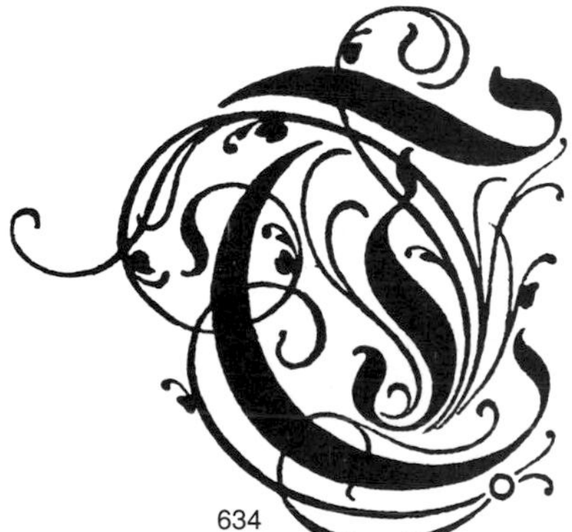
634
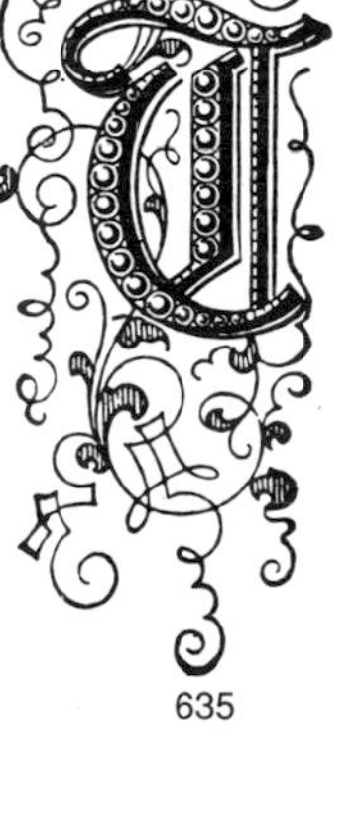
635

636

637
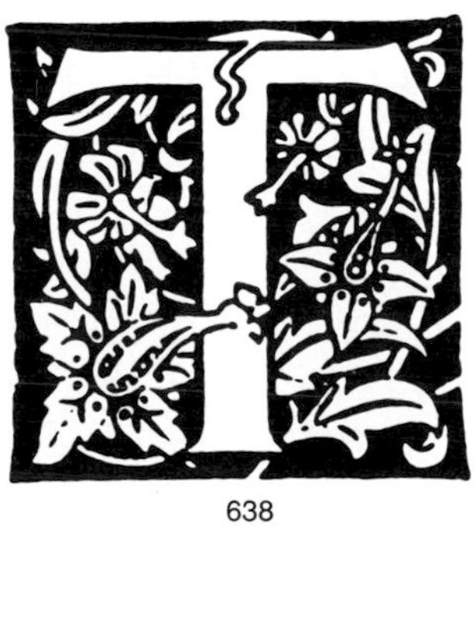
638

639

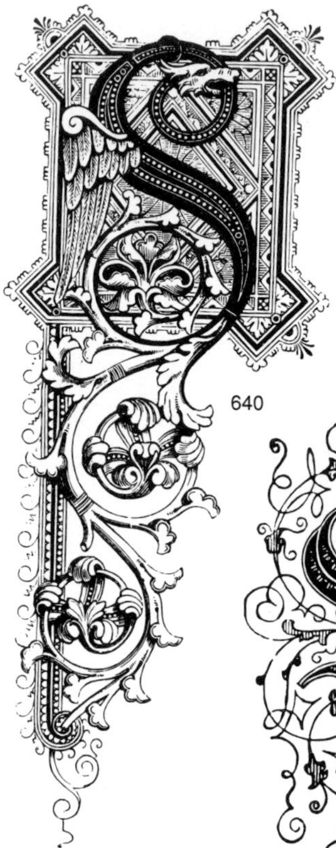
640
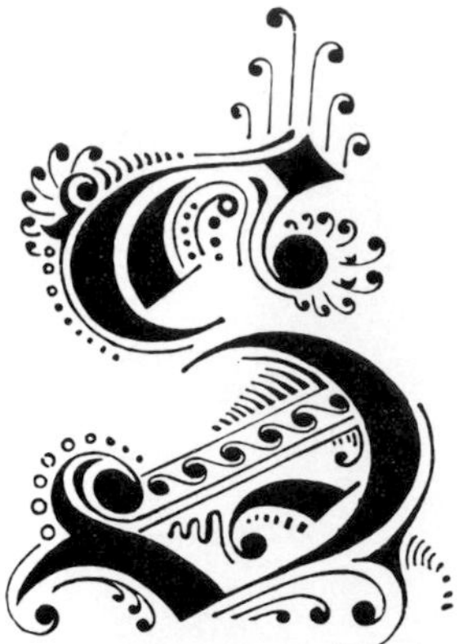
641
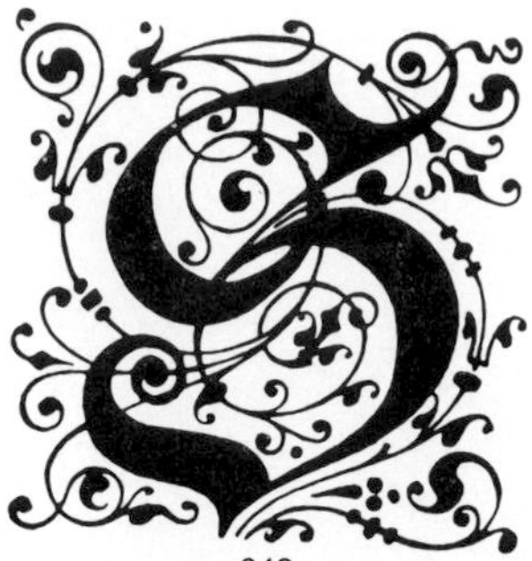
642
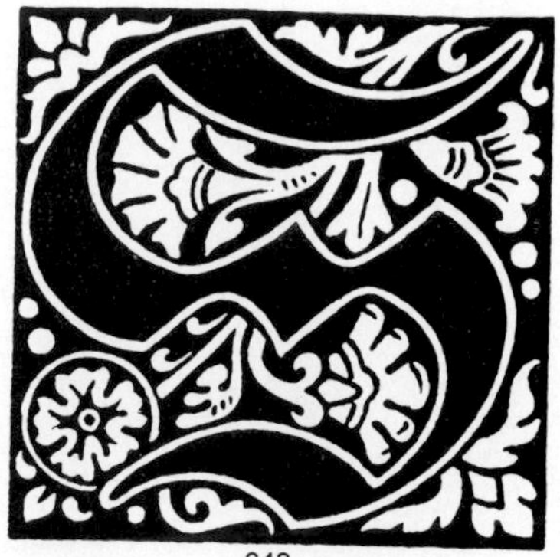
643
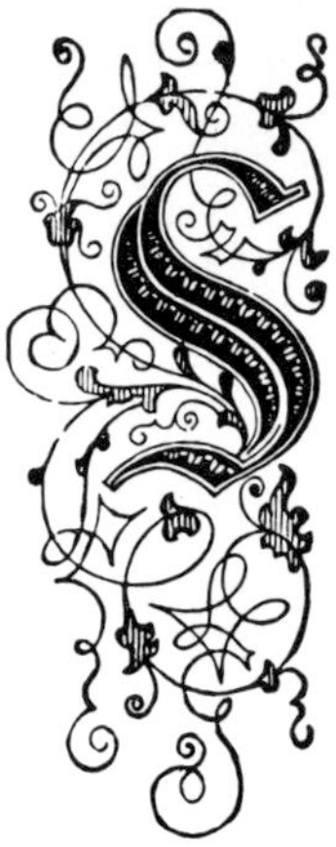
644
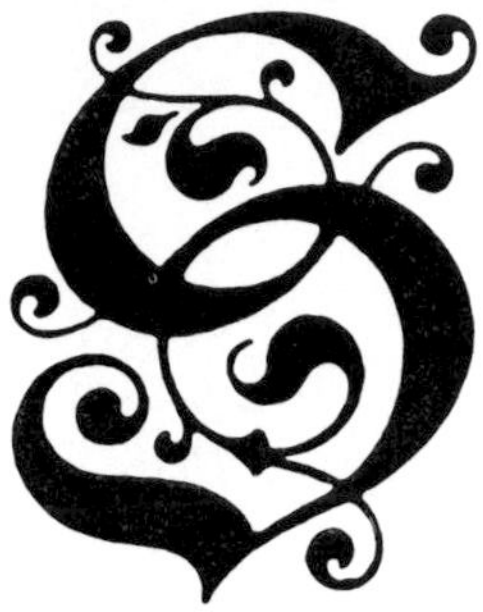
645
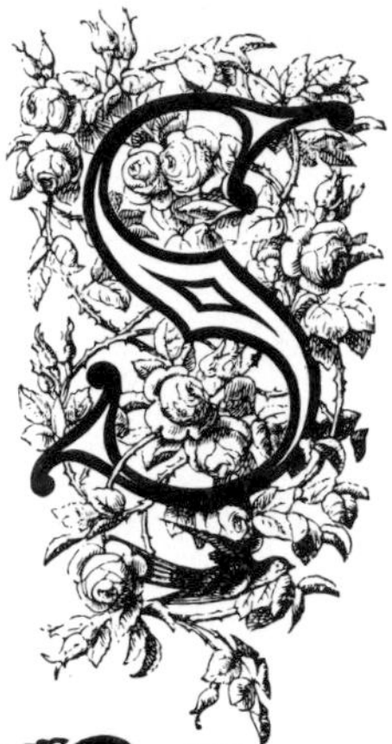
646
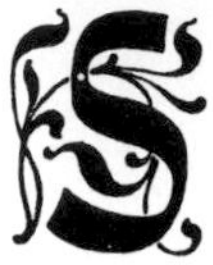
647
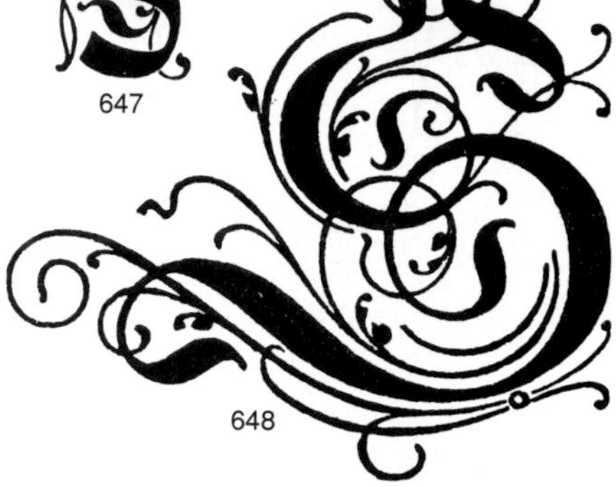
648
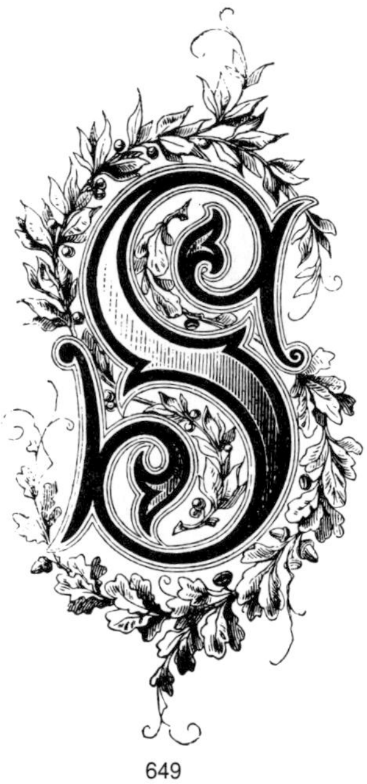
649
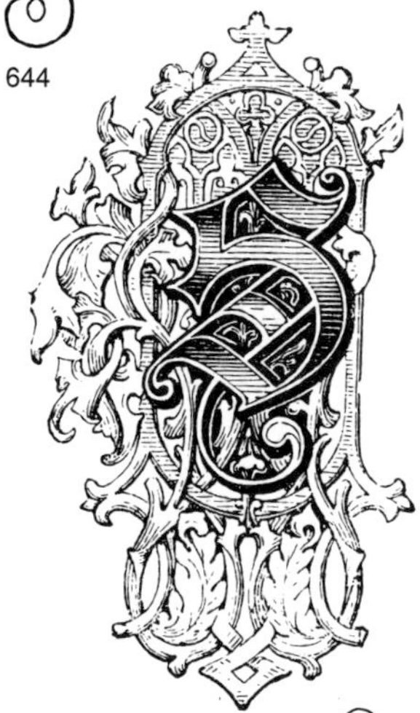
650
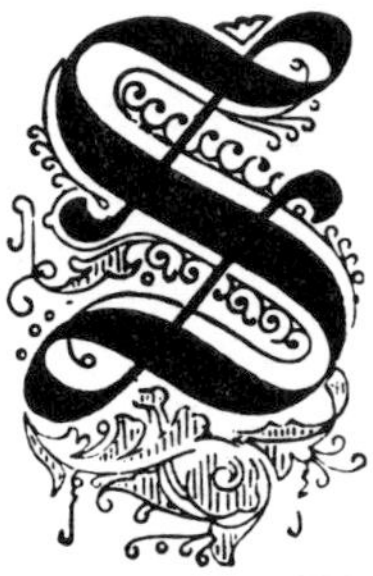
651
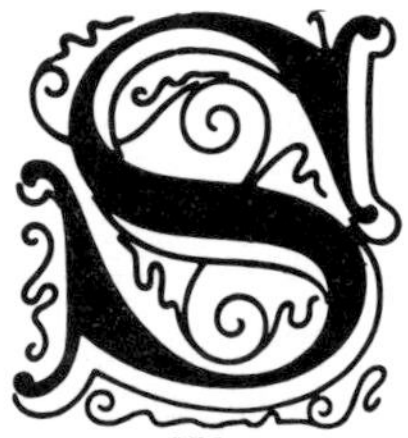
652
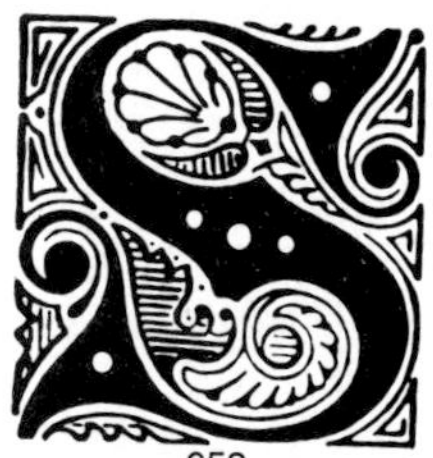
653

656
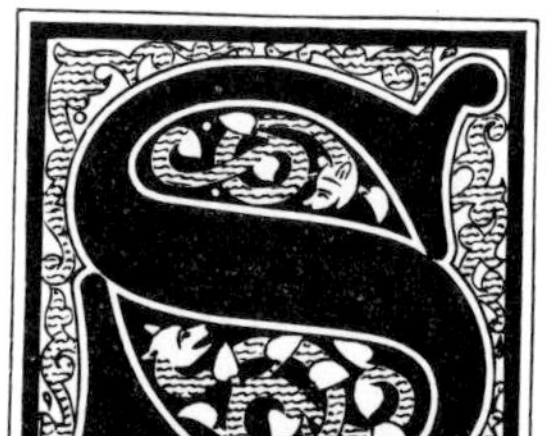
657
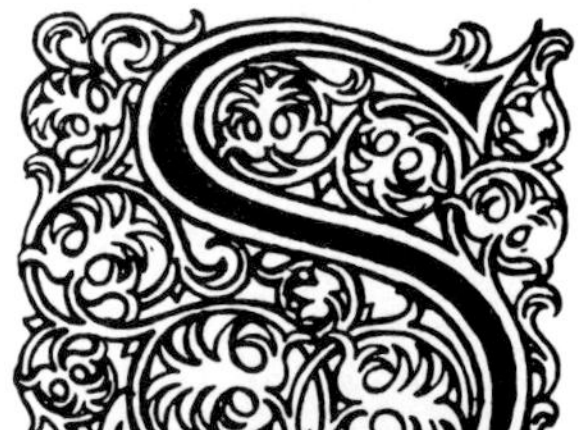
658
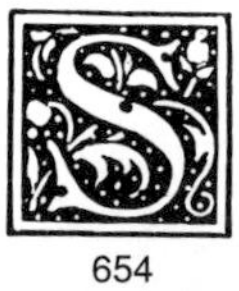
654

655
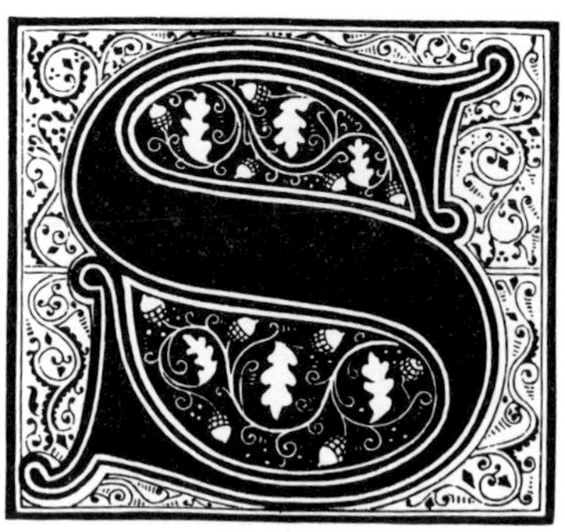
659
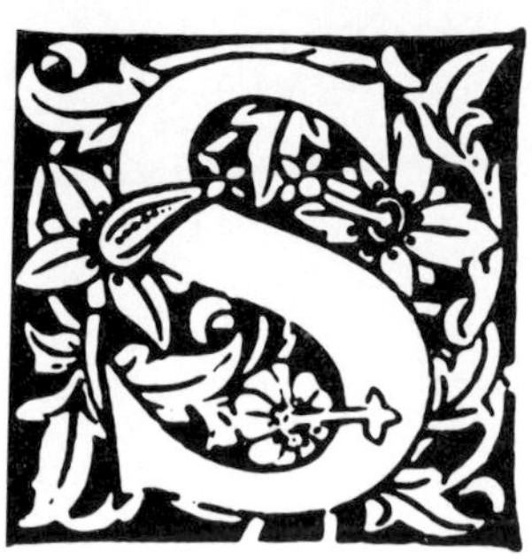
660
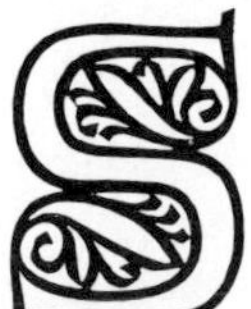
661
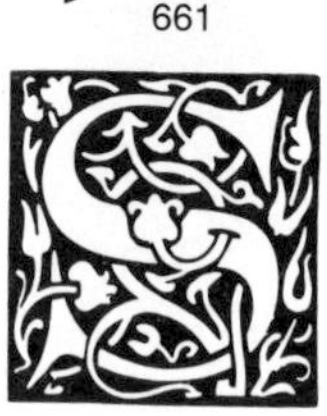
662

663

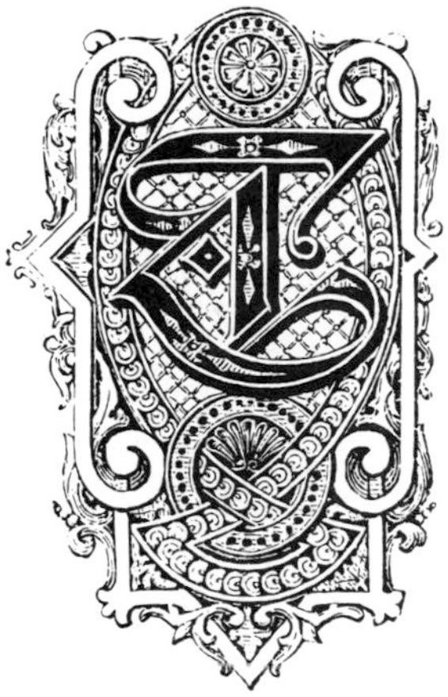
664

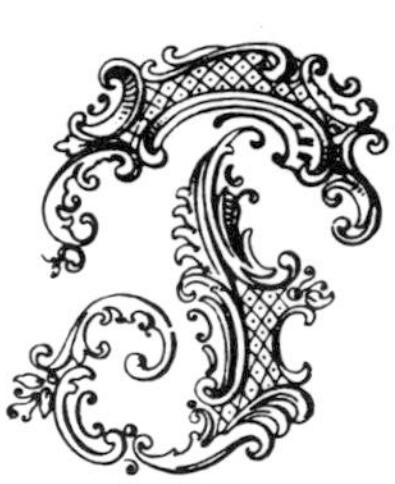
665

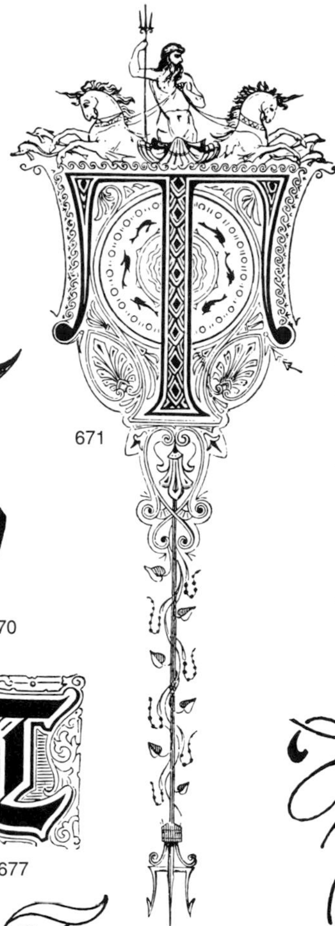
671

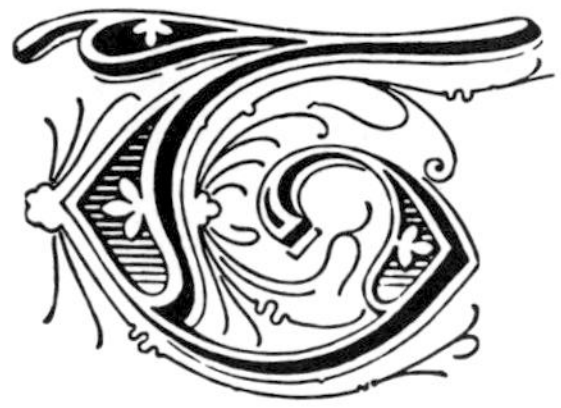
666

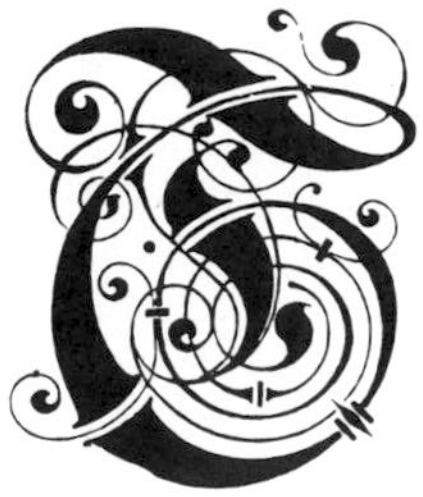
667

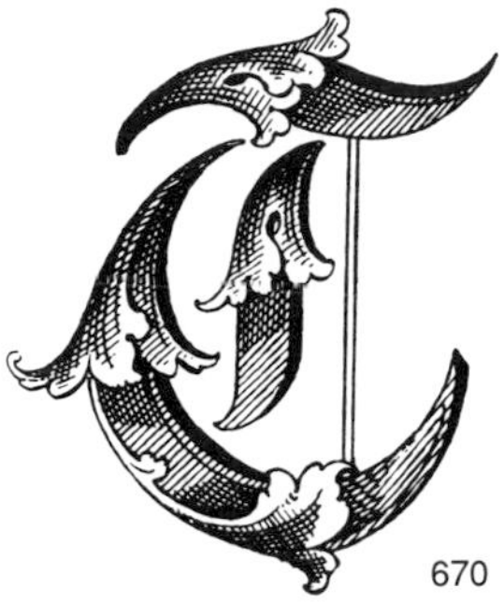
670

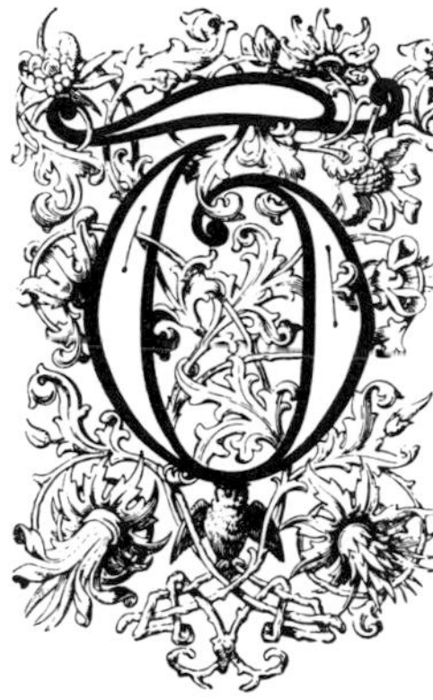
672

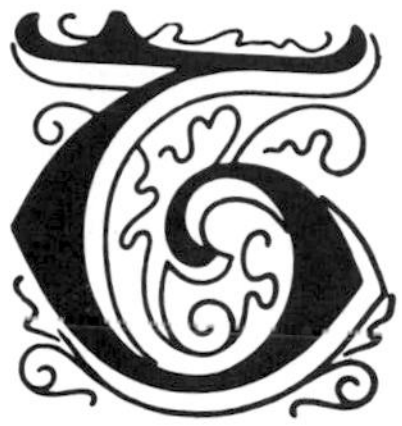
674

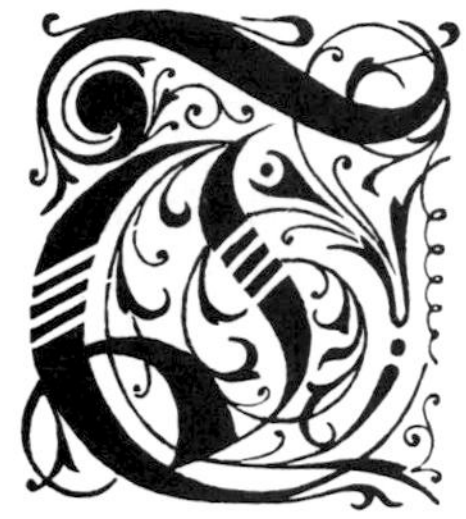
668

669

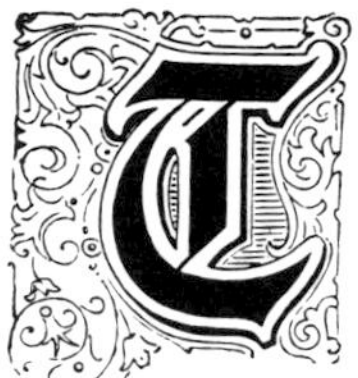
677

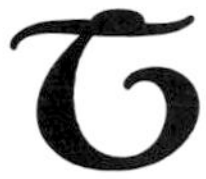
673

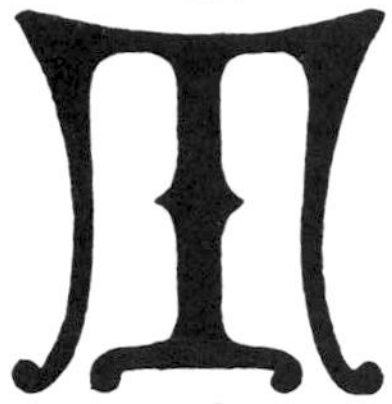
675

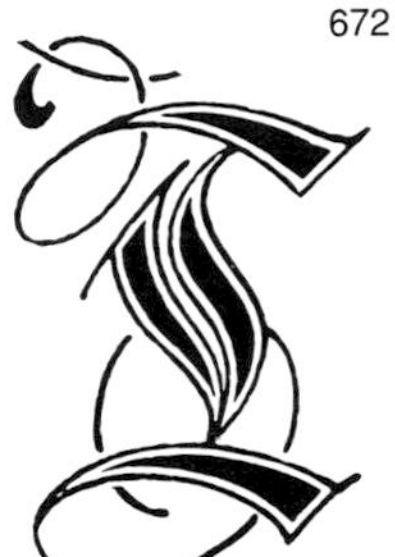
680

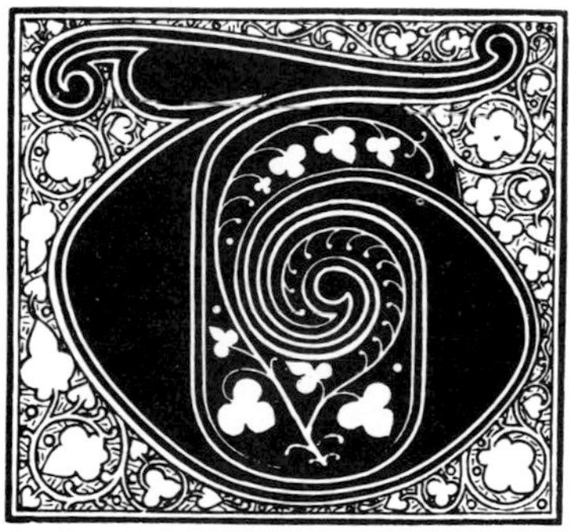
676

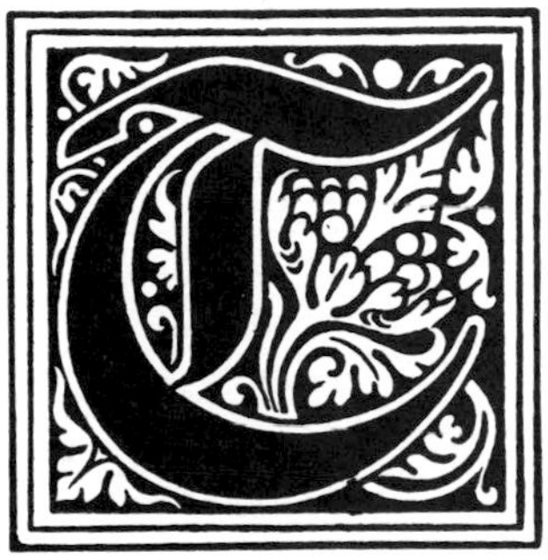
682

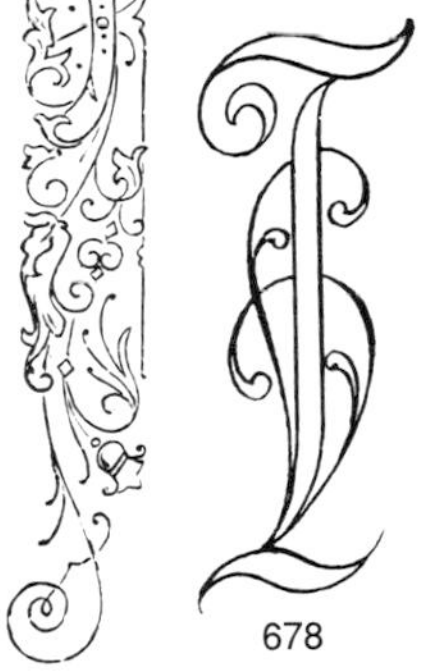
678

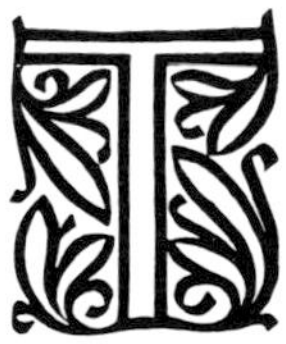
679

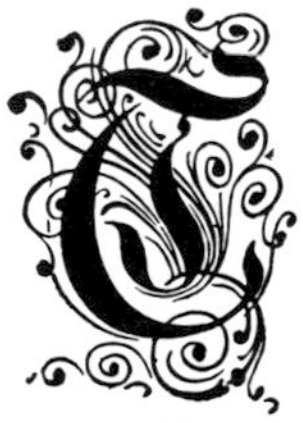
681

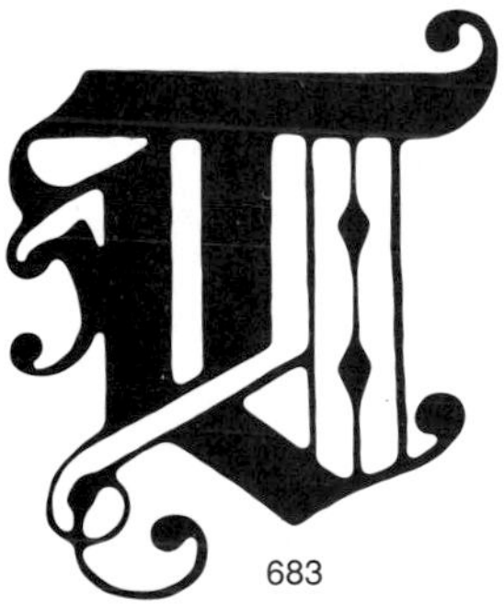
683

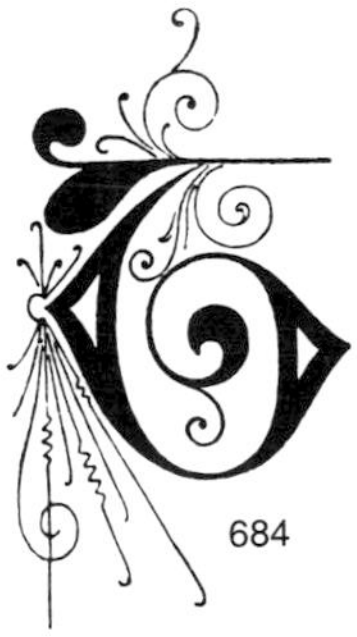
684

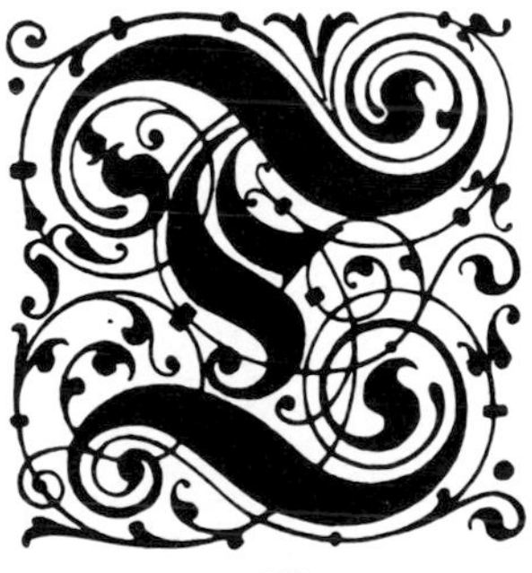
685

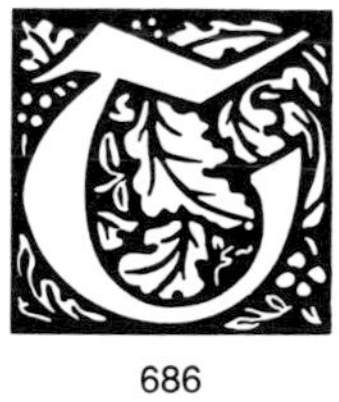
686

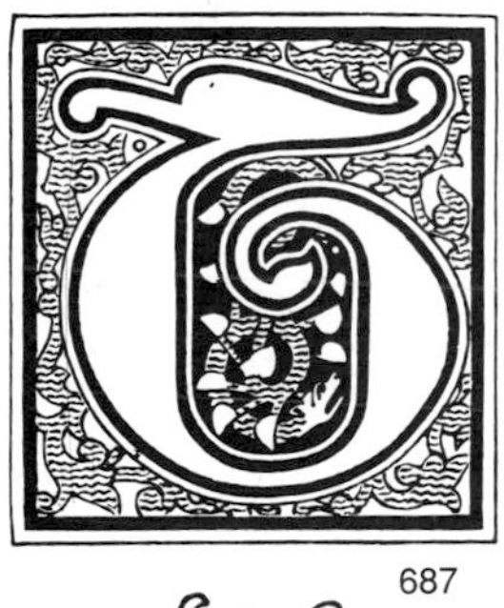
687

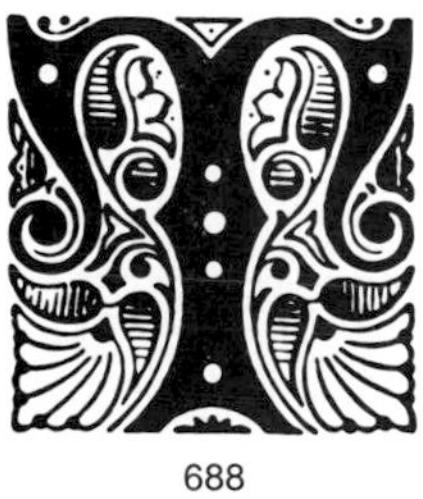
688

689

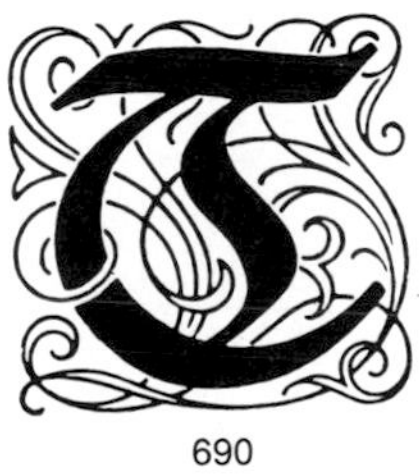
690

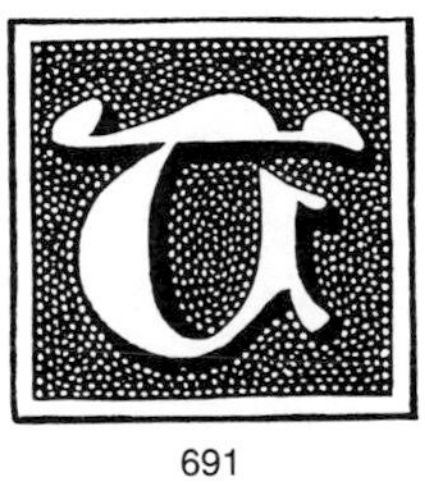
691

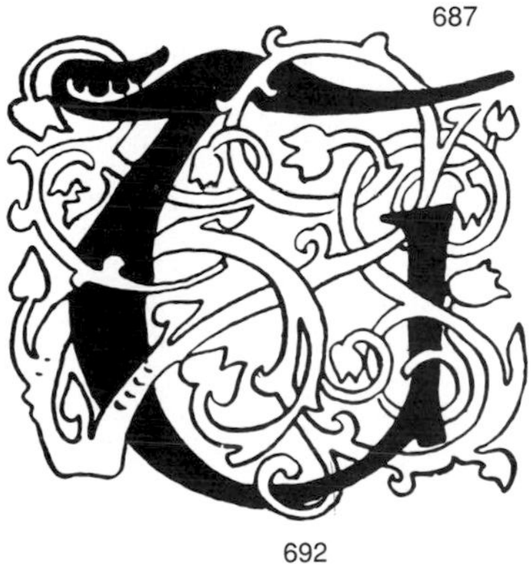
692

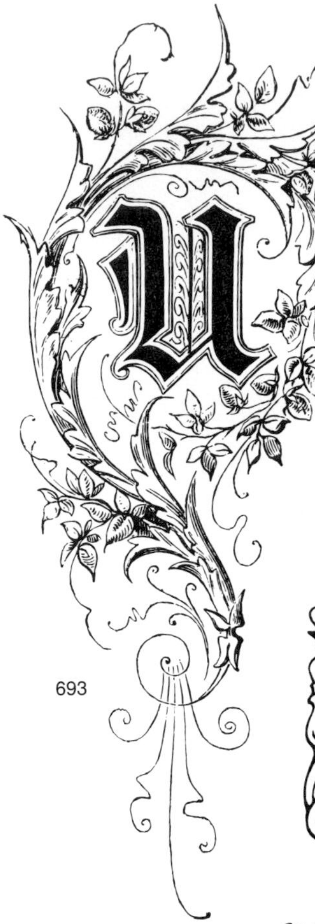

693

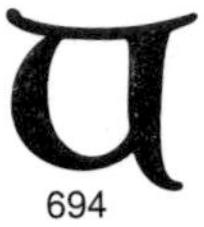

694

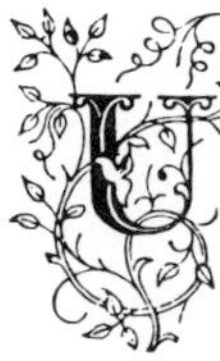

695

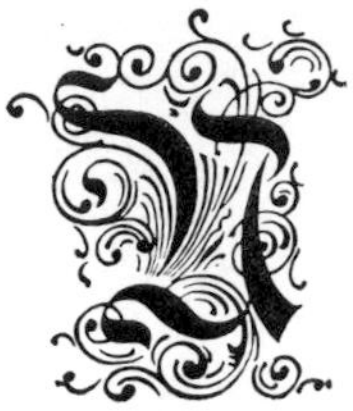

696

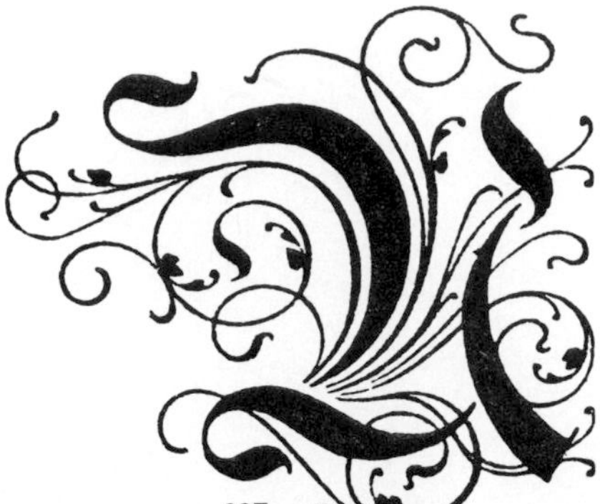

697

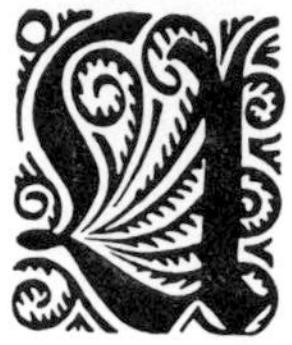

698

699

700

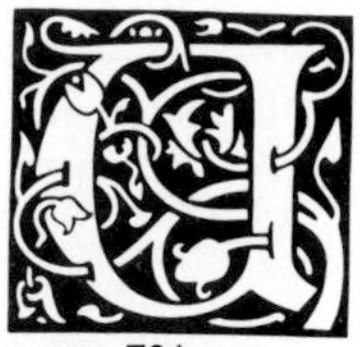

701

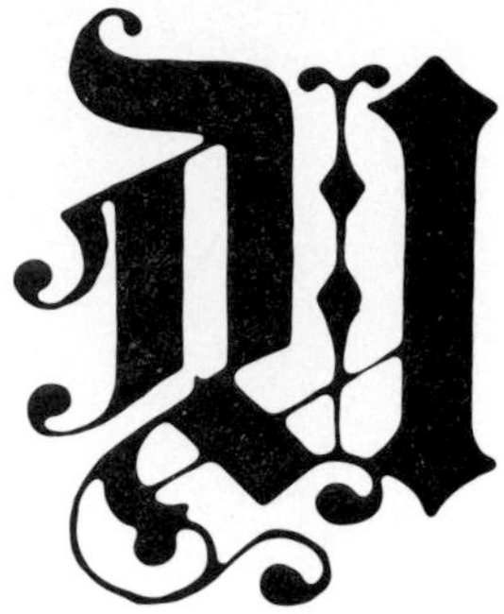

702

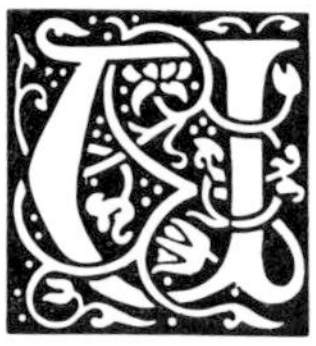

703

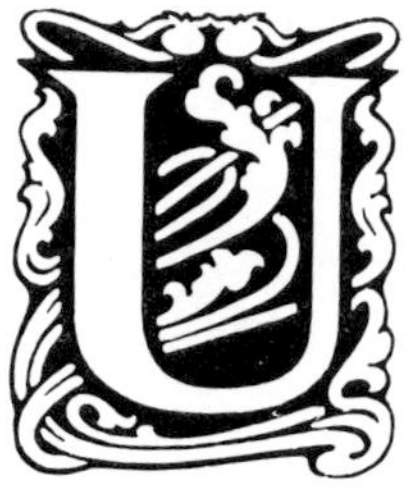

704

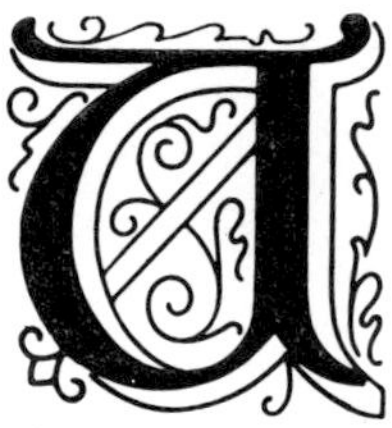

705

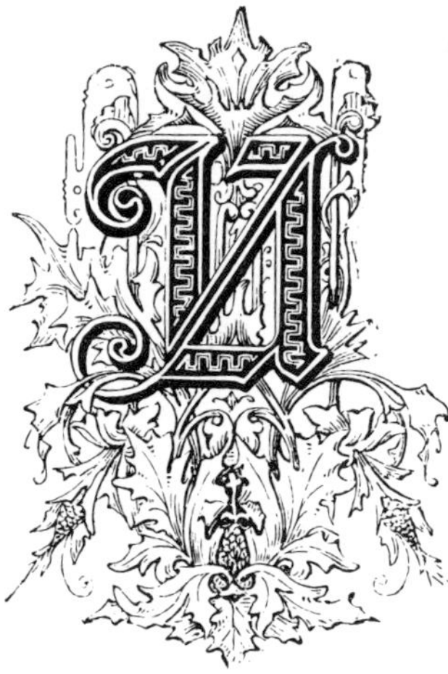

706

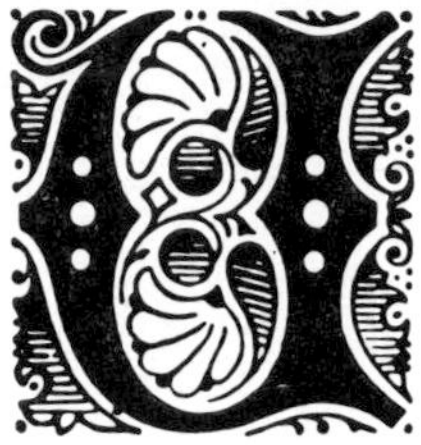

707

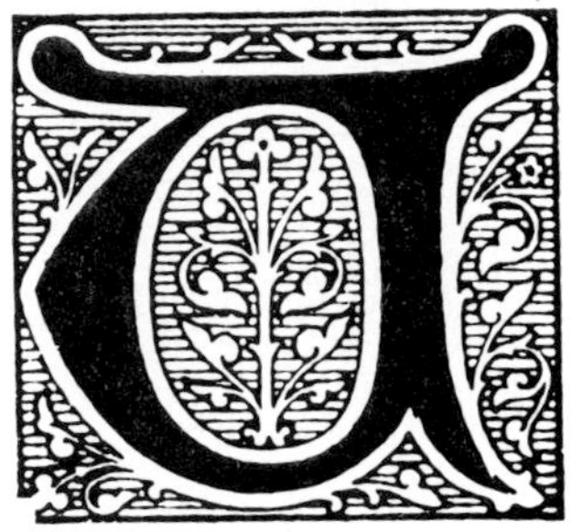

708

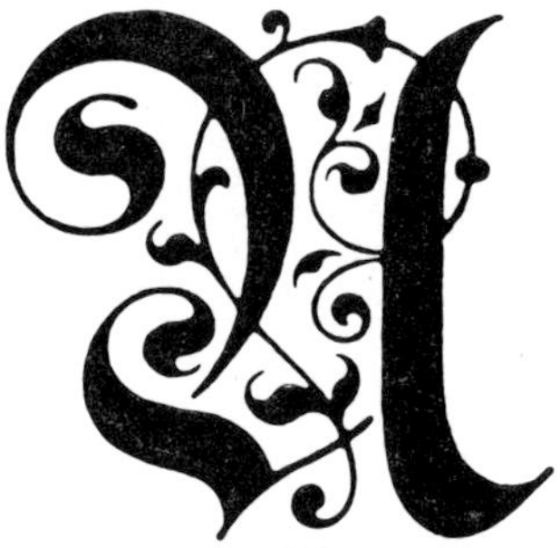

709

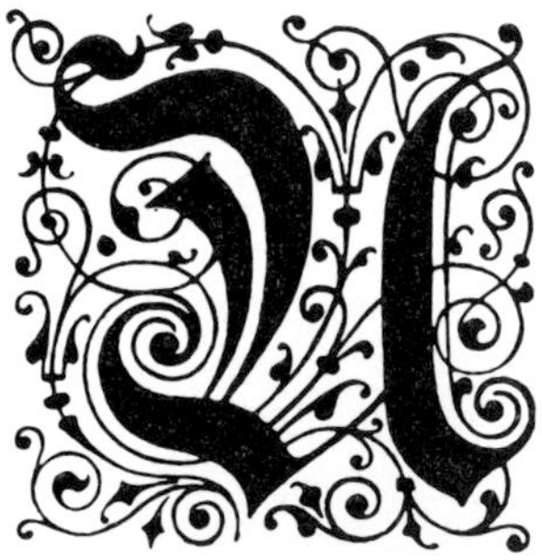

710

711

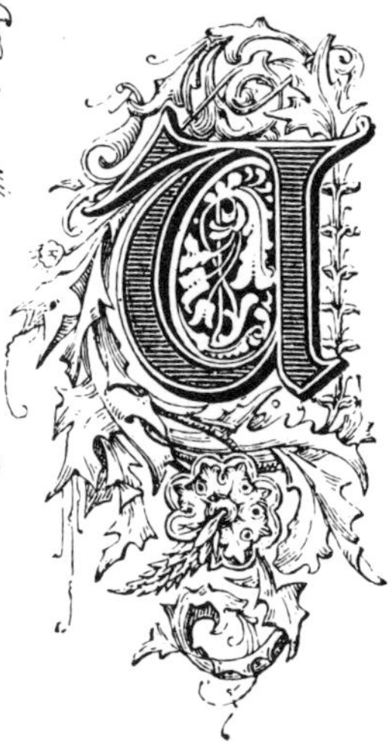

712

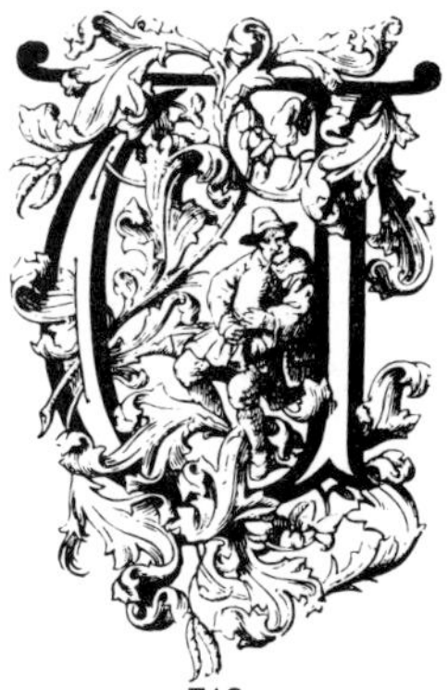

713

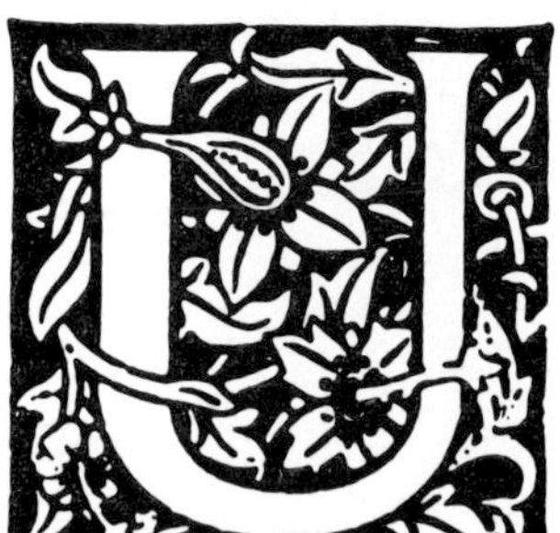

714

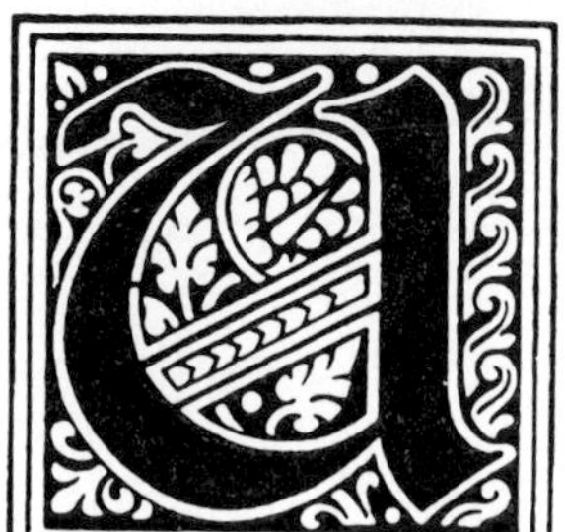

715

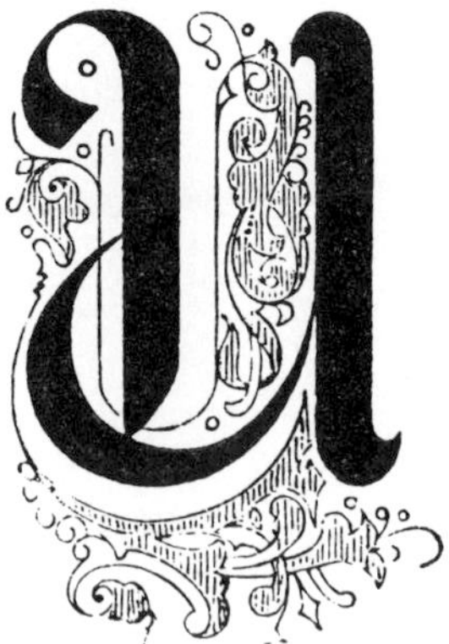

716

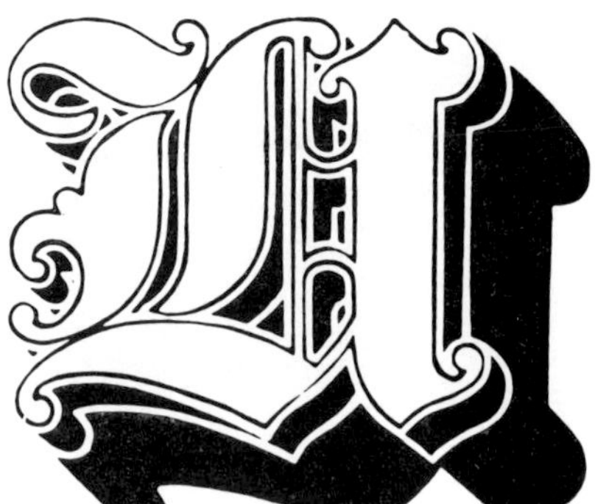

717

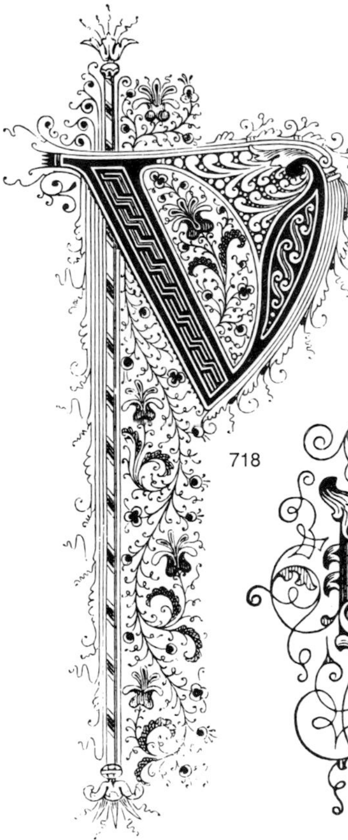
718

719

720

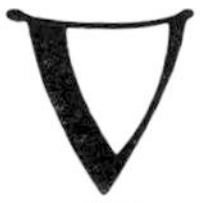
721

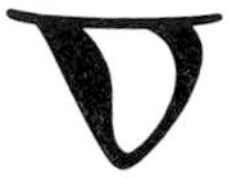
722

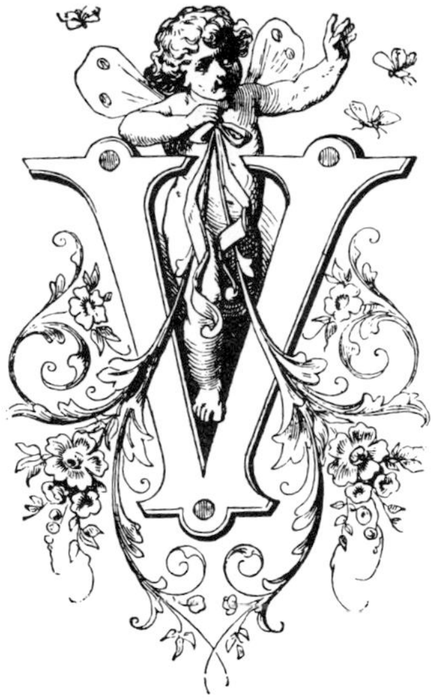
723

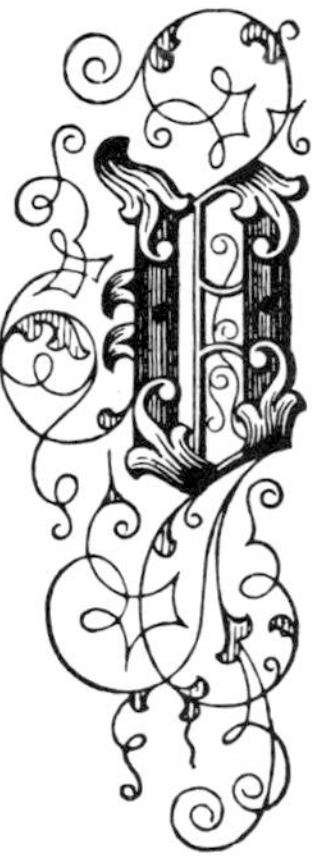
724

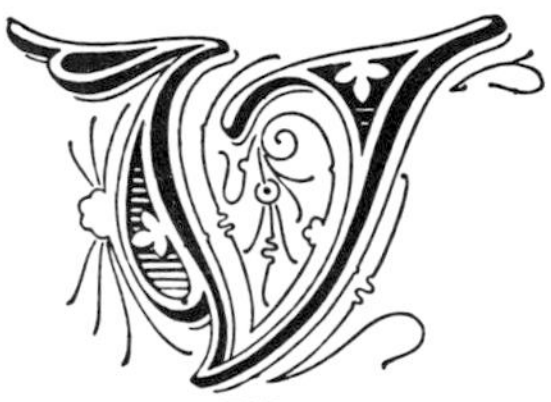
725

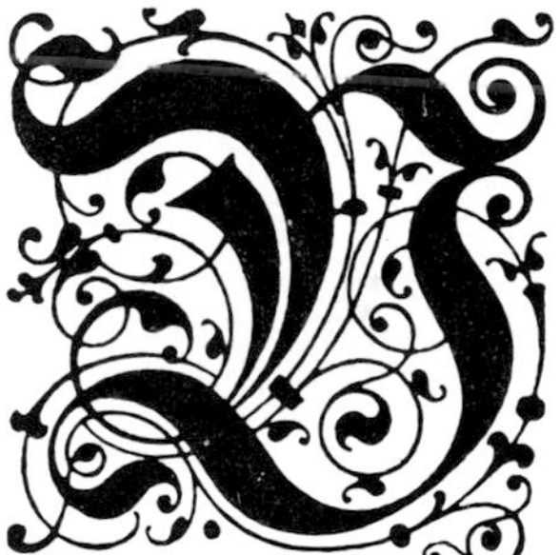
726

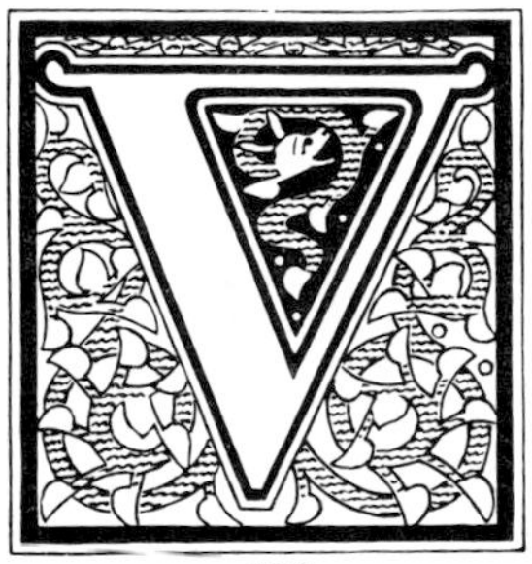
727

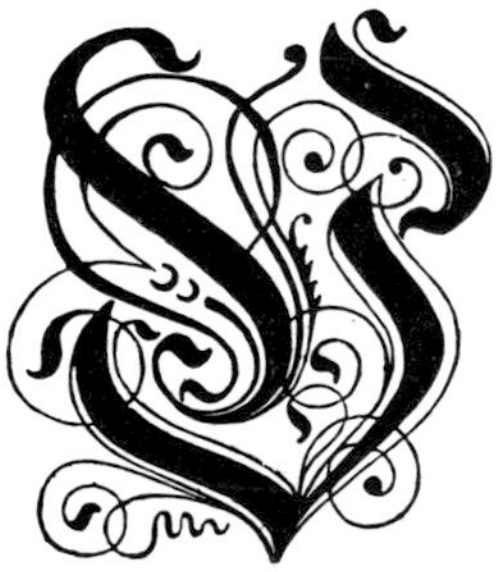
728

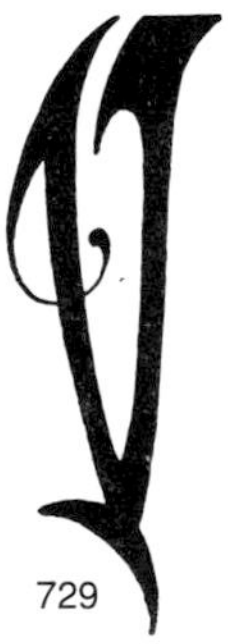
729

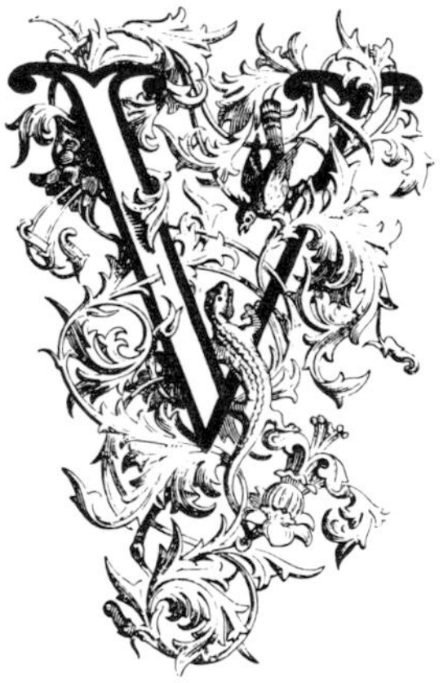
730

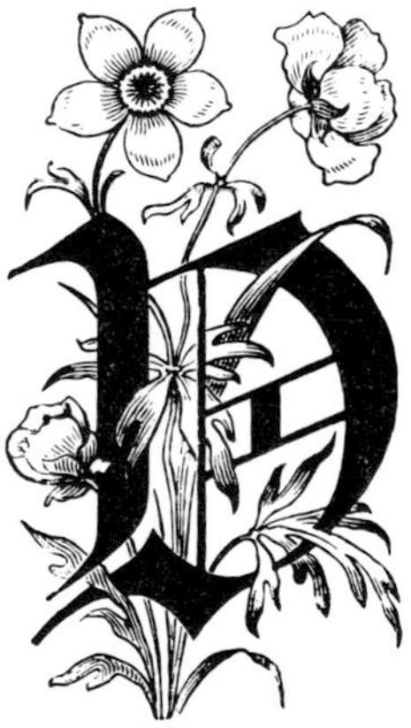
731

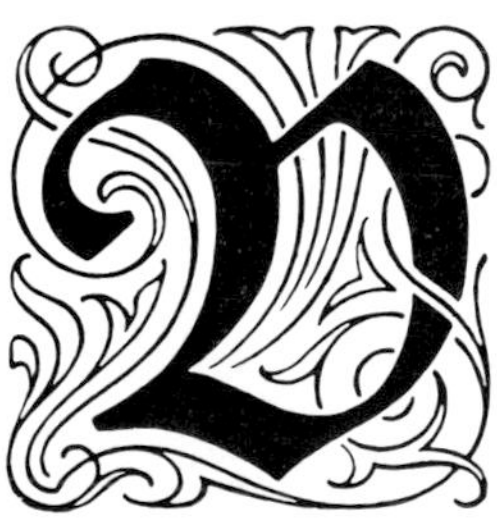
732

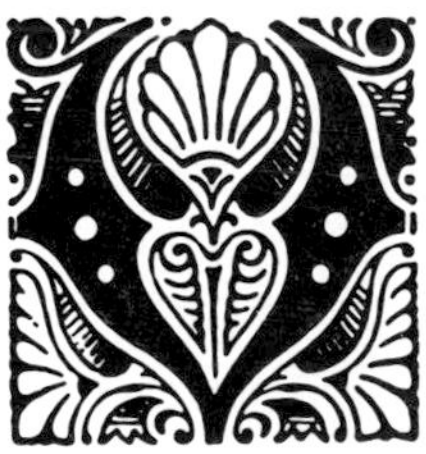
733

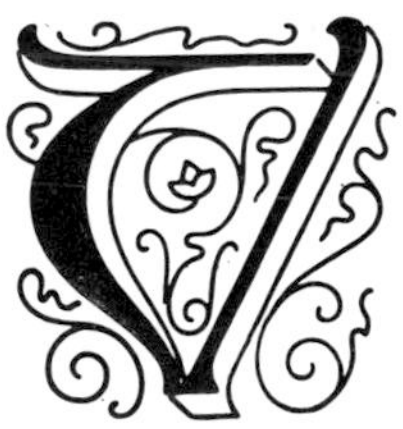
734

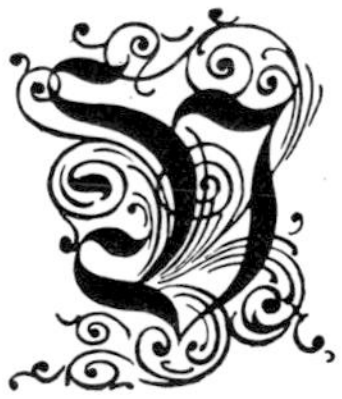
735

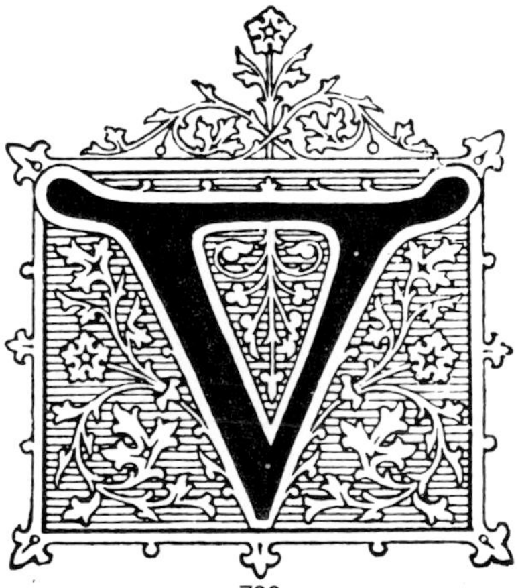
736

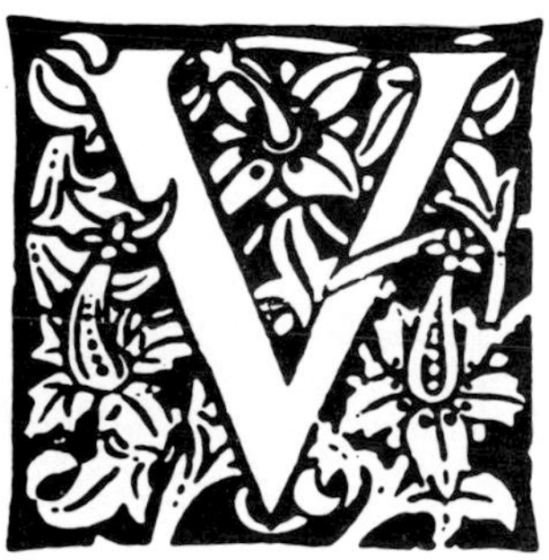
737

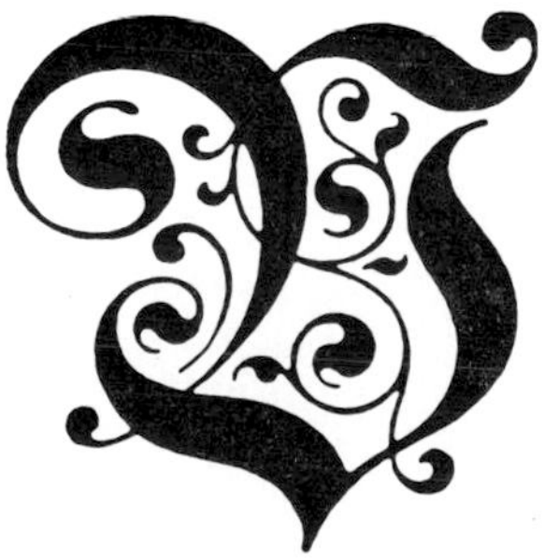
738

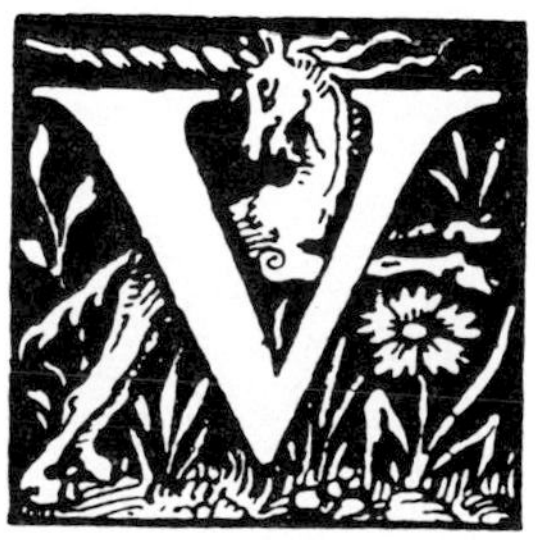
739

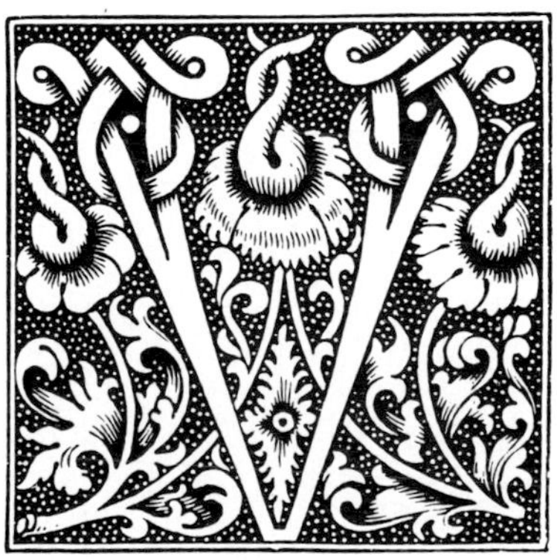
740

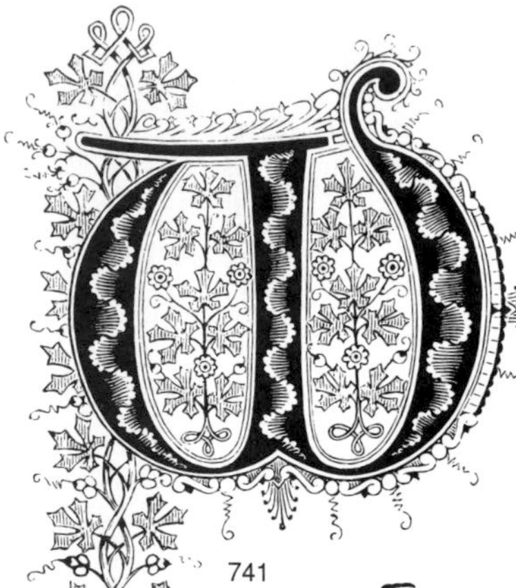

741

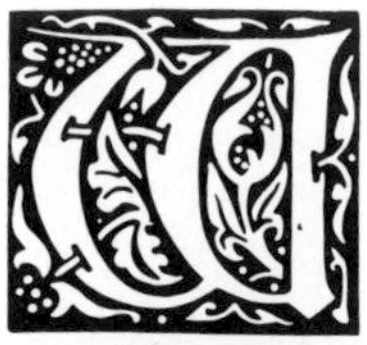

742

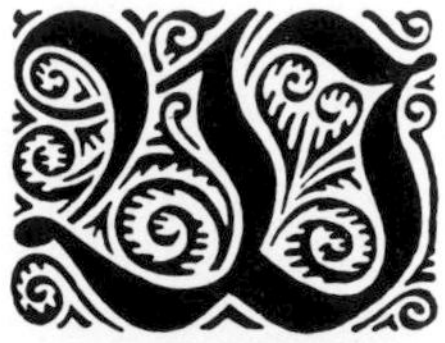

743

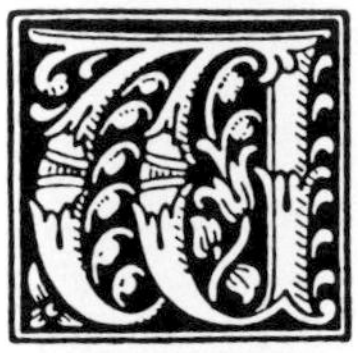

744

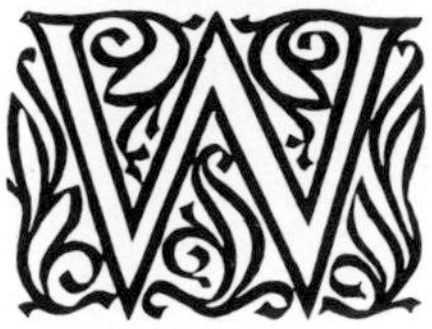

745

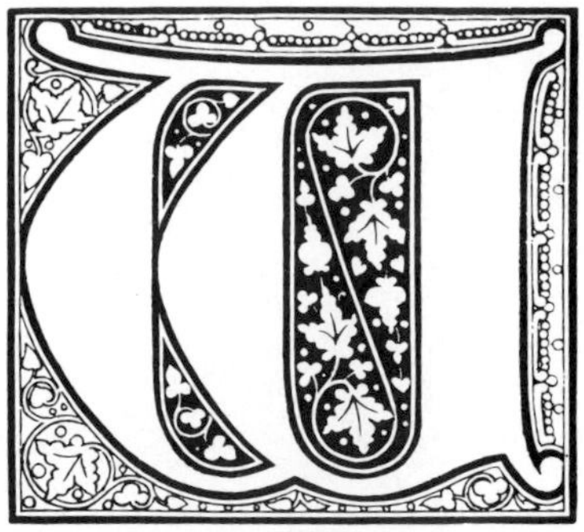

746

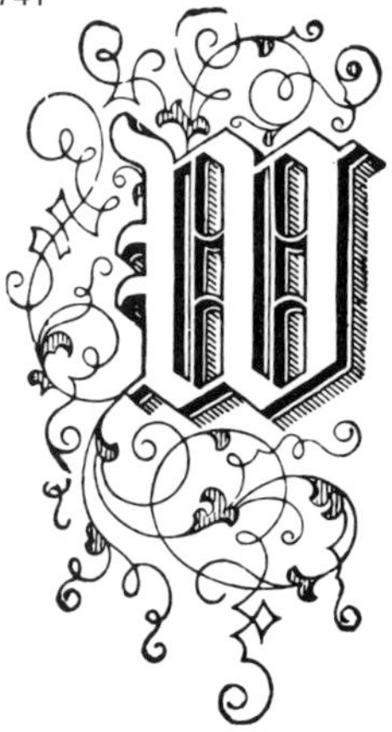

747

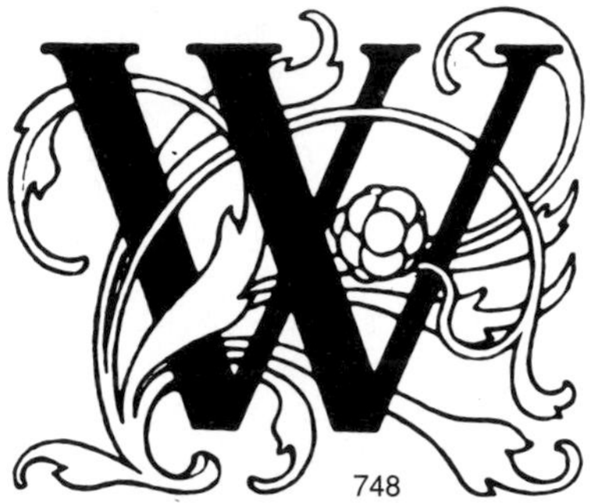

748

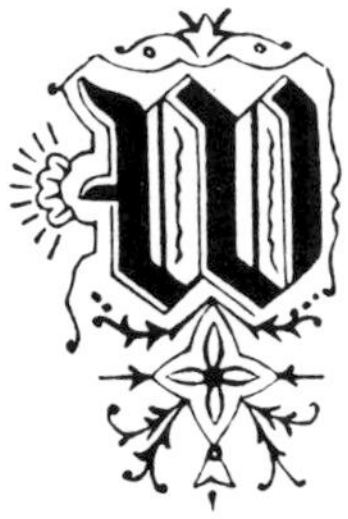

749

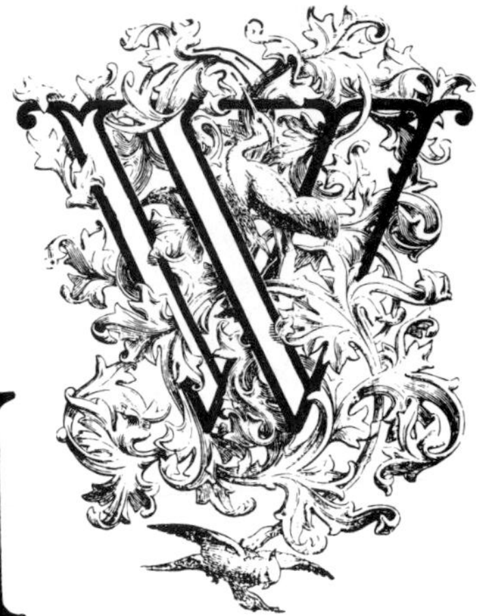

750

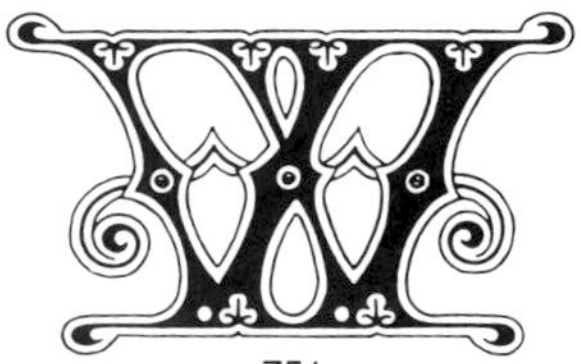

751

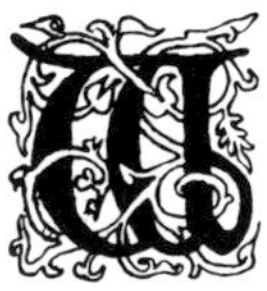

752

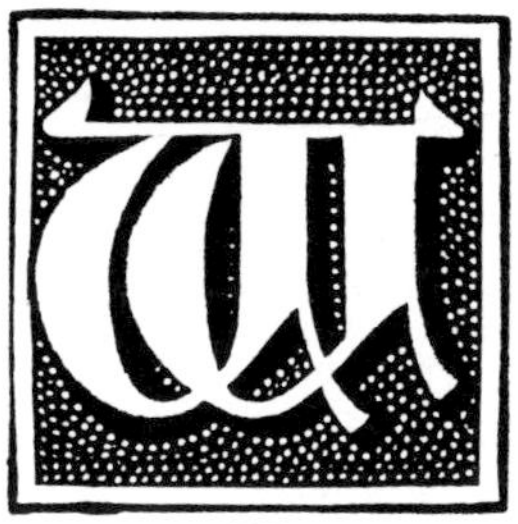

753

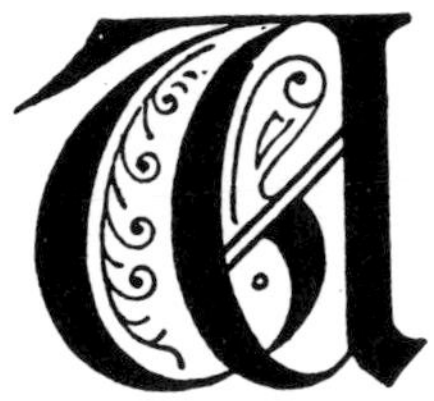

754

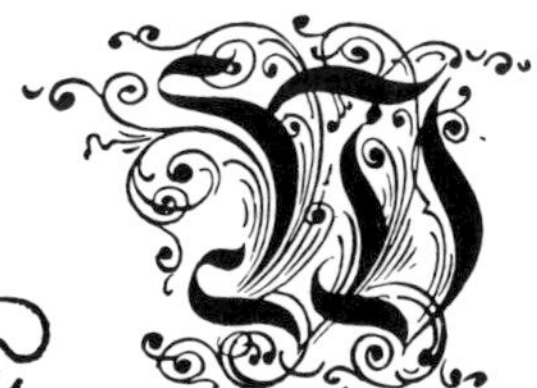

755

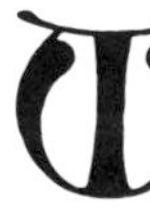

756

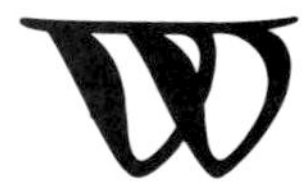

757

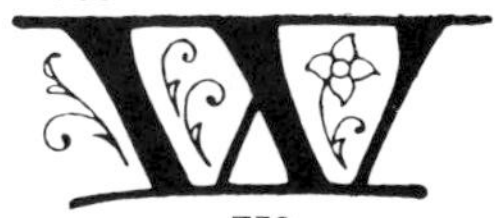

758

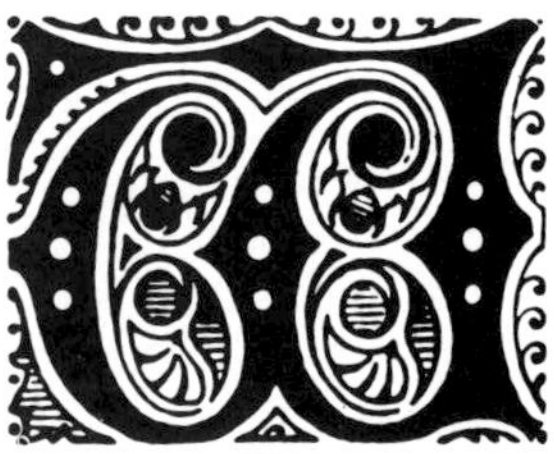

759

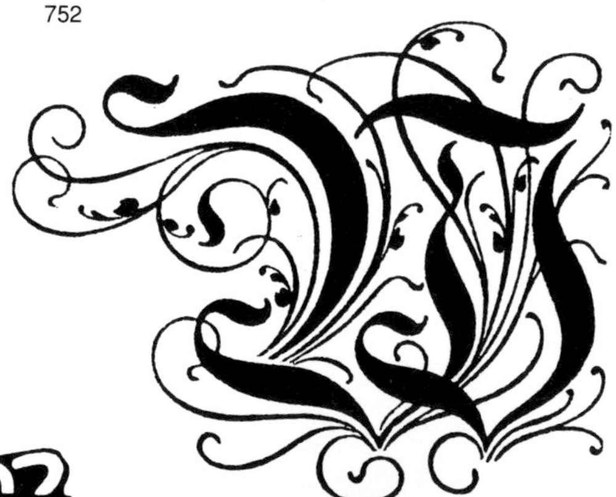

760

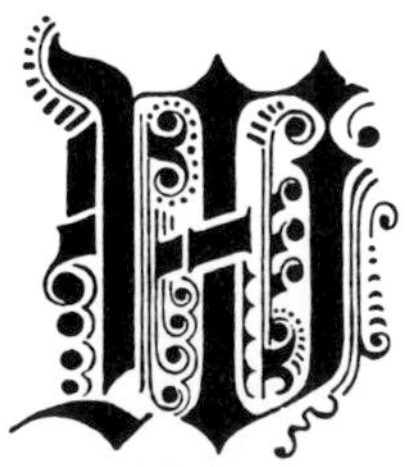

761

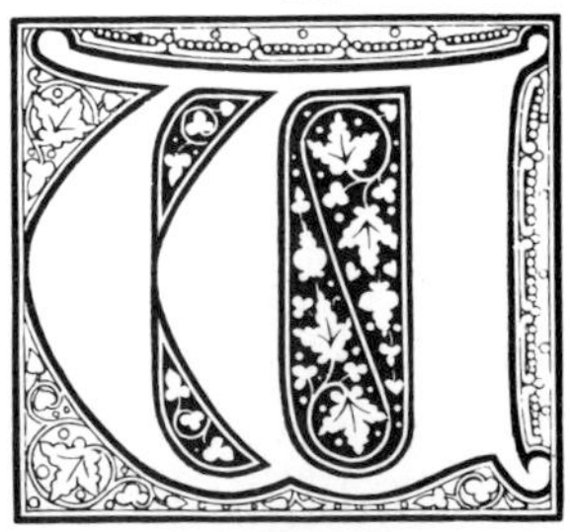

762

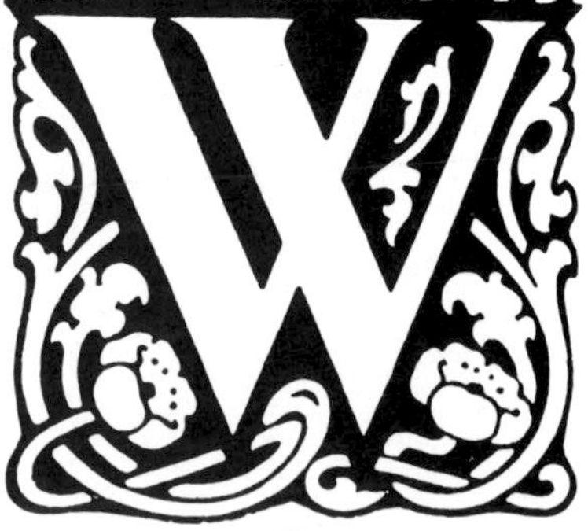

763

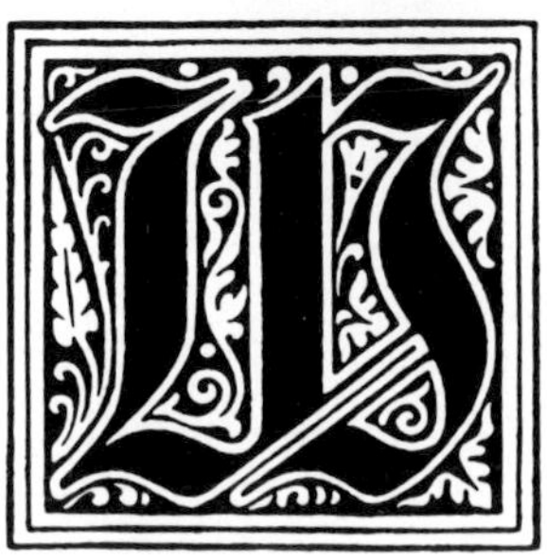

764

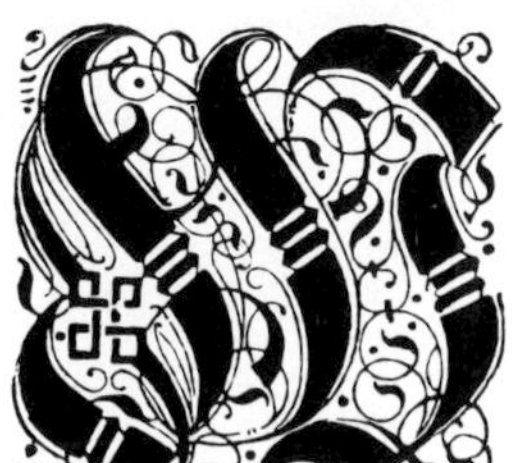

765

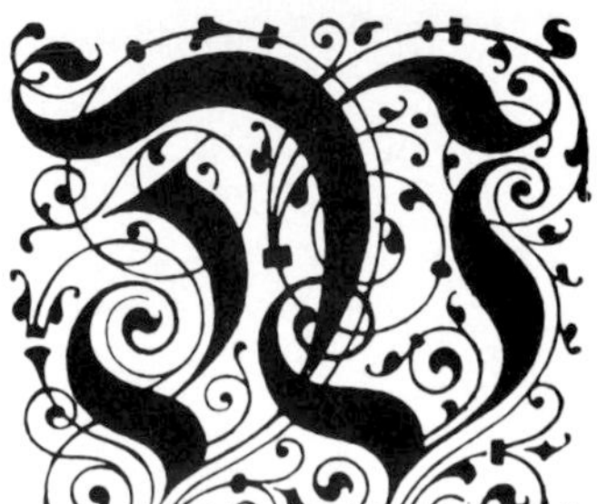

766

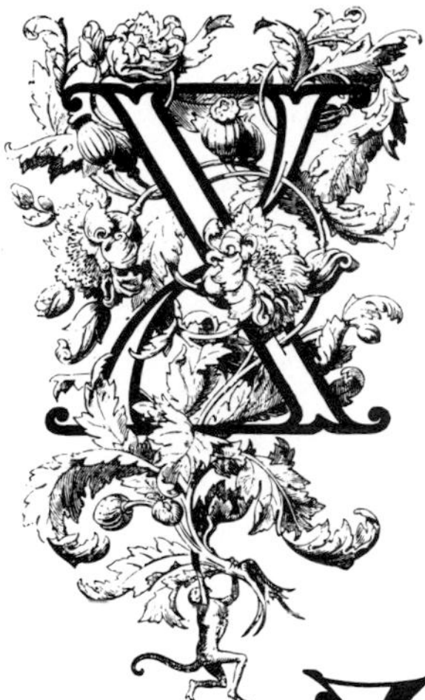
767

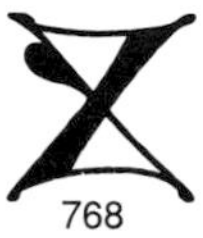
768

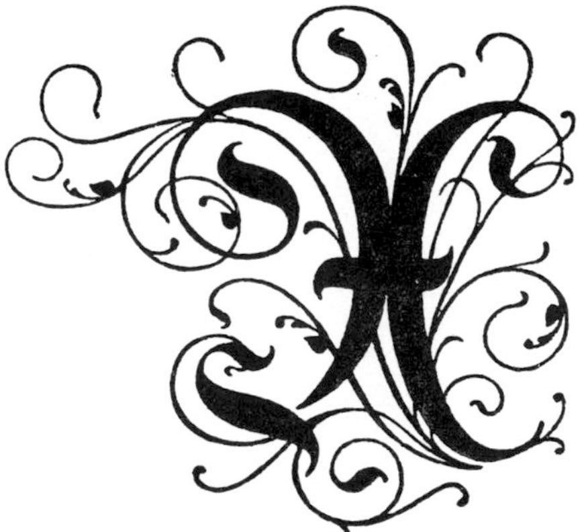
769

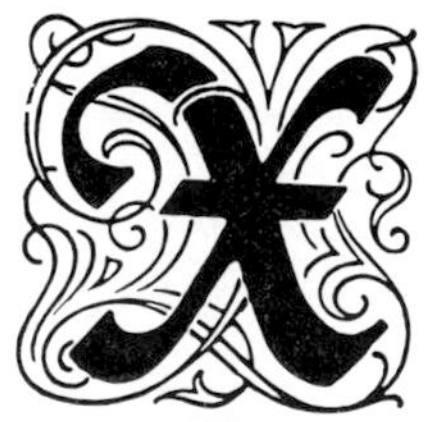
770

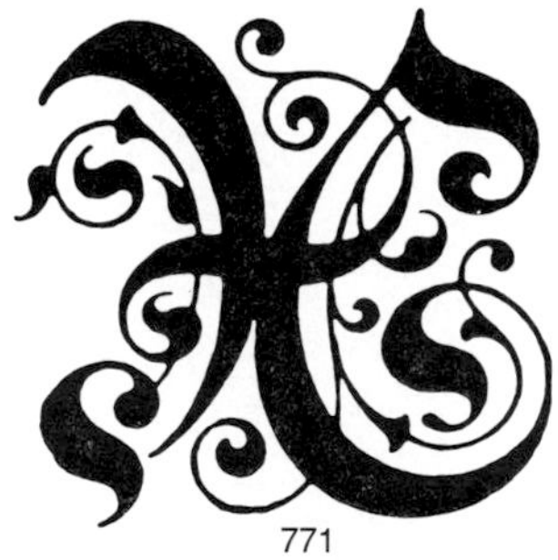
771

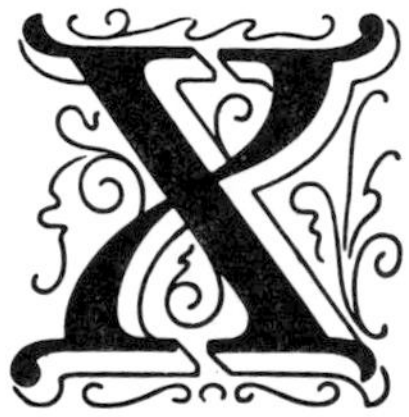
772

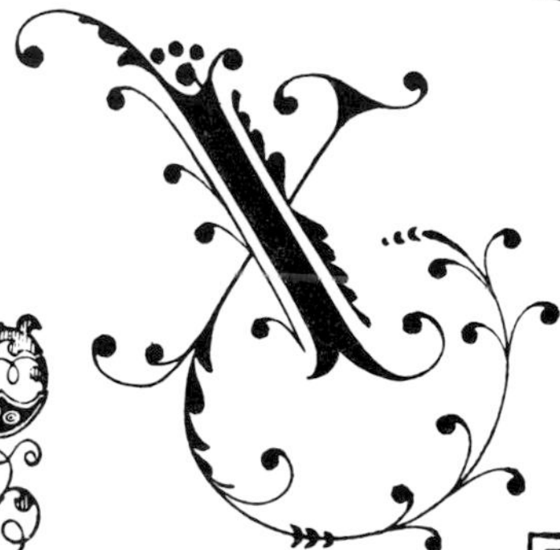
773

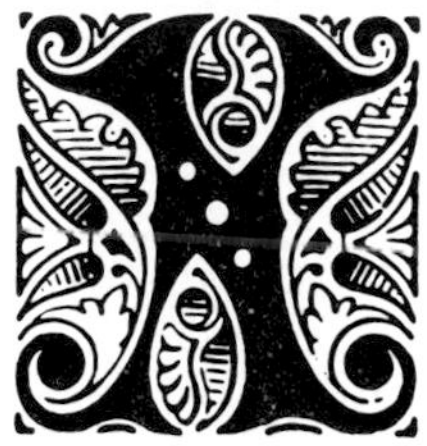
774

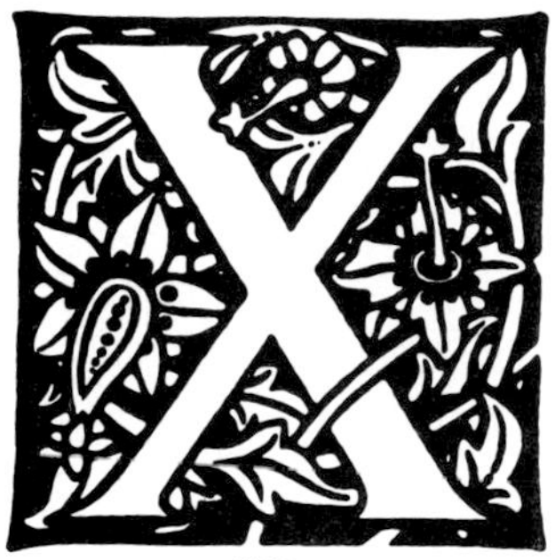
775

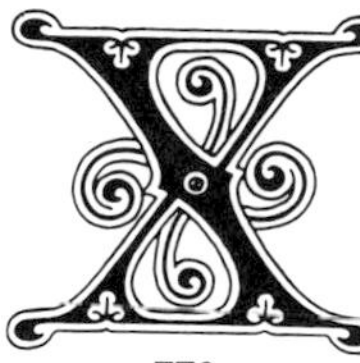
776

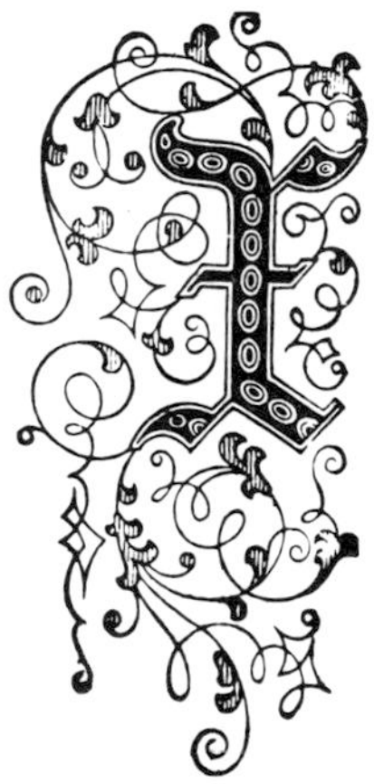
777

778

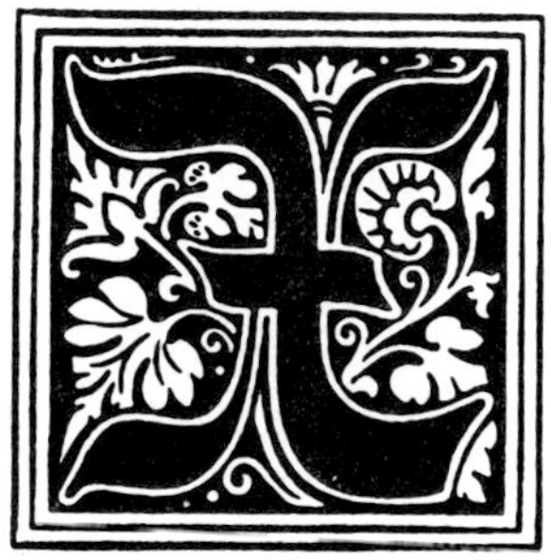
779

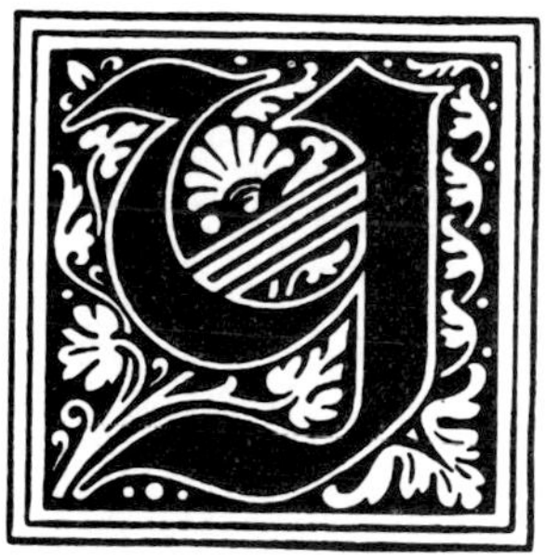
780

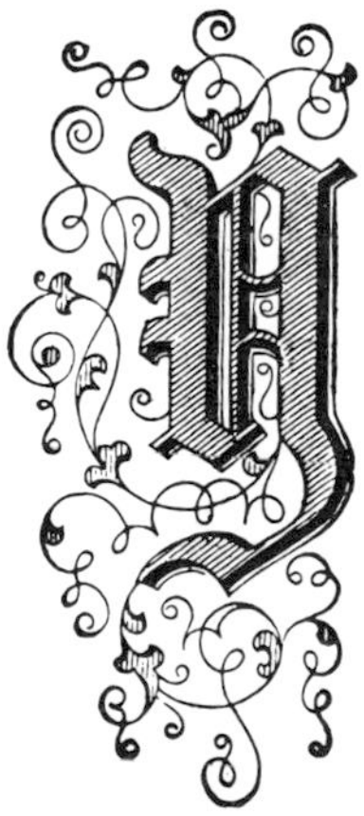
781

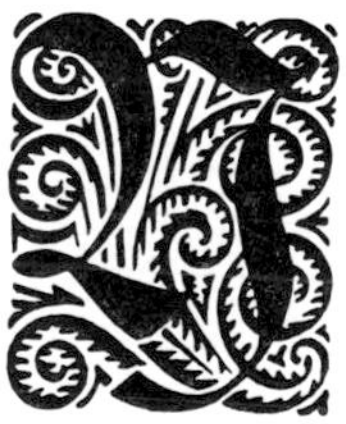
782

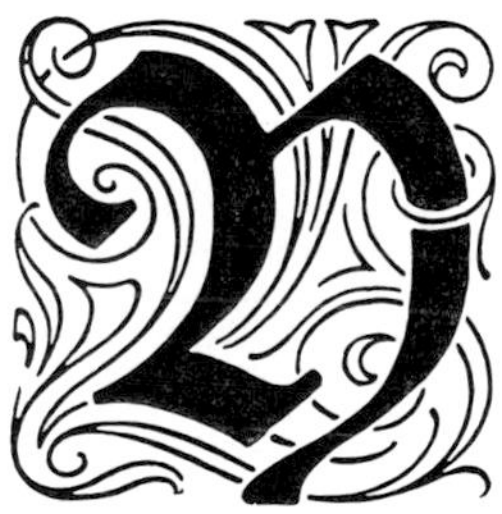
783

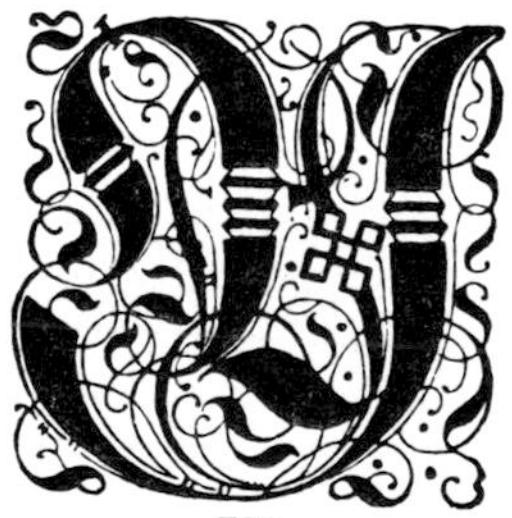
784

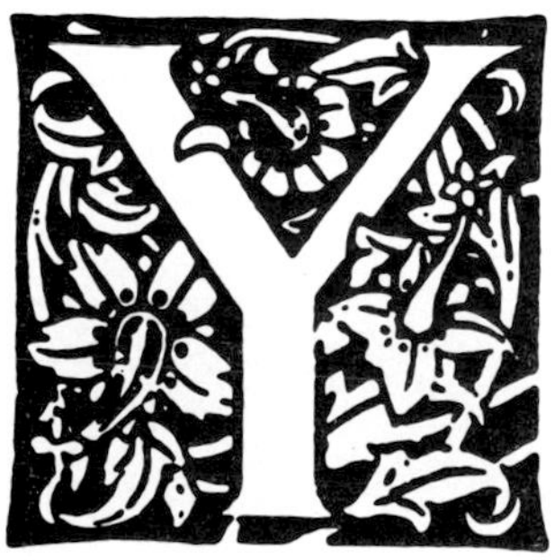
785

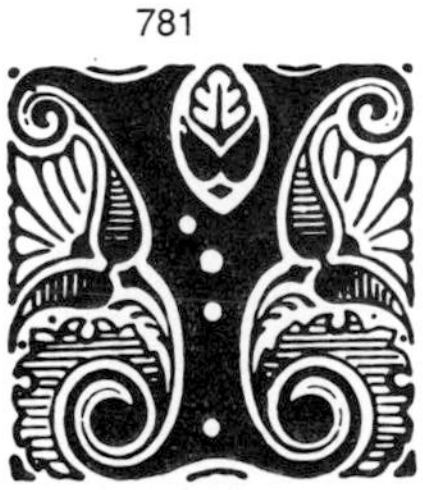
786

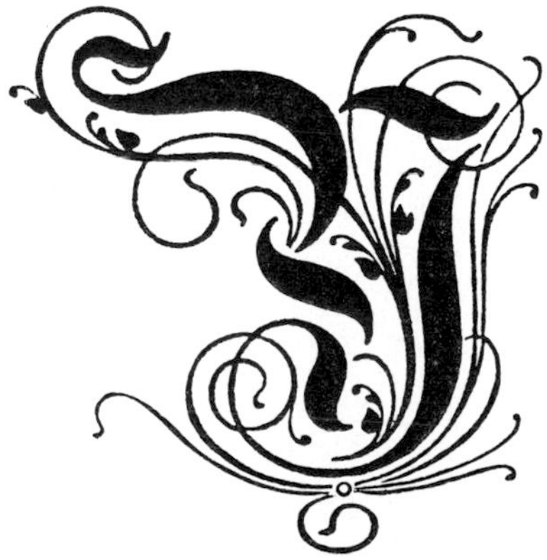
787

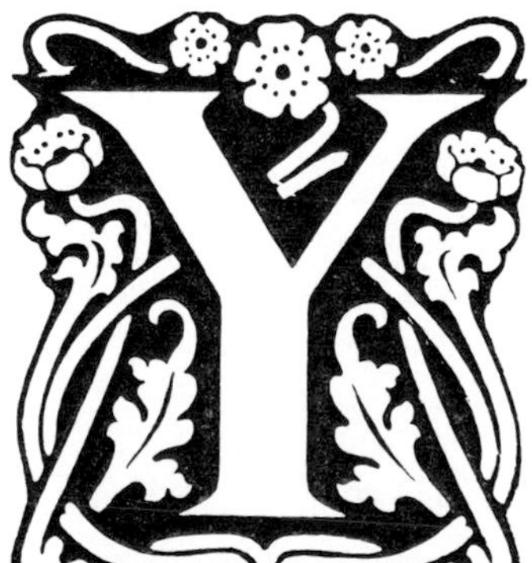
788

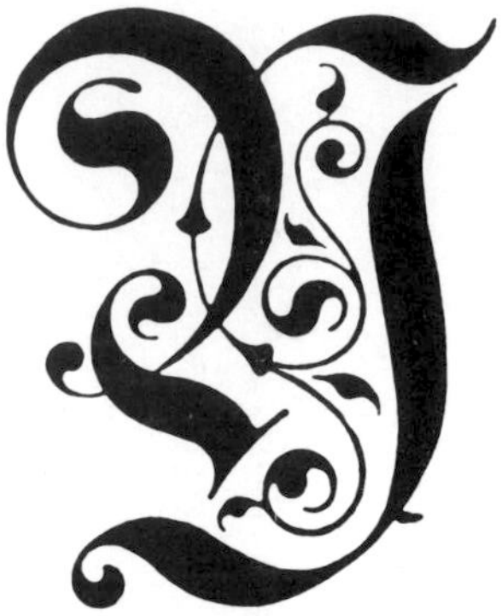
789

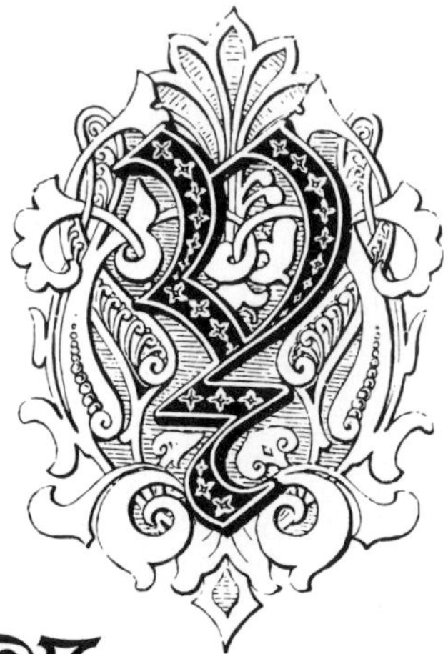
790

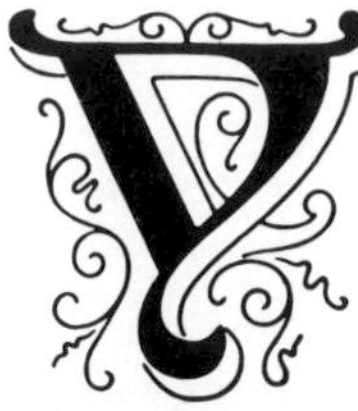
791

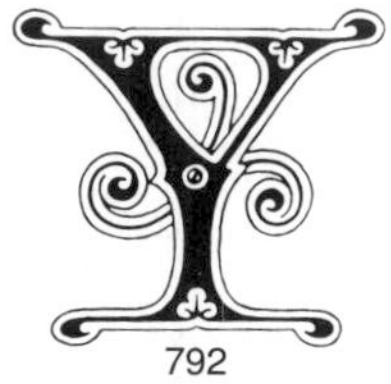
792

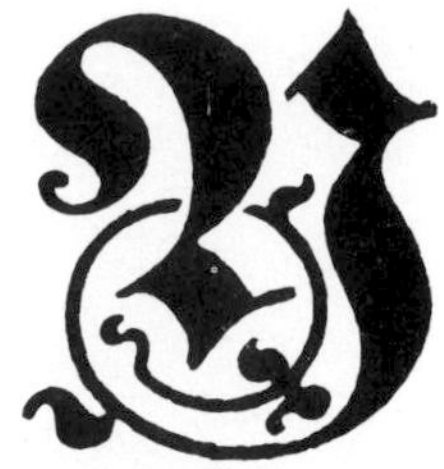
793

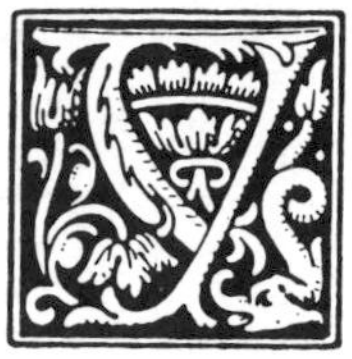
794

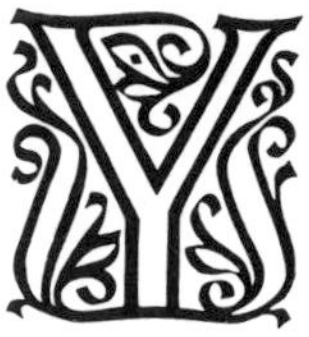
795

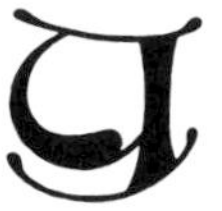
796

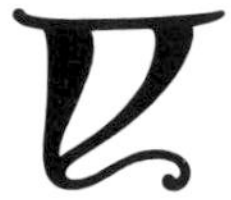
797

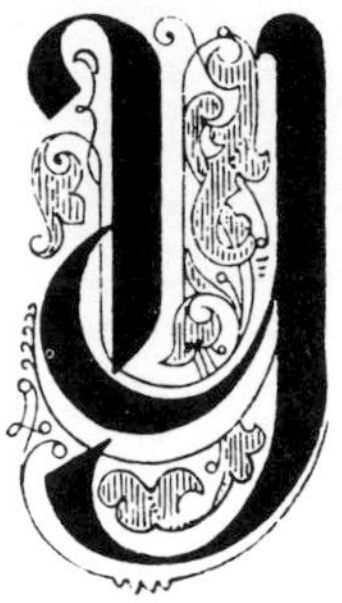
798

799

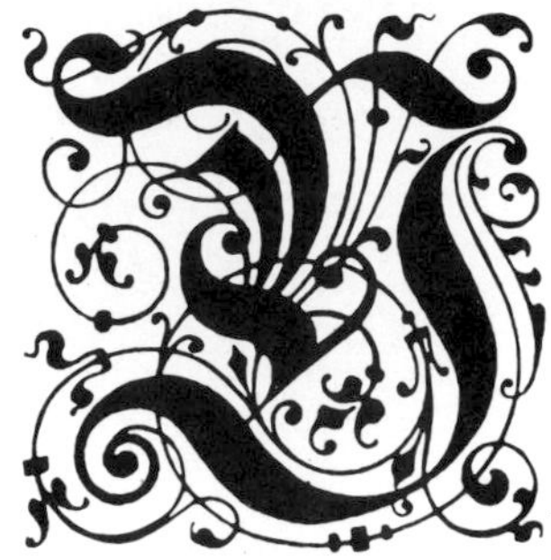
800

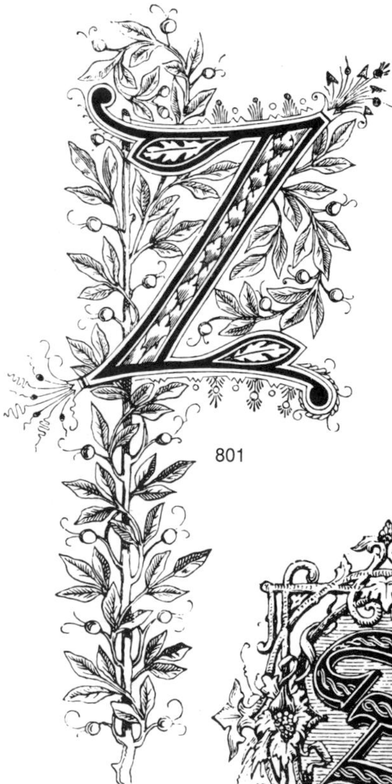
801

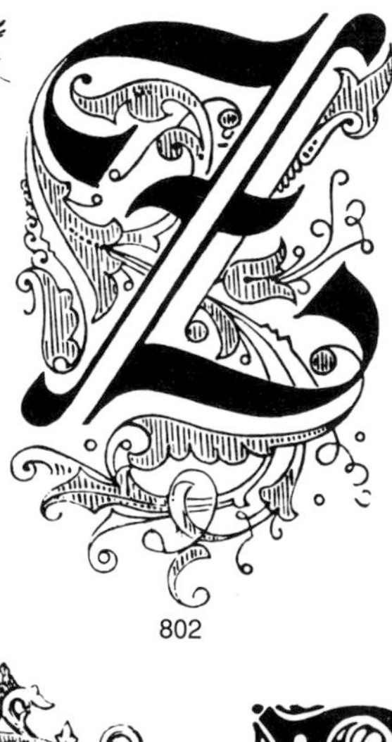
802

803

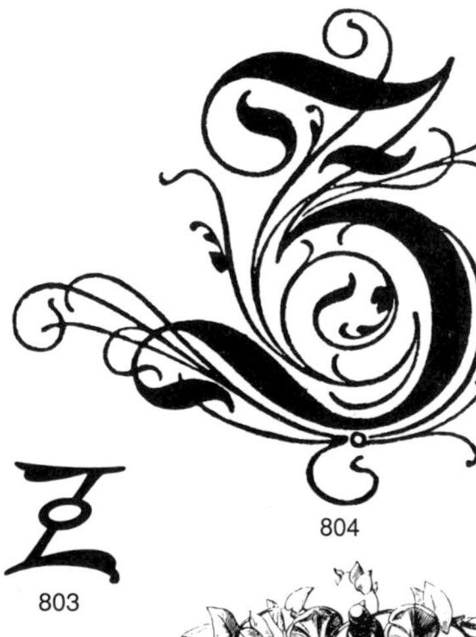
804

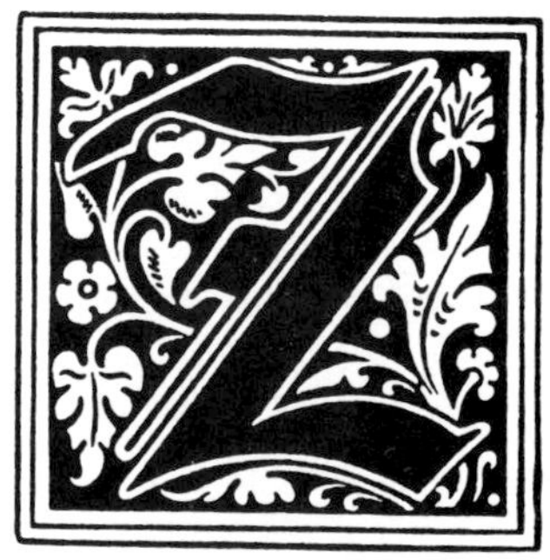
805

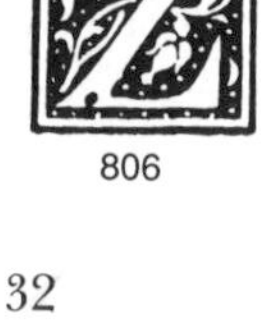
806

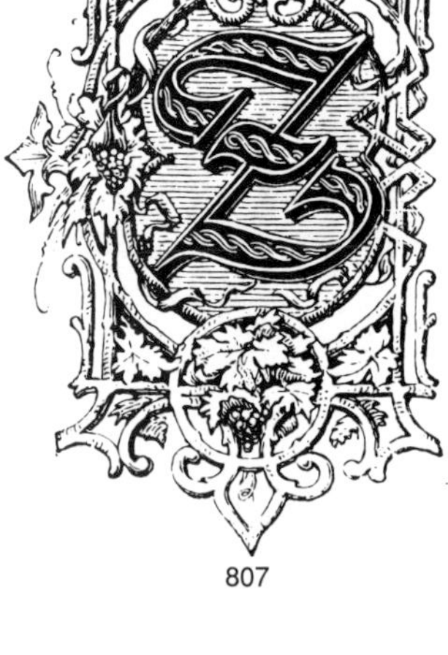
807

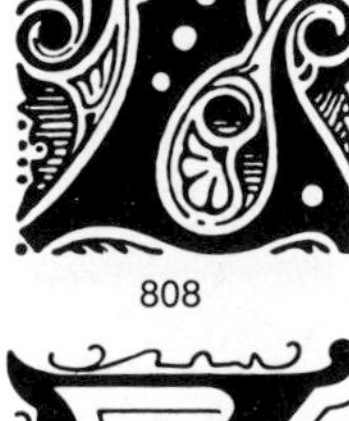
808

809

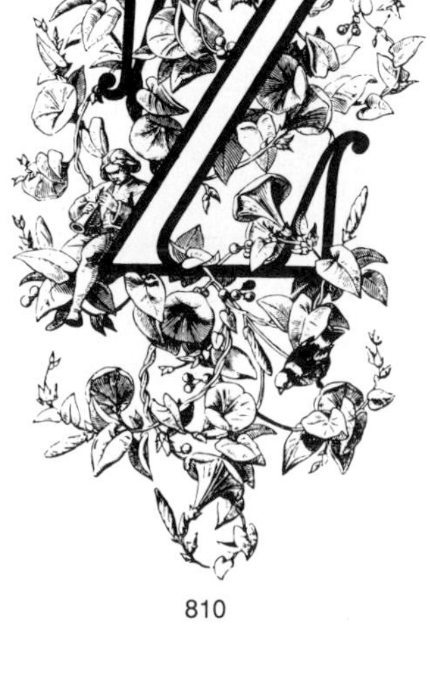
810

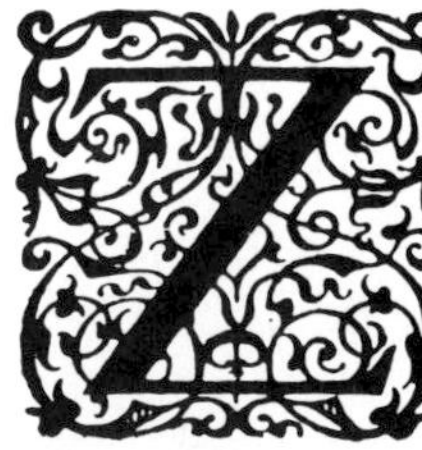
811

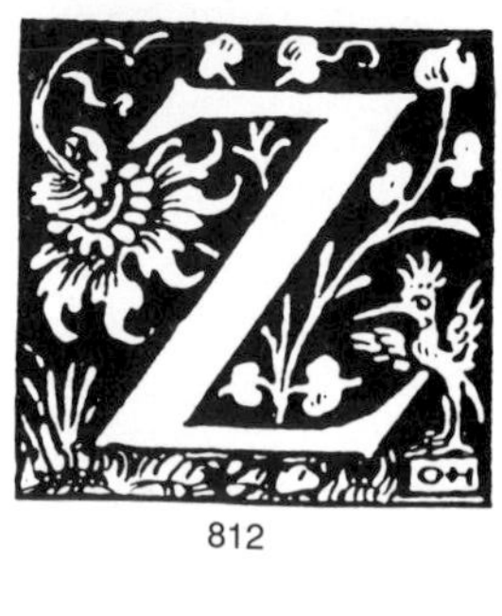
812